Die Universität Ulm

**Lebendige Tradition
Neue Horizonte**

Wolf-Dieter Hepach

Süddeutsche Verlagsgesellschaft Ulm
im Jan Thorbecke Verlag

Inhalt

6   **Eine ganz besondere Geschichte**

12   **Vom Gymnasium Academicum zur Universität**

Lebendige Tradition
Bildung und Wissenschaft in Ulm

Neue Bildungseinrichtungen nach 1945
Die Volkshochschule
Die Hochschule für Gestaltung
Die Staatliche Ingenieurschule

Kühne Planungen
Ulm will Universitätsstadt werden
Der Universitätsplan Ulm und seine Umsetzung
Der Gründungsausschuss
Das Ulmer Modell
Endlich am Ziel

**30 Jedem Anfang
wohnt ein Zauber inne**

Die Gründerzeit
Ulm im Kreis der universitären Neugründungen
Standort- und Grundstücksfragen
Übernahme der Städtischen Kliniken
Die ersten Jahre

Alles unter einem Dach
Der Campus auf dem Oberen Eselsberg
Aufbau der Selbstverwaltung

46 Bewegte Jahre

Unruhe in der Medizinischen Fakultät

Das Projekt Gesamthochschule

Das Zweite Ulmer Modell

Das Ende der Amtszeit Baitsch

Das Klinikum

Neue Studiengänge:
Wirtschaftsmathematik
Zahnmedizin

Zehn Jahre Universität Ulm

**58 Konsolidierung
in unruhigen Zeiten**

Die Grundordnung

Die Universität und die Stadt

Die Übernahme der Städtischen Kliniken
durch das Land

Das neue Universitätsklinikum Ulm

„Von der Stabheuschrecke
zur Universitätsreform"

Die Studenten organisieren sich

Kurs halten

**76 Auf dem Weg
zur Wissenschaftsstadt**

Die wirtschaftliche Lage
in Ulm und der Region Donau-Iller

Stadtqualität

Ein neues Leitmotiv. Die Wissenschaftsstadt

Sammlung der Kräfte

Die Denkschrift.
Entwicklungsperspektiven für die Universität
bis zum Jahr 2000

Die Lenkungskommission

86 Die Wissenschaftsstadt

Theorie und Praxis. Die An-Institute
Das Institut für Lasertechnologie in der Medizin
und Messtechnik (ILM)
Das Forschungsinstitut für anwendungsorientierte
Wissensverarbeitung (FAW)
Das Zentrum für Sonnenenergie-
und Wasserstoff-Forschung (ZSW)
Das Institut für unfallchirurgische Forschung
und Biomechanik
Weitere An-Institute
AEG Forschungsinstitut.
DaimlerChrysler-Forschungsinstitut
Die Fakultät für Ingenieurwissenschaften
Technik für Menschen: Die Hochschule Ulm
Science Park I und II
Der Botanische Garten

Kooperation in der Medizin
Die Anfänge
Die DRK Blutspendezentrale
Das neue Klinikum
Das Bundeswehrkrankenhaus (BWK)
Vom Chirurgisch-Orthopädischen
Rehabilitationskrankenhaus (COR) zu den Univer-
sitäts- und Rehabilitationskkliniken Ulm (RKU)

**106 Begegnungen.
Philosophie, Kunst und Kultur**

Ein Haus der Begegnung: Die Reisensburg

Die Geisteswissenschaften

Das Humboldt-Studienzentrum

Das Musische Zentrum

Auf dem Kunstpfad

116 Anspannung und Aufbruch zu neuen Ufern

Die Universität in den 90er Jahren

Neue Impulse für die Wissenschaftsstadt

Veränderungen in der Medizinischen Fakultät

Turbulenzen

Forschung und Lehre im Wandel

Jubiläen

Der Elfenbeinturm bekommt Farbe

Weltweites Engagement. Zum Beispiel China

Von Ulm nach Kairo

Die Donau verbindet

Das Kommunikations- und Informationszentrum

Vom Universitätsbauamt zum Amt für Vermögen und Bau

Die Universität in der Bildungslandschaft

Studieren in Ulm

Ältere Semester. Das ZAWiW

Gleichstellung der Frauen

Ein treuer Begleiter. Die Universitätsgesellschaft

154 Forschung an der Universität Ulm

132 Universität 2007

Das novellierte Universitätsgesetz

Quod non est in actis non est in mundo. Oder: „Auf den Kanzler kommt es an"

160 Neue Horizonte

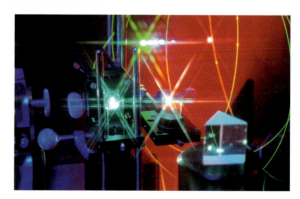

Eine ganz
besondere Geschichte

„Eine Universität würde dieser Stadt mit einem Schlag völlig neue Antriebe geben und die vielfach nach vorne drängenden Kräfte zu neuen Leistungen steigern". Mit diesem beschwörenden Schlusssatz endete der 1961 vorgelegte Universitätsplan, der den möglichen Standort Ulm in überzeugender Weise präsentierte. Heute, nach 40 Jahren, kann man sagen, dass sich der hartnäckige Einsatz für die Universität in vollem Umfang gelohnt hat. Wenn auch nicht mit einem Schlag, sondern vielmehr in einem spannungsreichen Entwicklungsprozess, hat die Universität der Stadt „neue Antriebe" gegeben und sie nachhaltig verändert.

Ein erster Veränderungsprozess hatte sich um die Wende vom 19. zum 20. Jahrhundert vollzogen, als aus der behäbigen Garnisons- und Beamtenstadt ein Wirtschaftsstandort wurde, der in der metallverarbeitenden Industrie und im Fahrzeugbau seinen Schwerpunkt hatte. Dies, wie die nach wie vor große Garnison, prägte das wirtschaftliche und gesellschaftliche Leben der Stadt, die, mitten in einem großen ländlichen Einzugsgebiet gelegen, auch Einkaufsstadt, Schulstadt und kulturelles Zentrum war.

Nach dem Zweiten Weltkrieg, der auch für Ulm Not und Zerstörung brachte, setzte der Wiederaufbau ein und, vor allem mit dem „Sprung auf die Alb", der Bau ausgedehnter Wohnsiedlungen. Im wirtschaftlichen Bereich hatte mit der 1944 erfolgten Verlegung des Telefunkenwerks von Litzmannstadt nach Ulm der elektrotechnische Produktionszweig Fuß gefasst. Während sich so auf der einen Seite mit Fleiß und bürgerlichem Familiensinn das Leben normalisierte, setzte auf der anderen die kritische Auseinandersetzung mit der NS- Zeit ein. Gegründet auf die Erinnerung an die Widerstandskämpfer Hans und Sophie Scholl, auf die humanistische Bildungstradition sowie auf geistig und kulturell interessierte Kreise, die mit einem neuen Demokratieverständnis die Gesellschaft verändern wollten. So entstanden die weithin bekannte Ulmer Volkshochschule und die nachmals weltberühmte Hochschule für Gestaltung.

Neben das Museum trat das studio f, neben das Theater das Podium. In einem heute kaum mehr vorstellbaren Maße öffneten sich die Menschen der Kunst und Kultur. Wahrte dabei der Verein Alt-Ulm die Erinnerung an das historische Erbe der Stadt, sammelten sich in der Gesellschaft 50 fortschrittlich gesinnte Ulmer Bürger. Aus all diesen Kreisen bildete sich eine bürgerliche Sammlungsbewegung, die sich die Errichtung einer Universität zum Ziel setzte.

Was in einem kleinen gesellschaftlichen Zirkel in einer Diskussionsrunde begann, wurde, in konstruktiv- kritischer Annäherung, Thema der kommunalen Gesellschaft, dann auch der kommunalen Politik. In einer Zeit des bildungsreformerischen Aufbruchs und der Notwendigkeit, angesichts steigender Studentenzahlen neue Universitäten zu bauen, setzte in vergleichbaren Städten der einzelnen Bundesländer der gleiche Prozess ein. Für Ulm bedeutete dies, sich gegenüber dem konkurrierenden Konstanz zu behaupten. Allein die Tatsache, dass die Ulmer diese Herausforderung mit Hartnäckigkeit und taktischem Geschick erfolgreich bewältigten, zeichnet die Stadt in besonderer Weise aus, die ja seitdem ihre Besucher schon an den Einfallstraßen als Universitätsstadt begrüßt.
Mit der Medizinisch -Naturwissenschaftlichen Hochschule entstand 1967 ein Modell, das sich trotz aller Belastungen zu einer leistungsfähigen Universität überschaubarer Größe entwickelte. Dabei lag und liegt der Schwerpunkt sicher auf der Medizin und dem Ausbau des Klinikums zu einer Einrichtung der Maximalversorgung.

Überlegungen zur Neupositionierung der Ulmer Universität begannen 1983, als neben der Grundlagenforschung die angewandte Forschung ein stärkeres Gewicht bekam, was im Ergebnis zur Einrichtung einer ingenieurwissenschaftlichen Fakultät und zur Gründung der Wissenschaftsstadt mit ihren Instituten und Science Parks führte. Auch dies ein Erfolgsmodell, das seinerzeit aus der Not der wirtschaftlichen Strukturkrise der Stadt die Tugend der wissenschaftlich fundierten Dienstleistung machte, die dann zur Grundlage einer neuen wirtschaftlichen Entwicklung wurde. Sichtbaren Ausdruck fand dies in modernen Bauten auf dem Oberen Eselsberg und dem ehrgeizigen Stadtqualitätsprogramm, das vornehmlich der Neugestaltung der Innenstadt diente. So war es wieder die befruchtende Wechselwirkung von Universität und Stadt, die in einem umfassenden Sinn zur Verbesserung der Stadt- und damit Lebensqualität führte.

Im Jubiläumsjahr 2007 steht die Universität vor neuen Herausforderungen. Die Bindungen an die Wirtschaft haben sich verstärkt, das marktorientierte Auftreten lässt sich auch an der inneren Organisation der Universität ablesen. Europäisierung und Globalisierung haben im so genannten Bolognaprozess Ausdruck gefunden, und der Blick auf die Rankinglisten erlaubt kein zufriedenes Zurücklehnen, sondern noch mehr Anstrengungen, besser als die Konkurrenz zu sein.
So kritisch man diese Entwicklung sehen mag, so verständlich ist es, dass sich die Ulmer Universität diesem säkularen Trend nicht entziehen kann.

Wie nähert man sich mit gebührendem Respekt und gehöriger Zuneigung der Alma Mater Ulmensis, um etwas über ihre Geschichte zu erfahren? Das ist gar nicht so einfach, denn ein Universitätsarchiv gibt es noch nicht. Eine ergiebige Quelle sind die Sitzungsprotokolle der verschiedenen Gremien

und die Rechenschaftsberichte der Rektoren, die ebenso veröffentlicht sind wie die Sachstandsberichte, Denkschriften und Stategiepläne, die sich der Gegenwart und Zukunft der Universität widmen. Nicht zu vergessen sind natürlich die Vorlesungsverzeichnisse, Publikationen wie das Ulmer Forum, uni ulm intern sowie die umfangreiche Berichterstattung in der Presse. Informativ und inspirierend waren die vielen Gespräche, die ich mit Personen führte, die der Universität bis heute verbunden sind. Das Bild wäre unvollständig, würde man nicht die Beziehungen der Universität zum Land Baden- Württemberg, der Stadt Ulm und der Region beleuchten, die ihren Niederschlag in Beständen der Universität, des Kreisarchivs und des Stadtarchivs gefunden haben. Die Einbindung in die allgemeine Geschichte, vor allem was den Bildungssektor betrifft, folgt der einschlägigen Literatur. Um all das in anschaulicher Form zu präsentieren und im Bild zu dokumentieren, galt es dann noch, eine wahre Bilderflut zu sichten, in der Hoffnung das richtige Motiv zu finden. Ohne je Vollständigkeit zu erreichen, genügt das Material, um die bisherige Geschichte der Ulmer Universität zu erzählen und im Bild zu dokumentieren. Auf wissenschaftlicher Grundlage, und mit Sympathie für dieses, auch in moderner Form, ganz besondere Gemeinwesen Universität. Schon selbst Zeitzeuge, habe ich mich ihrer Geschichte gerne gewidmet.

  Mein erster Dank gilt all den entgegenkommenden und liebenswürdigen Gesprächspartnern, auf die in den Anmerkungen verwiesen wird. Zu danken habe ich besonders Theodor M. Fliedner, Hanno Warttinger und Wolfgang Witschel für einführende Gespräche, Pia Schmücker für ihre stete Hilfsbereitschaft und Dietrich Eberhardt für die Begleitung durch die Welt der Verwaltung. Großer Dank gebührt den Mitarbeiterinnen und Mitarbeitern des Kreisarchivs Alb-Donau-Kreis, des Stadtarchivs Ulm, der Pressestelle und dem Kommunikations- und Informationszentrum der Universität Ulm, des Staatlichen Hochbau-und Vermögensamtes sowie des Südwest-Presse Archivs. Ulrich Seemüller hat mir wertvolle Hinweise gegeben, und meinem Freund Herbert Birkenfeld bin ich für die Hilfe bei der Endredaktion besonders verpflichtet. Volkmar Könneke hat die Universität aktuell und lebendig ins Bild gesetzt.
Die harmonische und anschauliche Zusammenführung von Bild und Text lag in den Händen von Melanie Ritt und Ekhard Maus.

  Nach der Darstellung der Gründungsphase in dem von Barbara Schäuffelen vorgelegten Buch „Sag niemals nie", erscheint nun eine Geschichte der ersten vierzig Jahre der Ulmer Universität. Herausgeber beider Bücher ist die Universitätsgesellschaft Ulm unter ihrem derzeitigen Vorsitzenden Hans Hengartner. Sie hat in dankenswerter Weise die Publikationen angeregt und ermöglicht. Mit dem Ziel, die Universität und ihre Bedeutung für die Stadt und die Region zu dokumentieren und sie einer interessierten Öffentlichkeit bekannt zu machen.

Wolf-Dieter Hepach

Ulm 1768. In geselliger Runde feiern Studenten den Abschluss ihrer Studienjahre am Gymnasium Academicum. Da in Ulm kein akademischer Abschluss möglich ist, müssen sie ihre Studien an einer auswärtigen Universität fortsetzen. Das Ulmer Gymnasium Academicum war 1622 als höhere Bildungsanstalt vornehmlich für Ulmer Studierende gegründet worden.
Der Unterricht in Philosophie, Theologie, Ethik oder Physik war ausgesprochen praxisorientiert.

Vom Gymnasium Academicum zur Universität

Lebendige Tradition
Bildung und Wissenschaft in Ulm

Seit dem 14. Jahrhundert gewann die Reichsstadt Ulm nicht nur an wirtschaftlicher und politischer Bedeutung, sie entwickelte auch ein bemerkenswertes geistiges und kulturelles Profil, das die Stadt in der Folgezeit prägte, vielfältige Anknüpfungspunkte bot, und gerade im Blick auf die Gründung einer Universität nicht zu Unrecht als wichtige Traditionslinie herausgestellt wurde. Bezugspunkte waren dabei Institutionen ebenso wie einzelne Persönlichkeiten. Aus dem Kreis der Ärzteschaft ragte dabei zunächst Heinrich Steinhövel heraus, an den bis heute die nach ihm benannte Straße erinnert, die zu der Klinik am Safranberg führt. Er kam im Jahr 1450 in die Stadt und erwarb sich nicht nur als Arzt einen Namen, sondern auch als umfassend gebildeter Humanist, der seine Übersetzungen antiker Autoren mit belehrenden Hinweisen versah. Weithin bekannt war die in der Mitte des 16. Jahrhunderts praktizierende Ärztin Agathe Streicher, und wenn heute die Scultetus-Gesellschaft zu ihren jährlichen Vorträgen einlädt, ehrt sie damit immer noch Johannes Scultetus, der aus der Ulmer Schifferfamilie Schultes stammt, und seit 1625 als Ulmer Stadtphysikus tätig war. Da er kurz nach Vollendung seines Hauptwerkes, dem berühmten „Armamentarium Chirurgicum", verstarb, gab sein Neffe, Johannes Scultetus d.J., das Lehrwerk in Druck.
Schon 1622 war Gregor Horst zum Senior des Collegium medicum ernannt worden. Er ist ein bemerkenswertes Beispiel für die Verbindung der Medizin mit den Naturwissenschaften, die ja auch die Ulmer Universität in besonderer Weise prägt.

Über Gregor Horst und seinen Freund Johannes Kepler erschließt sich der zweite, naturwissenschaftliche Kreis. Kepler, der mit einer Reihe Ulmer Gelehrter in persönlichem und brieflichem Kontakt stand, kam 1627 in die Stadt, um an dem renommierten Druckort sein astronomisches Tabellenwerk, die Rudolfinischen Tafeln, drucken zu lassen. Unterstützt wurde er dabei von dem Pfarrer und Mathematiker Wolfgang Bachmayer, der, neben der Betreuung seiner Pfarrgemeinde Mähringen, im Auftrag Keplers den Durchgang des Planeten Mars beobachtete, und als erster das Ulmer Territorium auf trigonometrischer Grundlage vermaß. Dazu kam das ingenieurwissenschaftliche Allroundtalent Johann Faulhaber, der auch als „deutscher

Archimedes" bekannt war, und der mit Descartes persönlich und wissenschaftlich in Kontakt stand. Ein weiteres Mitglied dieses illustren Kreises war der Ingenieur und Architekt Joseph Furttenbach, dessen umfangreiches Schrifttum eine anschauliche und baugeschichtliche Quelle ersten Ranges ist.

So wird verständlich, dass die Ulmer den Ehrentitel „Ulmenses sunt mathematici" nicht zu Unrecht trugen, zumal sie es verstanden, ihr etwas sprödes Angebot werbewirksam zu präsentieren. Wie beispielsweise der Rechenmeister Leonhart Hegelin, der 1542 ein Rechenbuch herausgab „mit hypschen Regeln, dergleichen noch nit an Tag kommen ist".[1]

Albert Einstein wurde am 14. März 1879 in Ulm geboren. Schon ein halbes Jahr später zog die Familie nach München.
Einstein, der die Stadt der Geburt als etwas „Einzigartiges" sah, „dem wir einen Teil unseres Wesens" verdanken, blieb Ulm mit einer gewissen Reserve, aber doch auch spürbarer Zuneigung verbunden.

Über all dem leuchtet als besonders strahlender Stern natürlich Albert Einstein. Die Familie war 1871 nach Ulm gezogen, wo der Vater Hermann Einstein in die Bettfedernhandlung Isak und Levi eintrat. In Ulm waren damals jüdische Geschäftsleute nicht nur in der Textilbranche, sondern auch in anderen Handelszweigen und dem Bankengeschäft vertreten. Jüdische Ärzte und Rechtsanwälte waren Teil des Bildungsbürgertums und im politischen und gesellschaftlichen Leben der Stadt an prominenter Stelle vertreten. So wohnte die Familie Einstein denn auch in einem jener respektablen Bürgerhäuser nahe dem Bahnhof, wo Albert Einstein am 14. März 1879 geboren wurde. Obwohl die Familie wenig später nach München zog, hing für ihn, nach eigenem Bekenntnis, „die Stadt der Geburt" dem „Leben als etwas Einzigartiges" an, dem „wir einen Teil unseres Wesens verdanken". So pflegte die Stadt nach Möglichkeit die persönlichen Kontakte, die von Einstein trotz der deprimierenden Ereignisse der NS-Zeit, zwar mit einer gewissen Reserve, aber doch höflich und nicht ohne spürbare Zuneigung zu seiner Vaterstadt, erwidert wurden.
Dies zeigt vor allem der Briefwechsel mit Oberbürgermeister Theodor Pfizer. Bis heute weiß sich die Stadt der wissenschaftlichen Leistung und der moralischen Haltung des genialen Physikers verpflichtet, den sie mit Denkmälern ebenso ehrte, wie mit der namentlichen Benennung von Straßen und kulturellen Einrichtungen.

Schon in der Gründungsphase der Universität Ulm, machte der Leiter der Städtischen Chirurgischen Klinik, Franz Niedner, den Vorschlag, der neuen Universität den Namen von Albert Einstein zu geben. Auch Ministerpräsident Filbinger erinnerte in seiner Rede bei der Gründungsfeier 1967 an den großen Sohn der Stadt, in dessen Namen er wissenschaftliche Brillanz mit hoher moralischer Gesinnung vereint sah. So gab und gibt es natürlich immer wieder Überlegungen, die Universität nach Albert Einstein zu benennen.[2]

Als Schulstadt weist Ulm eine lange Traditionslinie auf. Neben den deutschen Schulen gab es eine Lateinschule, die 1622 als Gymnasium Academicum eine Aufwertung erfuhr. An die sieben Gymnasialklassen schloss sich ein akademischer Oberbau an, der vornehmlich von Ulmer Studierenden besucht wurde. Gelehrt wurden die traditionellen philosophischen Fächer und Theologie, wobei, wie auch bei den Fächern Ethik oder Physik, der Praxisbezug im Mittelpunkt stand. Im Zuge des technisch-industriellen Fortschritts und damit der zunehmenden Bedeutung der Realien entstanden im 19. Jahrhundert die Realschule, später Oberrealschule, das Realgymnasium sowie ein eigenständiges Berufsschulwesen. Schulen und Lehrer spielten so im kulturellen Leben der Stadt immer eine große Rolle. Nach 1945 wurde die Tradition der Schulstadt Ulm in eindrucksvoller Weise fortgesetzt. Mit einem konsequenten Wiederaufbauprogramm für die zerstörten Bauten, und mit einem immer differenzierteren Ausbildungs- und Bildungsangebot, nahm die Stadt auch zentrale Dienstleistungen für die Region wahr.

Der demokratische Neubeginn manifestierte sich in besonderer Weise durch das politische und gesellschaftliche Engagement einer Reihe von Persönlichkeiten, die mit der Gründung der Ulmer Volkshochschule und wenig später der Gründung der Hochschule für Gestaltung den Namen der Stadt weithin bekannt machten. Eher pragmatischen und wirtschaftlichen Zielsetzungen folgte die Errichtung der Staatlichen Ingenieurschule seit 1960. All dies prägt ein städtisches Gemeinwesen natürlich in besonderer Weise und so nimmt es kein Wunder, dass im Zuge der Diskussionen über die Errichtung weiterer Hochschulen in Baden-Württemberg, auch die Stadt Ulm auf den Plan trat. Erfolgreich wie wir wissen, denn seit 1967 krönt die Medizinisch-Naturwissenschaftliche Hochschule mittlerweile als Universität nicht nur die Stadt, sondern auch ihr Bildungswesen.

legung die Nobelpreisträger Otto Hahn und Max Born anwesend, hielt bei der Einweihung 1968 Walter Jens den Festvortrag „Albert Einstein aus Ulm". Und während die ersten Studenten der Medizinisch-Naturwissenschaftlichen Hochschule in Ulm ankamen, hob sich, in allerdings kritischer Auseinandersetzung, im neuen Ulmer Theater der Vorhang für „Die Physiker" von Friedrich Dürrenmatt.

Neue Bildungseinrichtungen nach 1945
Die Volkshochschule

Das Interesse an einer Volks- und Erwachsenenbildung im Sinne eines sozial und kulturell breit angelegten Erziehungs- und Bildungsprogramms nahm auch in Ulm an der Wende vom 19. zum 20. Jahrhundert zu. Die gesellschaftlichen Veränderungen nach dem Ersten Weltkrieg forcierten im Rahmen der Volksbildungsbewegung diese Entwicklung.

Nach der Katastrophe des Zweiten Weltkriegs fand sich um Inge Scholl und Otl Aicher ein Kreis politisch und kulturell interessierter Ulmer zusammen, dem sich auch bedeutende Persönlichkeiten der wissenschaftlichen und literarischen Welt verbunden fühlten.[3] So etwa der Autor Hans Werner Richter, der damals die Gruppe 47 zu ihrer zweiten Sitzung nach Herrlingen bei Ulm einlud. Die Gründung der Volkshochschule erfolgte im Zeichen eines moralischen Neubeginns und eines pädagogischen Konzepts, in dessen Mittelpunkt der demokratisch zu stärkende und kritisch Anteil nehmende Hörer stand.

Der Lehrbetrieb begann 1946 trotz der herrschenden Notzeiten mit viel Elan und großer Resonanz. Im Sinne konkreter Bildungsmaßnahmen wurden allgemein bildende und berufsfördernde Kurse angeboten, während zu den Donnerstagvorträgen die führenden Vertreter der geistigen Elite Deutschlands kamen. Referenten wie Romano Guardini, Werner Heisenberg oder Carl Zuckmayer legen davon ein glänzendes Zeugnis ab. Die Volkshochschule prägte den Geist der Stadt und bezog gesellschaftlich Stellung. Also ein Unternehmen, das von Anfang an Zeichen setzte. Dies auch noch in anschaulicher und beispielhafter Weise durch das graphische Konzept, mit dem Otl Aicher in Form von Plakaten, Programmheften und der Gestaltung des Monatsspiegels die vh in das öffentliche Bewusstsein hob und im städtischen Raum etablierte.[4]

Noch heute erinnern die von ihm entworfenen schmalen Anschlagtafeln an den Geist und die ungebrochene Tradition der vh, die sich 1966 auf eine neue Behausung freuen durfte. Damals wurde der Grundstein zu dem vom Ulmer Architekten Frieder Eychmüller entworfenen Einstein-Haus der Volkshochschule gelegt, das in seiner Modernität auf das „neue" Ulm verwies, das seinerzeit im Entstehen war. Wenn man die Ereignisse Revue passieren lässt, schwebt geradezu ein naturwissenschaftlicher Geist über jenen Jahren. Waren bei der Grundstein-

Die folgenden Jahrzehnte brachten tief greifende gesellschaftliche Veränderungen und neue ökologische und globale Problemstellungen, denen auch die vh Rechnung trug. Heute bietet sie eine Vielzahl von Kursen an, ermöglicht Schulabschlüsse durch den Besuch von Abendkursen und dient als kritisches Diskussionsforum. Zur vh gehören unter anderem die Frauenakademie, die Gesundheitsakademie und die Denkstätte „Weiße Rose".

Frühe Bindungen bestanden mit der Universität Ulm. Nicht nur über Persönlichkeiten, die beiden Gründungskreisen angehörten, sondern als kongeniale Bildungseinrichtung, an der die Professoren der Universität Vorträge hielten oder populärwissenschaftliche Vortragszyklen anboten. Darüber hinaus diente die vh als Treffpunkt für Studenten, so dass, wenn auch in überschaubarem Rahmen, die Universität über die vh

Am 18. Januar 1968 bezog die Ulmer Volkshochschule ihr neues Domizil, das Einstein Haus.
Ein Haus, so hatte es bei der Grundsteinlegung 1966 geheißen, in dem „Lernen eine Lust wird" und „Wissen zu Unabhängigkeit führt".
Den geistreichen Eröffnungsvortrag hielt Walter Jens, „Albert Einstein aus Ulm".

in der Stadt präsent war. Bis heute erhalten die Erstsemester regelmäßig Hinweise auf das dortige Vortrags- und Kursprogramm, wobei der kommunikative Aspekt besonders betont wird. Daneben sind sich die beiden Einrichtungen über ein weiteres, zunehmend propagiertes Projekt verbunden, die lebenslange Bildung einer immer älter und dabei auch interessiert bleibenden Gesellschaft.

Die Hochschule für Gestaltung

Im Stil der Existenzialisten dunkel gekleidet, mit randloser Brille, asketisch im Aussehen, so waren sie in der Stadt zu sehen. Keine Besucher von einem anderen Stern, sondern vom Oberen Kuhberg, wo sich die Hochschule für Gestaltung befand, die zweifellos interessanteste Hochschulgründung der 50er Jahre. Initiiert wurde sie von Inge Scholl, ihrem späteren Ehemann Otl Aicher, Hans-Werner Richter und Max Bill. Im Jahr 1950 hatte Inge Scholl im Gedenken an ihre Geschwister Hans und Sophie, die dem Widerstandskreis der Weißen Rose angehört hatten und in München hingerichtet worden waren, eine Stiftung eingerichtet. Sie wurde zum Träger einer Hochschule, die schon 1949 als Geschwister-Scholl-Hochschule, zunächst mit politisch-publizistischer Zielrichtung geplant war. Diese „aktive Schule für Kultur und Politik" sollte, nach den schlimmen Jahren des NS-Regimes, zu einem geistigen Neuanfang beitragen, dabei aber auch die moderne technische Entwicklung und deren Gestaltung im Blick behalten. Dieser Aspekt gewann unter dem Einfluss von Max Bill, der von 1927 bis 1929 am Bauhaus studiert hatte, an Bedeutung.

Unter Beibehaltung eines demokratischen Bildungsauftrags galten die Planungen nun einem privat getragenen „Forschungsinstitut für Produktgestaltung in Verbindung mit einer Hochschule für Gestaltung". Erster Teil der Ausbildung war das einjährige Grundstudium, dem sich ein dreijähriges Studium in einer der vier Abteilungen anschloss. Produktform, Architektur, Städtebau und visuelle Kommunikation mit Informatik. Der Unterricht begann in provisorischen Räumen in der Hirschstraße, bis von 1953 bis 1955 auf dem Oberen Kuhberg nach dem Entwurf von Max Bill der neue Hochschulbau entstand. Nicht wie ursprünglich geplant als Monolith, sondern den Konturen der Landschaft angepasst, als räumliches System einfacher Baukörper mit ungemein plastischer Wirkung. Ausgeführt in Betonbauweise, erhielten die Fassaden durch Form und Anordnung der Fenster ihre charakteristische Gliederung. Ähnlich die Dozentenhäuser. Ohne den als überflüssig betrachteten Komfort einer Wärmedämmung, froren dort im Winter die Bewohner der neuen Sachlichkeit zuliebe. Was die Anlage bis heute nicht nur als Baudenkmal interessant macht, ist die Tatsache, dass erstmals in Ulm das geistige Profil einer Hochschule in der Architektur sichtbar wurde.

„Wir schmeißen die Gold- und Silberschmiede raus und richten eine Kunststoffwerkstatt ein."
So die frohgemute Parole von Walter Zeischegg. In der Tat richtete die HfG schon 1958 eine Kunststoffwerkstatt ein und nutzte neben den klassischen Materialien den neuen Werkstoff im Produktdesign. 1958/59 enstand aus glasfaserverstärktem Polyester die Innenausstattung für die Hamburger U-Bahn. Die wissenschaftliche Fortsetzung folgte ab 1972 an der Ulmer Universität mit der als Schwerpunkt betriebenen Polymerforschung. Nun ging es um das Design der Atome und Moleküle und die daraus resultierende vielseitige Verwendbarkeit der Kunststoffe in der industriellen Produktion.

Seine Fortsetzung fand dies in den Bauten der Staatlichen Ingenieurschule, die von Günther Behnisch entworfen und mit industriell gefertigten Bauteilen erstellt wurden, und dann natürlich in den vom Universitätsbauamt geplanten Bauten auf dem Oberen Eselsberg.

Erster Rektor der HfG wurde Max Bill, der allerdings schon nach einem halben Jahr sein Amt niederlegte. Er gehörte noch bis 1957 dem Rektoratskollegium mit Otl Aicher, Hans Gugelot, Tomas Maldonado und Friedrich Vordemberge-Gildewart an, bevor er, enttäuscht und verärgert, in die Schweiz zurückkehrte. Die Gründe lagen zum einen in den latenten Spannungen zwischen den Protagonisten einer berechenbaren, rationalen Theorie des Designs und dem auch künstlerisch denkenden Bill, letztlich aber im persönlichen Bereich.

In Fortführung der bisherigen Arbeit mit neuen Schwerpunkten entstand das legendäre Ulmer Modell, das in der von 1958 bis 1968 erschienenen Schrift ulm in eindrucksvoller Weise dokumentiert ist. Beispielhaft das Möbel- und Industriedesign von Gugelot, der Aufbau der visuellen Kommunikation durch Aicher und die Schaffung der bis heute gültigen theoretischen Grundlagen der Designerausbildung durch Maldonado. Allerdings setzte mit der Einführung wissenschaftlicher Fächer wie Mathematik, Semiotik oder Kybernetik eine stark theorielastige Entwicklung ein, die die Gestaltung zunehmend überlagerte. Im Jahr 1958 trug man mit der Einrichtung einer Kunststoffwerkstatt dem neuen, zukunftsweisenden Material Rechnung, und mit dem seit 1961 arbeitenden Institut für Filmgestaltung sind Namen wie Alexander Kluge oder Edgar Reitz verbunden. [5]

Die Studierenden, unter ihnen wenig Studentinnen, benötigten kein Abitur. Die fachlichen Anforderungen waren allerdings so hoch, dass etwa die Hälfte der Aufgenommenen nach einem Jahr die Schule wieder verlassen musste. Den Abschluss des Studiums bildete ein Diplom. Von Anfang an herrschte, mit einem hohen Anteil ausländischer Studenten, eine internationale Atmosphäre, was auch für den Kreis der

Herrschte im täglichen Unterricht eine wissenschaftlich – nüchterne Weltsicht, genossen die Dozenten und Studenten auch durchaus das Gespräch in stimmungsvoller Atmosphäre mit der schönen Aussicht nach Oberschwaben.

Dozenten galt. Da es keine Lehrstühle gab, sondern Jahresverträge abgeschlossen und renommierte Gastdozenten berufen wurden, war die Fluktuation zwar mit einer Fülle von Ideen und Anregungen, aber auch persönlichen Enttäuschungen verbunden, die die kleine Republik der großen Gestalter zuweilen einfach überforderten. Dazu kam die kritische Finanzlage, die den Betrieb belastete. Zwar konnte sich die Hochschule zur Hälfte mit Gestaltungsaufträgen der Industrie finanzieren, aber die andere Hälfte kam, neben den Stiftungsmitteln, vom Bund, dem Land und der Stadt. Damit stand sie in einem bürokratischen und politischen Kräftefeld, das nicht zum Geist der Hochschule passte, und dem sie sich natürlich zu entziehen suchte.

Ab 1962 galt eine neue, hierarchisch geprägte Verfassung mit einem Rektor und Prorektor an der Spitze. Während Aicher und Maldonado, die sich in diesen Ämtern abwechselten, in der Folgezeit versuchten, ein Gleichgewicht zwischen Theorie und Praxis zu erreichen, nahmen die Finanzprobleme zu.

Seit 1963 übte der Landtag zunehmend Druck aus, bis 1967 die schwelenden Konflikte eskalierten. Nun drohte die „Abwicklung" der Hochschule, gegen die sich, zunächst noch, Studenten und Dozenten gemeinsam zur Wehr setzten. So wurde eine Angliederung an die Ingenieurschule ebenso vehement abgelehnt wie eine in Aussicht genommene Verbindung mit der Universität Stuttgart. Optiert wurde allenfalls für die Autonomie unter staatlichem Schirm.

Mittlerweile gingen die Fronten quer durch alle Gremien, zumal die politische Entwicklung die Angelegenheit radikalisierte. All das vollzog sich zu einer Zeit, als die Gespräche zur Gründung einer Medizinisch-Naturwissenschaftlichen Hochschule liefen. Doch alle Bemühungen, auch die des Oberbürgermeisters und der Ulmer Abgeordneten, die besondere Rolle der HfG herauszustellen, blieben ergebnislos. Am 5. Dezember 1968 sagte Ministerpräsident Filbinger: „Wir wollen etwas Neues machen, dazu bedarf es der Liquidation des Alten".[6]

Damit nahm er nicht auf die Universität Bezug, sondern auf eine diskutierte Nachfolgelösung. Denn während der Agonie der Hochschule hatten sich Verbände, Initiativen und Persönlichkeiten in ganz Deutschland für ihren Erhalt eingesetzt. In Ulm bot der Gründungsrektor der Universität, Ludwig Heilmeyer, bei weiterer Selbständigkeit der HfG, Verwaltungshilfe an, und in Stuttgart hatte sich auf Betreiben von Lothar Götz, Professor an der Stuttgarter Universität, gar eine Gesellschaft zur Förderung der Hochschule für Gestaltung gebildet. Was im Ergebnis herauskam, war das der Universität Stuttgart verbundene Institut für Umweltplanung, das, mit Sitz in Ulm, am 14. Oktober 1969 gegründet wurde.

Dies nicht zuletzt der Studenten wegen, die so ihre Abschlussarbeiten schreiben und das Diplom erwerben konnten.
Das Institut bestand bis 1973, als mit seiner Auflösung die Zeit der real existierenden ehemaligen HfG endgültig zu Ende war. Nicht zu Ende waren die Erinnerungen, die in der Folgezeit immer wieder den Blick auf diese einmalige Einrichtung lenkten. Dabei erschien die HfG, nicht nostalgisch verklärt, sondern als beispielhafte Einrichtung, die mit ihrer Produktgestaltung, etwa für die Firma Braun, und ihrem ebenso ästhetischen wie funktionalen Denken und Wirken auch das moderne Ulm beeinflusst hatte. Im bürgerschaftlichen, bodenständigen Ulm konnte die avantgardistische HfG allerdings keine Wurzeln schlagen, dafür war sie, trotz ihres demokratischen Anspruchs zu elitär. Insgesamt ergibt sich eine Gemengelage von Gründen, die zur Auflösung führten. Angefangen von persönlichen und sachlichen Konflikten bis hin zu finanziellen Schwierigkeiten und politischen Motiven. Gegenstände mochten berechenbar sein, Menschen nicht.

Die Süddeutsche Zeitung schrieb damals:
„Kommt es tatsächlich zur Schließung der HfG in Ulm, dann wird dies eines Tages als der größte Schildbürgerstreich gewertet werden, den das deutsche Volk sich und der Welt in der Nachkriegszeit geleistet hat". [7] Nun, um im Bild zu bleiben, war es kein Schildbürger-, sondern ein Bürgerstreich. Aber die Schule war international so bekannt und ihre Absolventen so erfolgreich, dass ihre Wirkung über den Tag hinaus bis heute anhält. Im Rahmen der Landeskunstwochen im Oktober 1982 leistete das Psychosoziale Zentrum der Universität Ulm Trauerarbeit. Damals fand unter Leitung von Horst Kächele ein Symposion zum Thema „Umwelt, Gestaltung und menschliche Persönlichkeit" statt, zu dem sich eine Reihe von hochkarätigen Wissenschaftlern eingefunden hatte. An der Spitze der Ehemaligen: der frühere Rektor Tomas Maldonado. In der Diskussionsrunde kam immer wieder zur Sprache, welch intellektuelle Freiräume die Hochschule geboten und welch interessante Ergebnisse dies ermöglicht hatte. So verband sich die „schmerzliche" Erinnerung, wie es hieß, mit der Herausforderung, die damaligen Themen in zeitgemäßer Form zu behandeln. Der genius loci wirkte offensichtlich auch auf die Mitarbeiter des Psychosozialen Zentrums, die in einjähriger Arbeit eine bildhafte Synopse über ihre wechselvolle Geschichte zusammenstellten. [8]

Die Hochschule für Gestaltung war ein zeitgemäßes Projekt der Moderne, das in Teilen der Tradition des Bauhauses verpflichtet war. Eine Hochschule, die mit einem radikalen Reformansatz begann, die international ausgerichtet war, Gastdozenten beschäftigte und in beispielhafter Weise das moderne Industriedesign und die visuelle Kommunikation nicht nur lehrte, sondern auch in die Praxis umsetzte.

Als die Hochschule für Gestaltung aufgelöst wurde, entstand zur gleichen Zeit gegenüber auf dem Oberen Eselsberg eine Hochschule, die ebenfalls Reformen verfolgte, nun allerdings im Rahmen staatlicher Planung und universitärer Tradition. Als Teil der internationalen „scientific community" sollten ihre Bauten Naturwissenschaften und Medizin „unter einem Dach" beherbergen. Der damalige Ministerpräsident, Kurt Georg Kiesinger, nannte die Gründung der Universität in seiner Rede beim Schwörmontag 1966 eine „stolze, kühne Tat". Daneben darf man getrost auch die Hochschule für Gestaltung als wagemutige und kühne Gründung in den Blick nehmen.

Die Staatliche Ingenieurschule

Am 2. Dezember 1959 schrieb der Ulmer Finanzbürgermeister Hans Lorenser an den Direktor der Telefunken GmbH, Mössner: „Wie schon angedeutet, müssen wir uns etwas zurückhalten, da wir ja die Ingenieurschule bekommen. Dennoch wollen wir keinen Hehl daraus machen, dass wir es begrüßen würden, wenn Ulm als Standort einer Universität bestimmt würde". [9] Der Pragmatiker Lorenser wollte beides, aber eins nach dem anderen.

Am 2. April 1957 hatte sich die Stadt Ulm in einer Denkschrift als Standort für eine Ingenieurschule beworben. Wenig später votierte auch der Ulmer Landrat gemeinsam mit allen oberschwäbischen Landräten dafür. Da die Stadt gleichzeitig einen Bauplatz am Gaisenberg in Aussicht stellte, erhielt sie am 3. Februar 1958, vor ihren Mitbewerbern Aalen und Heidenheim, den Zuschlag der Landesregierung.
Die Entscheidung, die vor dem Hintergrund staatlicher Bildungsreformen und wirtschaftlicher Notwendigkeit zu sehen ist, war wohlbegründet, denn die Stadt Ulm hatte sich mit ihren mittelständischen Betrieben und den Großunternehmen im Fahrzeugbau und der Elektrotechnik zu einem bedeutenden wirtschaftlichen Zentrum entwickelt, das 1963 in seiner Bedeutung als Industriestandort an zweiter Stelle im Land lag. Gleichzeitig war der Bedarf an Facharbeitern und Ingenieuren gestiegen.
Den Anforderungen entsprechend, sollten die Ingenieure eine höhere technische Ausbildung mit wissenschaftlichen Grundkenntnissen und starker Praxisorientierung vorweisen. Zu diesem Zweck wurden zunehmend Ingenieurschulen gegründet; Ulm war die erste der in Baden-Württemberg vorgesehenen neun Neugründungen. [10] Zugangsvoraussetzung für das sechssemestrige Studium waren die Mittlere Reife und eine dreijährige Lehre oder zweijährige Tätigkeit als Facharbeiter. Hauptschüler hatten ein Vorsemester zu absolvieren.

Am 1. April 1960 begann für 90 Studenten der Unterricht mit Vorkursen in Maschinenbau, Feinwerktechnik und Nachrichtentechnik. Die Fachrichtungen waren auf Grund einer von der Landesregierung durchgeführten Befragung von Industriebetrieben festgelegt worden. Das im Rückblick nostalgisch verklärte Provisorium der ersten Jahre befand sich in der

Kontraste, 1955.
In strahlendem Weiß und in gehöriger Distanz zur Stadt die modernen Bauten der Hochschule für Gestaltung. Schemenhaft im Hintergrund das Ulmer Münster.
Die Siedlungsbauten der Nachkriegszeit signalisieren die Expansion der Stadt in die umgebende Landschaft.

Vom Provisorium in der Wiblinger Sägefeldschule 1959 in die Neubauten auf dem Gaisenberg. Günther Behnisch schrieb mit den 1960 bis 1963 in Fertigbauweise erstellten Neubauten der Fachhochschule Ulm Architekturgeschichte.

Dies gilt auch für den Architekten Theodor Fischer, der die 1910 eingeweihte Pauluskirche mit ihren markanten Doppeltürmen schuf. Das erste sakrale Bauwerk Deutschlands, das mit einer Eisenbetonkonstruktion errichtet wurde.

Vor den Behnisch-Bauten ist noch die Gaisenbergkaserne zu sehen, deren Abbruch wenig später erfolgte.

Sägefeldschule in Wiblingen und einigen später dort aufgestellten Baracken. Am 1. November 1962 wurde ein Teil des Neubaus am Gaisenberg bezogen, am 18. Mai 1963 folgte die feierliche Einweihung. Bis heute dokumentiert die von Günther Behnisch entworfene und in Fertigbauweise erstellte Anlage in der Kubatur wie den großen Fensterfronten den rationalen und sachlichen Geist, der in ihm herrscht. Dabei sorgte die rasch wachsende Studentenschaft durchaus für jugendliche Farbtupfer im kulturellen und geselligen Leben der Stadt. Studenten eröffneten den auch heute noch renommierten Jazzkeller Sauschdall, beteiligten sich am Wasserfestzug Nabada und luden zu einem jährlichen Ball ein. Am 31. Juli 1963 wurden die ersten 110 Ingenieure verabschiedet, am Ende des ersten Jahrzehnts ihres Bestehens hatte die Schule 1.650 Studenten zu Ingenieuren ausgebildet und genoss einen sehr guten Ruf. Dies nicht nur wegen der fachlichen Ausbildung, sondern auch des ausgesprochen guten Kontakts zwischen Lehrenden und Lernenden. Daran erinnern sich alle Befragten gleichermaßen.

Im Jahr 1965 fand in Ulm die Bundesdirektorenkonferenz der Staatlichen Ingenieurschulen statt. Dabei diskutierte man auch das Anliegen der Industrie, die Ausbildung der Studenten zu verbessern. Im Gespräch war damals die Gründung einer Ingenieurakademie, deren Studenten nach dem Besuch von elf Gymnasialklassen ein Studium von sieben Semestern absolvieren sollten. Dazu kam es dann nicht, da der baden-württembergische Kultusminister Hahn 1967 den Konstanzer Professor Ralf Dahrendorf mit der Ausarbeitung eines Konzepts für einen Gesamthochschulplan beauftragte.

In der am 31. Juli 1967 vorgelegten, kontrovers diskutierten Denkschrift war auch von der Umwandlung der Ingenieurschulen in Fachhochschulen die Rede. Diese Idee wurde im Sommer 1968 von einer Kommission unter Vorsitz von Professor Sinn (BASF) weiterverfolgt und in einem, anschließend dann realisierten, Gutachten dargelegt. Demnach galt als Zugangsvoraussetzung die Fachoberschulreife oder ein vergleichbarer Abschluss. Unter Einschluss von zwei Praxissemestern dauerte das Studium acht Semester und war somit dem europäischen Standard angepasst. Am 17. Dezember 1971 wurden aus den Staatlichen Ingenieurschulen Fachhochschulen, die bislang als Höhere Fachschulen in den Geltungsbereich des Schulverwaltungsgesetzes gehörten, nun aber als Körperschaften des öffentlichen Rechts mit Selbstverwaltung Teil der Hochschulgesetzgebung wurden. Im Übrigen war der Übergang vom Sekundären zum Tertiären Bildungssektor im Bereich der Fachhochschule gerade in Ulm sehr gut geregelt, da dort der differenzierte Ausbau des Berufsschulwesens entsprechende Abschlüsse ermöglichte.

Was Hans Lorenser in seinem Brief noch als Wunsch formuliert hatte, wurde mit der Gründung der Universität 1967 Wirklichkeit. Und es gab auch frühe Verbindungen zwischen der Universität und der Ingenieurschule. Sinnigerweise kam ihr erster Rektor Josef Hengartner aus der Mitbewerberstadt Konstanz. Als Mitglied des Kuratoriums der Universität Ulm trug er seit 1961 mit seiner wissenschaftlichen und politischen Erfahrung wesentlich dazu bei, dass Ulm eine Universität bekam. Als diese dann ihre Pforten öffnete, war sie zunächst auf fremde Räume angewiesen und damit auch dankbarer Gast der Ingenieurschule, die beim Start des naturwissenschaftlichen Studiums mit Räumen und Dozenten half. Im Gegenzug hielt Peter Pauschinger eine Vorlesung in Physiologie, und in der Feinwerktechnik zeichneten sich engere fachspezifische Kontakte ab. Die dann im Rahmen der Planungen einer Gesamthochschule angestrebte Kooperation mit der Universität bei einem Studiengang Medizintechnik kam nicht zustande. In der Folgezeit ging dann jede der beiden Bildungseinrichtungen ihren eigenen Weg. Dem jeweiligen Selbstverständnis folgend, stellte die, räumlich und personell nun autarke, Universität die Grundlagenforschung als ihre genuine wissenschaftliche Aufgabe heraus, während die Fachhochschule den praktischen Bezug ihrer Ausbildungs- und Forschungsarbeit betonte, die sie von Anfang an in enger Zusammenarbeit mit Industrie und Gewerbe vollzog.

Kühne Planungen
Ulm will Universitätsstadt werden

„Sag niemals nie" ist der Titel eines Buches, in dem Barbara Schäuffelen die Inkubationszeit der Universität detailliert nachzeichnet. [11] Eine informative und aufschlussreiche Geschichte der Wechselwirkung von Politik und bürgerschaftlichem Engagement, sowie offener und subtiler Agitation. Anders als bei dem Gründungsvorgang der Ingenieurschule hielten sich Verwaltung und Gemeinderat in der Universitätsfrage anfänglich zurück. Dieses Thema wurde 1959 zuerst im Kreis der Akademikervereinigung Ulm / Neu-Ulm diskutiert. Deren Vorsitzender, der Kaufmann Helmut Hauser, in der katholischen Glaubenswelt verwurzelt und kulturpolitisch engagiert, sah in einer Universitätsgründung das geeignete Mittel zur geistigen und kulturellen Profilierung der Stadt. Unterstützt wurde er bei diesem Vorhaben von Persönlichkeiten des öffentlichen Lebens, wie dem Präsidenten des Landgerichts, Emil Kienmoser, dem Mediziner Franz Niedner und Bürgermeister Hans Lorenser. Während in Ulm die Sammlung der Kräfte erfreuliche Fortschritte machte, kündigte Ministerpräsident Kurt Georg Kiesinger am 6. September 1959 in Singen überraschend an, eine mögliche neue Universität in Konstanz zu gründen. Dies stieß im Landtag auf keine ungeteilte Zustimmung und veranlasste einen humanistisch gebildeten Abgeordneten zu der Bemerkung, dass die an Pallas Athene erinnernde „Kopfgeburt ihren Weg direkt an die Stammtische gefunden" habe. [12]
Praktisch war jedoch ein fait accompli geschaffen, denn Kiesinger verband das Vorhaben von Anfang an mit seiner Person. In Ulm war man über dieses Vorgehen vor allem deshalb enttäuscht, ja verärgert, da der Ministerpräsident bei seinem Besuch in Ulm im März 1959 in kleinem Kreis über den Wunsch einer Universitätsgründung in der Stadt informiert worden war.

Doch die Ulmer Akademikervereinigung ließ nicht locker und vergrößerte den Kreis der Befürworter um führende Vertreter des Wirtschaftslebens, der Kultur und Presse. Das erste politische Signal kam jedoch aus dem nahe gelegenen Heidenheim, wo sich Landrat Albert Wild klar für den Standort Ulm aussprach. Wenig später brachte der Redakteur der Schwäbischen Donauzeitung, Karl Wieder, das Thema an die Öffentlichkeit. Nach der Gründungsversammlung des Kuratoriums zur Gründung der Universität Konstanz erhob er bei den Ulmer Lokalpolitikern ein Meinungsbild zum Thema Universität in Ulm. Das Resultat war ernüchternd. Mit Ausnahme der Erklärung von Hans Lorenser, waren die Stellungnahmen reserviert, in Teilen sogar ablehnend. Doch Wieder hielt das Thema weiterhin in den Schlagzeilen und am 2. Juli 1960 wurde der Arbeitskreis Universität Ulm gegründet, dem ein größeres Kuratorium angegliedert werden sollte. Geschäftsführer des Arbeitskreises wurde der Hauptgeschäftsführer der IHK Ulm, Alfred Rietzsch. Den Vorsitz übernahm am 23. November 1960 Oberbürgermeister Theodor Pfizer. Nach anfänglichem Zögern war er nun, in der ihm eigenen abwägenden Art, mit von der Partie. Zu diesem Zeitpunkt hatte er schon den Gemeinderat über eine mögliche Universitätsgründung informiert, die keineswegs nur „Helmzier" sei, sondern „große Opfer" fordere. Der Verleger und Stadtrat Carl Ebner warnte vor den finanziellen Lasten und bat vor allem um laufende Unterrichtung des Gemeinderats. [13]

Am 18. März 1964 stellte sich der Gründungsrektor Ludwig Heilmeyer dem im Rathaus tagenden Arbeitskreis Universität Ulm vor.
Von links: Alfred Hauser, Wilhelm Bühler, Ernst Ludwig, Josef Hengartner, Ludwig Heilmeyer, Theodor Pfizer, Gerhard Rabeler, Alfred Rietzsch, Franz Niedner und Kurt Fried.

Auf Grundlage der Denkschrift des Wissenschaftsrats vom 25. November 1960, in der die Gründung einer Technischen Hochschule und dreier neuer Universitäten, eine davon in Süddeutschland, empfohlen wurde, beauftragte Ministerpräsident Kiesinger im Frühjahr 1961 das Kultusministerium mit der Erstellung eines Gutachtens zum Thema Universitätsgründungen. Zur gleichen Zeit wurde in Ulm an der Fertigstellung einer Denkschrift gearbeitet, dem lang erwarteten Universitätsplan.

**Der Universitätsplan Ulm
und seine Umsetzung**

Am 15. April 1961 legte der Arbeitskreis den Universitätsplan Ulm vor, der, kurz und prägnant, graphisch gut aufgemacht, allenthalben großen Anklang fand. [14]
Dies war Alfred Jungraithmaier von der HfG zu danken, der die visuelle Kommunikation gekonnt umsetzte, aber auch Theodor Pfizer, der den Text verfasst hatte. Der Plan lehnte sich eng an das Gutachten des Wissenschaftsrats an, auf dessen Forderungen die Ulmer passende Antworten gaben. So war jedem Kapitel ein Zitat aus dem Gutachten vorangestellt, das dann in entsprechender Weise abgehandelt wurde. Im Wesentlichen ging es dabei um die Entlastung bestehender Universitäten, die Mittelpunkt- und Erschließungsfunktion für hochschulfreie Räume, die Verkehrsanbindung und die lokale Infrastruktur, die historische und kulturelle Tradition, und, ganz entscheidend, die Grundstücksfrage. Alles in allem eine gelungene Verbindung sachlicher Argumente mit emotionalen Komponenten. Pfizer verstand es, versiert auf Polemik zu verzichten und gleichzeitig die Kompetenz der Mitbewerber elegant in Frage zu stellen.

Die Denkschrift endete mit einer geradezu pathetischen Schlussbemerkung: „Eine Universität würde dieser Stadt mit einem Schlag völlig neue Antriebe geben und die vielfach nach vorwärts drängenden Kräfte zu neuen Leistungen steigern". Eine Studentengruppe der Stuttgarter Universität hat die Denkschriften einiger Universitäten verglichen und dabei festgestellt, dass die Anfang und Mitte der 60er Jahre entstandenen Schriften im Vergleich mit den späteren emotionaler und auf den persönlichen Kontakt mit dem Leser angelegt waren. Unabhängig davon verstand es allerdings jede Stadt, unter geflissentlicher Ausblendung manches Problems, etwa der Verkehrs- und Wohnsituation, sich ins rechte Licht zu rücken. Allen gemeinsam war die Zielvorstellung einer Aufwertung, ja geradezu Wiedergeburt ihrer Stadt. Natürlich zögerte man auch nicht, Gestaltungselemente gelungener Denkschriften zu übernehmen. So lehnte sich beispielsweise die Konstanzer Schrift, deren Konzept dann seinen Weg nach Bielefeld fand, eng an das Ulmer Vorbild an. [15]

Das Konstanzer Kuratorium wollte dabei zunächst gar keine Denkschrift verfassen. Nun berichtete aber Oberbürgermeister Bruno Helmle, dass ihm das Ulmer Stadtoberhaupt den Ulmer Universitätsplan „mit einem netten Brief" übermittelt habe, und bemerkte dann „unter Heiterkeit des Kreisrats", dass dort „der Säntis als Hausberg der Ulmer und der Bodensee als Einzugsgebiet von Ulm" dargestellt worden seien. [16]
Tatsächlich ärgerten sich die Konstanzer mächtig darüber, wie einem Brief von Oberbürgermeister Helmle an seinen Kollegen Pfizer zu entnehmen ist. Im Gegenzug beklagte sich Pfizer bei Helmle über Konstanzer Zusagen, der Landesregierung unentgeltlich Grundstücke zum Bau der Universität zur Verfügung zu stellen. Der Ton der Schreiben war immer kollegial höflich, die abschließende Bitte um Unterbindung derartiger Vorgänge allerdings unmissverständlich. [17] Doch insgesamt ging man pfleglich miteinander um und vermied polemische Zuspitzungen. Dies fiel nicht zuletzt deswegen zunehmend leichter, da die Denkschrift des Wissenschaftsrats vom Juni 1961 dringend die Gründung von Medizinischen Akademien empfahl.
Wenn auch noch nicht ganz absehbar, ergaben sich für Ulm mit seinem großen Krankenhaus und den Spezialkliniken dadurch neue Perspektiven. In jedem Fall zeichnete sich eine neue Option ab.

Zweifellos war der weithin gelobte Ulmer Universitätsplan eine wichtige Station auf dem weiteren Weg, der von allen Beteiligten mit Elan beschritten wurde.
Im Januar 1962 referierte der Verfasser des Bremer Universitätsplans, Hans-Werner Rothe, im vollbesetzten Ratssaal über die Campusuniversität als Modell der Zukunft. Eingeladen hatte der Arbeitskreis, der seit 12. Januar 1962 als eingetragener Verein agierte, und am 23. Januar 1962 um das Kuratorium Ulmer Universität erweitert wurde. Während so die gesellschaftlichen Kräfte feste organisatorische Formen annahmen und Beitrittswilligen die Mitgliedschaft anboten, gab auf der politischen Ebene der Ulmer Gemeinderat ein klares Votum für die Universität ab und stimmte am 2. Februar 1962 der Ernennung des Rechtsrats Ernst Ludwig zum Universitätsbeauftragten zu.
Mit ihm kam der richtige Mann auf den richtigen Platz.
Er war engagiert, pragmatisch, hatte politisches Gespür und ging umgehend daran, die wichtigen Entscheidungsträger zu mobilisieren. In der Folgezeit wurde er im wahren Sinn des Wortes nicht müde, „Klinken zu putzen", wie er später selbst bemerkte, um die umliegenden Landkreise und Städte auf die Ulmer Universitätspläne einzuschwören. Es bleibt sein Verdienst, dass dies, bis auf wenige Ausnahmen, gelang und gewichtige Stimmen für Ulm gewonnen wurden. [18]

Auf landespolitischer Ebene war mittlerweile das Gutachten des Kultusministeriums fertig gestellt worden.
Am 15. Oktober 1962 stimmte das Kabinett der Denkschrift zu. Demnach war für Konstanz eine Universität und für Ulm eine Medizinische Akademie vorgesehen; die Hochschulen Heidelberg und Mannheim sollten erweitert werden. In den folgenden Diskussionen in Ulm zeigte sich, dass man am Universitätsplan festhalten wollte und, falls es zur Gründung einer Medizinischen Akademie kommen sollte, dies mit naturwissenschaftlichen Studiengängen verbunden sein musste. Am 30. Mai 1963 gab Ministerpräsident Kiesinger im Landtag eine Regierungserklärung ab, in der er im Allgemeinen über die Bedeutung und Notwendigkeit der Hochschulreform sprach und im Besonderen die Pläne für Konstanz und Ulm erläuterte. Dem Thema angemessen, verlief die anschließende Debatte auf hohem Niveau.
Dies zeigen die Stellungnahmen der Fraktionsvorsitzenden ebenso, wie einzelne Redebeiträge. Die Denkschrift wurde zustimmend an den kulturpolitischen Ausschuss weitergeleitet. In der Sitzung hatten sich auch die Ulmer Abgeordneten Franz Wiedemeier (CDU) und Hugo Roller (SPD) zu Wort gemeldet.

Beide bedauerten, dass die Anstrengungen Ulms für eine größere Lösung nicht zum Ziel geführt hatten, stimmten dann aber doch der Errichtung einer Medizinischen Hochschule in Verbindung mit Naturwissenschaften zu. In der gleichen Sitzung wurde auch über die Ulmer Hochschule für Gestaltung debattiert, mit allerdings trüben Zukunftsaussichten. [19]

Eine zentrale Rolle in der Gründungsgeschichte der Universität Ulm spielten natürlich die zwei Hauptpersonen, denen in dieser Phase besondere Bedeutung zukam. [20]
Kurt Georg Kiesinger, kultiviert und politisch versiert, genoss den Auftritt in der Öffentlichkeit. Er hatte mit großer Geste Konstanz in eine Entwicklungslinie abendländischer Kultur gestellt und den landschaftlichen Zauber des Bodenseeraumes herausgestellt. Dort sollte „seine" Universität entstehen, die beiläufig noch den südbadischen Landesteil stärker in das Land Baden-Württemberg integrieren sollte. Der Ulmer Oberbürgermeister Theodor Pfizer lebte in einer humanistisch geprägten Bildungstradition, die mit preußischem Pflichtbewusstsein verbunden war. Er stand der Hölderlin-Gesellschaft vor, arbeitete in der Studienstiftung des Deutschen Volkes und war Mitglied des Kulturausschusses im Deutschen Städtetag. Die Wertvorstellungen der bürgerlich geordneten Welt der 20er Jahre hatten ihn geprägt und fanden, nicht nur bei ihm, in der Nachkriegszeit ihre Fortsetzung. Während Kiesinger im Oktober 1962 nicht zögerte, Pfizer persönlich unter Druck zu setzen und mit seinem Rücktritt drohte, sollte sein Konstanzer Projekt im Landtag scheitern, geriet Pfizer in Bezug auf Kiesinger zunehmend in einen Loyalitätskonflikt. Um der Landesregierung im Blick auf die Landtagswahlen den Rücken frei zu halten, hielt er sich in der Universitätsfrage zurück und setzte sich damit in Ulm heftigen Vorwürfen der Untätigkeit und dem Verlust an Glaubwürdigkeit aus.
Der diesbezügliche Briefwechsel mit Kiesinger und vor allem mit Kultusminister Gerhard Storz zeigt, dass Pfizer die fatale Außenwirkung dieses Konflikts sehr wohl sah und wie ihm all das zu schaffen machte. Bei all dem hoffte er aber auch, durch sein loyales Verhalten für Ulm doch etwas zu erreichen.
Dazu ein Wegbegleiter: „Manche kritisierten, er sei zu weich und zu wenig durchsetzungsfähig. Doch durch seine zusehends verschlungeneren Taktiken erreichte er immer noch vieles und nicht selten das im Augenblick Mögliche". [21]

Eine Lösung bahnte sich im Sommer 1963 an, als Pfizer bei einer Veranstaltung in Stuttgart den renommierten Freiburger Medizinprofessor Ludwig Heilmeyer traf. Die beiden Herren kamen ins Gespräch und verstanden sich so gut, dass Heilmeyer auf eine diesbezügliche briefliche Anfrage, umgehend sein Engagement für die Ulmer Pläne zusicherte.
Vor allem gewann er dann die Unterstützung von Innenminister Hans Filbinger, der im Übrigen Theodor Pfizer sehr schätzte, so dass der Plan einer um die naturwissenschaftlichen Fächer erweiterten Medizinischen Akademie Formen annahm. Kiesinger sah dies zunehmend positiv, konnte er sich neben Konstanz doch so eine zweite Hochschulgründung ans Revers heften.

Parallel dazu war die politische Überzeugungsarbeit weitergegangen. In der zweiten Hälfte des Jahres 1963 hatten die kulturpolitischen Arbeitskreise der CDU und SPD sowie die Landtagsfraktion der FDP Ulm besucht und sich mit durchweg positiven Botschaften verabschiedet. Im Januar 1964 wandte sich der Ulmer Arbeitskreis noch einmal mit einem Memorandum an den Landtag, der in einer denkwürdigen Sitzung am 27. Februar 1964 die Hochschuldenkschrift der Landesregierung, bei einer Enthaltung, einstimmig annahm.

In den Stadtfarben Schwarz- Weiß: Theodor Pfizer und Kurt-Georg Kiesinger vor dem Münsterportal. Bei dem Regierungsbesuch am 4. Dezember 1961 in Ulm beharrte Kiesinger auf einer Universität in Konstanz. Die Ulmer rückten jedoch von ihrem Universitätsplan nicht ab und hatten damit Erfolg.
Die späteren Besuche verliefen dann in einer entspannten und freundlichen Atmosphäre, zumal Kiesinger in der Ulmer Gründungsdenkschrift 1965 eine „Großtat ersten Ranges" sah.

Schon am 21. Februar 1964 war Ludwig Heilmeyer zum Vorsitzenden des Ulmer Gründungsausschusses ernannt worden, am 21. März 1964 setzte dann Ministerpräsident Kurt Georg Kiesinger die beiden Gründungsrektoren Gerhard Hess (Konstanz) und Ludwig Heilmeyer (Ulm) in ihre Ämter ein. Die Arbeit der Gründungsausschüsse konnte beginnen.

Der Gründungsausschuss

Dem Ulmer Gründungsausschuss gehörten neben dem Vorsitzenden Ludwig Heilmeyer zehn Professoren verschiedener Fachrichtungen an. Ständige Gäste waren unter anderem Theodor Eschenburg, Theodor Pfizer und der Vorsitzende des Konstanzer Gründungsausschusses, Gerhard Hess. Umgekehrt war Ludwig Heilmeyer Gast im Konstanzer Ausschuss. Insgesamt gehörten fünf Vertreter beiden Ausschüssen an, die so für einen ständigen Informationsaustausch sorgten.

Die Ministerien entsandten zwölf Vertreter, während 40 Konsiliarien beratend tätig waren. Sekretär des Gründungsausschusses war Ministerialdirigent Franz Schad. Neben den Verbindungen zwischen Konstanz und Ulm, gab es ein bundesweites Netzwerk einflussreicher Wissenschaftler und Bildungspolitiker, das der Steuerung der Reformen diente. Zum Leidwesen Heilmeyers gelangten durch die verschiedenen Kanäle auch Reformideen aus Ulm vorzeitig nach draußen. Eine nicht nur in Ulm, sondern in mehreren Gründungsausschüssen tätige Persönlichkeit war der Generalsekretär des Wissenschaftsrats, Friedrich Schneider. Er hatte schon als Mitglied des Bochumer Gründungsausschusses mit seinen Vorschlägen zur Vereinheitlichung der Universitätsverwaltung, zum Department- und Abteilungssystem entscheidende Impulse gegeben und damit die Dinge auf den Weg gebracht, die seinerzeit in der Luft lagen, und die in verschiedener Form an allen Reformuniversitäten und Neugründungen für Diskussionsstoff sorgten.[22] Die damalige Aufbruchstimmung in der Welt der Bildung und das große öffentliche Interesse spiegeln sich auch in der Berichterstattung der großen deutschen Tages- und Wochenzeitungen wider.

Die erste Arbeitssitzung des Gründungsausschusses fand am 8. Mai 1964 in Ulm statt und diente, im Blick auf das Reformvorhaben, der Klärung grundsätzlicher Fragen.
Bei der zweiten Sitzung im Juni, trat der Leiter der Arbeitsgruppe Studienplanung Thure von Uexküll dezidiert für die Bildung kleiner Gruppen ein. Als er in diesem Zusammenhang von Zulassungsbeschränkungen sprach, machte allerdings Ministerialdirigent Autenrieth vom Kultusministerium unmissverständlich klar, dass Ulm nicht nur Reform- sondern auch Entlastungsaufgaben für andere Universitäten habe.

In der Folgezeit wurde dann die Hauptarbeit in den zehn Arbeitsgruppen geleistet. Die monatlichen Plenarsitzungen, die häufig im Neuen Schloss in Stuttgart stattfanden, dienten der Diskussion und der Anhörung von Experten, darunter auch bekannte ausländische Professoren. Daneben bestanden natürlich enge persönliche Kontakte. Eine Reihe von Professoren war miteinander befreundet, viele kannten sich von Tagungen oder der Zusammenarbeit in wissenschaftlichen Gremien, so dass die Arbeit im Gründungsausschuss von einem munteren Briefwechsel begleitet war, dessen Lektüre ebenso informativ wie stellenweise erheiternd ist.[23] In den Gremien begannen aber auch Karrieren. Am 23. November 1964 schrieb beispielsweise Thure von Uexküll an seinen Kollegen Creutzfeldt in Göttingen: „Ich hatte von Herrn Friedner (ich glaube, seinen Namen richtig zu schreiben) einen ausgezeichneten Eindruck. Wäre er ein geeigneter Kandidat für das Ordinariat eines internistischen Departments"?[24]
Der Name war zwar falsch geschrieben, aber der Eindruck hatte nicht getrogen. Theodor M. Fliedner wurde Gründungsprofessor und später Rektor der Ulmer Universität.

Galten die Gespräche in den ersten Sitzungen noch der Klärung der Grundstücksfrage und dem Aufbau der Bibliothek, konnte schon im November 1964 der Studienplan für die klinischen Semester einstimmig verabschiedet werden. Federführend dabei war Thure von Uexküll, der schon in Gießen mit Reformen begonnen hatte und dessen fachmännischer Rat auch im Gründungsausschuss in Aachen gefragt war. Ihm ging es im Wesentlichen um die Wahrung der Einheit der Inneren Medizin in Forschung und Lehre, der Reduktion des Lehrstoffs und eine frühzeitige praktische Ausbildung in der ganzheitlichen Fürsorge für Körper und Seele des Patienten.
Zusammenfassend hielt er fest: „ Lehre als Wissenschaft muss sich bemühen, das Ausbildungsziel ständig an der Realität zu orientieren und den Unterricht fortlaufend am Erfolg zu kontrollieren".[25] Auch wenn dieses Ziel angesichts der rapide steigenden Zahl von Medizinstudenten in seiner reinen Form natürlich nicht verwirklicht werden konnte, blieb es doch wenigstens als Anspruch erhalten und rückte seit 1990 verstärkt in den Mittelpunkt erneuter Reformbemühungen in Praxis und Lehre.

Eine interessante Neuerung beim Medizinstudium war, dass man nach dem achten Semester Theoretische Medizin und Humanbiologie als Hauptfächer wählen und so den akademischen Grad eines Dr. hum. biol. erlangen konnte.
Nach eingehenden Beratungen in den Arbeitsgruppen, stand die Verabschiedung der künftigen Organisationsstruktur auf der Tagesordnung der Plenarversammlung in Hemmenhofen. Bei dieser, man kann schon sagen, historischen Sitzung am 2. und 3. März 1965, lag zum ersten Mal das imponierende Konzept in seiner Gesamtheit vor und fand so auch einhellige Zustimmung. Angefangen von den Zentren, Abteilungen und Sektionen, über die Kliniken, das Forschungszentrum und die zentralen Einrichtungen, bis hin zum Gästehaus Reisensburg, erschien all das, was dann detailliert im Bericht des Gründungsausschusses nachzulesen war. Die Verhandlungen über die inhaltliche Gestaltung der vorklinischen Ausbildung zogen sich allerdings noch hin, da in diesem Bereich ja mit der Verzahnung von Medizin und Naturwissenschaften die entscheidenden Reformschritte erfolgen sollten. Kritische Anmerkungen betrafen die von Heilmeyer zu Recht propagierte Bedeutung der Biochemie in der Medizin, den als zu hoch angesehenen Anteil naturwissenschaftlicher Fächer und eine mögliche Überbeanspruchung der zum „Einpauken von Tatsachen" verleiteten Studenten. Die, vor allem von Biologen und Medizinern der „alten" Schule,

Am 8. Mai 1964 fand unter Vorsitz von Ludwig Heilmeyer die erste Arbeitssitzung des Gründungsausschusses in Ulm statt.

Neben ihm gehörten dem Gremium zehn ordentliche Mitglieder an. Wolfgang Bargmann, Medizin, Helmut Bredereck, Chemie, Werner Buckel, Physik, Wilhelm Doerr, Medizin, Richard Haas, Chemie, Erich Holder, Medizin, Otto Pflugfelder, Biologie, Hans Roemer, Medizin, Emil Tonutti, Medizin, Thure von Uexküll, Medizin.

Die monatlichen Plenarsitzungen fanden an wechselnden Orten und in einer guten Arbeitsatmosphäre statt.

aus dem Kreis der Konsiliarien angestoßenen Fragen führten zu lebhaften und kontroversen Diskussionen, bis schließlich ein befriedigendes Ergebnis erzielt werden konnte. Am Ende verständigte man sich auf eine modifizierte Form des so genannten Thauer-Staudinger Plans, der die Anteile der naturwissenschaftlichen Fächer in den ersten vier Semestern definierte. [26]

Grundsätzliche Kritik am Gründungskonzept äußerte der Sekretär Franz Schad. In einem Brief vom 26. März 1965 an Heilmeyer sprach er von einem „bisher herrschenden ungefährlichen Idealismus", der die Vorstufen des Aufbaus, wie die Ausbildung des nichtwissenschaftlichen Personals und Raum- und Wohnungsfragen außer Acht lasse. Heilmeyer war verärgert, da das mehrseitige Schreiben ohne sein Wissen allen Ausschussmitgliedern zugegangen war, unternahm aber keine weiteren Schritte. Als das Sekretariat dann ein Jahr später aufgelöst wurde, brachte Schad dies mit seiner Person in Verbindung und beklagte sich bei Heilmeyer, dass er und seine Arbeit zu wenig gewürdigt worden seien. In dem darüber geführten Briefwechsel versicherte man sich zwar stets der gegenseitigen Hochachtung und Ergebenheit, und Heilmeyer tat alles, um die Angelegenheit klärend zu bereinigen, aber es blieb doch eine gewisse Entfremdung. [27] Doch Franz Schad blieb indes die Anerkennung für seine engagierte Arbeit im Gründungsausschuss nicht versagt. 1991 erhielt er die Ulmer Universitätsmedaille.

Trotz der unvermeidbaren Differenzen arbeitete der Gründungsausschuss unter Heilmeyers schwungvoller, aber auch konsequenter Führung gut zusammen. Mit der hoch gelobten Erarbeitung der Raum- und Strukturpläne erwarb sich vor allem Emil Tonutti bleibende Verdienste. Nach einjähriger intensiver Arbeit, die nicht zuletzt auch wegen der zeitlichen Belastung und der Reisetätigkeit der Ausschussmitglieder großen Respekt verdient, lag der Bericht des Gründungsausschusses über eine Medizinisch-Naturwissenschaftliche Hochschule in Ulm vor. Ministerpräsident Kiesinger, Kultusminister Hahn und Finanzminister Müller hatten schon an der Sitzung am 26. Mai 1965 in Ulm teilgenommen und sich bei den Ausschussmitgliedern persönlich für die geleistete Arbeit bedankt.
Am 14. Juli 1965 folgte dann die feierliche Überreichung des Berichts an den Ministerpräsidenten in der Villa Reitzenstein. Wenig später bezeichnete ihn Kiesinger als „Großtat ersten Ranges". Wenn man, vor allem die auf internationaler Ebene erfolgende Resonanz auf dieses „Ulmer Modell" in den Blick nimmt, war in der Tat ein großer Wurf gelungen. [28] Theodor Fliedner würdigte später die Leistung Ludwig Heilmeyers in besonderer Weise, als er davon sprach, dass der Vorsitz und die Mitarbeit im Lübecker Gründungsausschuss sein Gesellenstück, Ulm aber sein Meisterstück gewesen sei.

Nach der Überreichung des Gründungsberichts an den Ministerpräsidenten am 14. Juli 1965 ist ein illustrer Personenkreis versammelt. Neben Kurt-Georg Kiesinger Finanzminister Hermann Müller, Oberbürgermeister Theodor Pfizer, Gründungsrektor Ludwig Heilmeyer und Kultusminister Wilhelm Hahn. Die Herren sind sich wohl der Bedeutung des Augenblicks und der Wirkung auf die Nachwelt bewusst.

Das Ulmer Modell

Folgt die Konstanzer Denkschrift dem geisteswissenschaftlich-literarischen Duktus des Romanisten Gerhard Hess, präsentiert sich der 120-seitige Bericht des Ulmer Gründungsausschusses im naturwissenschaftlichen Geist, als sachliches Dokument eines reformierten Medizinstudiums und dessen Organisation. Kernpunkt war die Zusammenführung der Naturwissenschaften und der Medizin in Forschung und Lehre. [29] Anders als bisher gab es keine konventionellen Kliniken und Institute mehr. Die Abkehr vom hierarchischen Ordinarienprinzip und die Hinwendung zur fachübergreifenden Kooperation, die in dieser Konsequenz bisher noch nicht realisiert worden war, erforderte neue flexible Organisationsformen im Departmentsystem. Grundelement war nun die Abteilung, mehrere Abteilungen bildeten ein Zentrum. Spezielle Methoden oder besondere Forschungsarbeiten waren kleineren Sektionen zugeordnet, während zentrale Einrichtungen wie Bibliothek, Werkstätten oder die Tierversuchsanlage effektivere wissenschaftliche Arbeit und erhebliche finanzielle Einsparungen ermöglichten.

Der organisatorische Kern des Modells bestand so im Zusammenwirken überschaubarer, effektiv arbeitender Abteilungen, flankierender kleiner Sektionen und großer zentraler Einrichtungen, was Reibungsverluste jeder Art verhindern sollte. Daneben sollte ein Zentrum für klinische Grundlagenforschung, gleichsam als Motor der universitären Forschung und Lehre fungieren. Erhalten blieben die Fakultäten, die als äußere Organisationsform an die alte Universität erinnerten. Dies galt auch für den Rektor, der die Universität nach innen und außen vertrat und dem in Verwaltungsfragen ein weisungsgebundener Leitender Verwaltungsbeamter zur Seite stand. Für die Studentenschaft, deren Zahl im Endausbau 1.625 betragen sollte, waren 450 campusnahe Wohnheimplätze vorgesehen. Sowohl in der Regelung ihrer Angelegenheiten, als auch der Mitarbeit in den Gremien sollten sie ein gewichtiger Teil der Selbstverwaltung sein.

Das besondere Augenmerk galt dem privatärztlichen Abrechnungssystem, das einerseits als Anreiz bei Berufungsverhandlungen dienen, andererseits aber auch in das kollegial ausgerichtete Reformkonzept passen musste. Zur Diskussion standen zwei Modelle. Bei der Full-Time Lösung übernahm das Land die entsprechend höhere Bezahlung des Gehalts, beim Pool-Modell flossen die Privateinnahmen der Chefärzte in eine eigens gegründete Gesellschaft und kamen dann nach Maßgabe einer Schiedsstelle zur Verteilung.
Ihr sollten neben einem Juristen als Obmann, zwei Professoren von außerhalb angehören. Der Gründungsausschuss sprach sich eindeutig für die Full-Time Lösung aus, scheiterte damit aber am Widerstand des Landes. Dies führte dann zur Gründung des als beispielhaft propagierten Ulmer Pools. Die Privateinnahmen gingen an die Gesellschaft der Ulmer Hochschulkliniker, der jeder neu berufene Chefarzt beitreten musste. Die Beteiligung von Nichtordinarien und nachgeordneten Ärzten entsprach dem Grundsatz, dass ein Einzelner nicht mehr in der Lage war, das ständig wachsende Spezialwissen zu beherrschen. So bildete der Pool ein Stück weit das Ulmer Reformsystem ab, das weniger vertikal sondern eher horizontal in Abteilungen und Sektionen organisiert war, und dem Team den Vorrang vor dem Ordinarius einräumte. Insoweit erregte es auf Regierungsebene und an anderen Kliniken durchaus positive Aufmerksamkeit, auch wenn manche den geradlinigen Weg in die Kollektivierung sahen. Im Deutschen Ärzteblatt erschien seinerzeit ein Beitrag mit dem Titel: „Die Kolchose Ulm nahm ihre Tätigkeit auf". [30]

Um eine ausreichende Grundausstattung zu sichern, schoss die Landesregierung Gelder zu, und obwohl dem Krankenhausträger bis zu 20 Prozent der Einnahmen zustanden, verzichtete die Stadt aus dem gleichen Grund auf ihren Anteil. Im Rahmen der Krankenhausdebatte im Jahr 1975 wollte die sozialdemokratische Gemeinderatsfraktion eine Revision dieser Regelung, ein Fraktionsmitglied bestand sogar auf einer Nachzahlung. Damals zeigten sich allerdings schon weitergehende Probleme, da der Kreis der Berechtigten nicht genau zu erfassen war und das Solidarprinzip hinter individuellen Ansprüchen zurücktrat. Die Skeptiker, die dem Modell von Anfang an keine allzu lange Lebensdauer vorausgesagt hatten, bekamen doch noch Recht, als der Pool 1978 aufgelöst wurde. Heute gelten gesetzliche Vorgaben, wonach die Chefärzte 30 Prozent ihrer Einnahmen an nachgeordnete Ärzte weitergeben müssen. Der dabei anzuwendende Schlüssel wird von ihnen festgelegt. [31]

Seinerzeit noch weniger im Blickfeld, aber umso bemerkenswerter, war die Hinwendung zu den sozialen und demographischen Aspekten der Medizin und der Hinweis auf die Einrichtung von Reha- und Nachsorgekliniken. Schließlich lag dem Gründungsausschuss ganz besonders daran, die Transparenz des Systems und die im Lehr- und Forschungsbetrieb angestrebten Funktionszusammenhänge im äußeren Erscheinungsbild als geschlossenes Ganzes sichtbar zu machen. So nahm in Gesprächen mit dem Universitätsbauamt die „Universität unter einem Dach" Gestalt an. Was anfänglich noch Wunschdenken blieb, konnte in der Folgezeit dann doch sukzessive realisiert werden und prägt bis heute das Selbstverständnis der Universität.

Endlich am Ziel

Im Sommer 1965 traten dann unerwartete Schwierigkeiten auf. Die finanzielle Lage des Landes verschlechterte sich, in Ulm war der Übernahmemodus der Krankenhäuser durch die Universität nicht geklärt, und die Stuttgarter Stadtspitze trat, gemeinsam mit einem Kreis von Förderern, massiv für die Einrichtung einer Medizinischen Akademie in der Landeshauptstadt ein. Der spürbar nervöse Pfizer, den die Aktionen seines Amtskollegen Arnulf Klett, zunehmend irritierten, drängte auf ein stärkeres Engagement des Ausschusses für die Ulmer Sache. Heilmeyer nahm dies gelassener, da wie er meinte, Ulm mit seiner Denkschrift und den Reformplänen die „stärkste Waffe" habe. Er sollte Recht behalten, denn die bis 1968 andauernden Bemühungen der Stuttgarter Kreise blieben erfolglos. [32] Gleichwohl ging er nun mit Vorträgen verstärkt an die Öffentlichkeit und in politische Gremien. Angesichts der prekären Finanzlage, entwarf er gemeinsam mit Tonutti einen bis 1975 reichenden Stufenplan für den Aufbau der Hochschule, da auf Druck des Finanzministeriums auch die Zahl der Betten von 1.800 auf 1.200 deutlich reduziert worden war. Der weiterhin tagende Gründungsausschuss stimmte im Dezember 1965 diesem Plan nur widerstrebend zu, da er das Gründungskonzept verwässert sah.

Damit nicht genug, traten Anfang 1966 weitere Spannungen auf, als die Gespräche mit Bürgermeister Lorenser bezüglich der Übernahme der Städtischen Kliniken ins Stocken gerieten. Seit Anfang der 60er Jahre liefen Planungen der Stadt, auf dem Kuhberg eine große Klinik zu bauen, die nun natürlich nicht mehr weiter verfolgt wurden. Pfizer und Lorenser gingen fest davon aus, dass das Land rasch mit dem Bau eines großen Universitätsklinikums beginnen würde und die Stadt ihre Klinik am Safranberg als Krankenhaus für ältere Menschen und zusätzlich auf dem Michelsberg eine Klinik für Geburtshilfe betreiben konnte. Doch davon konnte keine Rede sein, da das Land auf die vorübergehende Nutzung der Städtischen Kliniken setzte, so dass nun darüber, vor allem im Blick auf die Finanzen verhandelt werden musste. Im Zuge dieser Hängepartie schlugen einige Ausschussmitglieder vor, „den Plan an einem anderen Ort zu verwirklichen", da „das Prinzip wichtiger sei als die Lokalisierung". [33] Obwohl dies natürlich weder sachlich noch politisch in Frage kam und Regierung wie Opposition hinter dem Ulmer Projekt standen, zeigt dieser Vorgang doch, dass es der Bündelung aller positiven Kräfte bedurfte, um das Reformprojekt Ulm in unruhigen Zeiten zu sichern. Auch die erstberufenen Professoren stellten bei einem Treffen in Frankfurt fest, „dass der Arbeitsaufnahme der Gruppe im Herbst 1966 jegliche feste Basis fehlt".

In einem Schreiben an Heilmeyer vom 9. Juli 1966 erklärten sie sich zwar grundsätzlich bereit, ihre Arbeit wie vorgesehen aufzunehmen, stellten aber den Fortgang der Berufungsverhandlungen in Frage, wenn das Land und die Stadt ihre finanziellen Zusagen nicht einhielten. [34] Dazu kam es dann ja nicht, da der Finanzausschuss am 27. Juli 1966, einem „denkwürdigen Tag für die Ulmer Stadtgeschichte", so Bürgermeister Lorenser, das Geld für den Kauf des Geländes am Oberen Eselsberg bewilligte, was vom Landtag am 16. September 1966 genehmigt wurde. [35] In seiner Eigenschaft als Landtagsabgeordneter hatte Lorenser wesentlich zu dieser Entscheidung beigetragen. Am 29. November 1966 bewilligte dann der Landtag weiter 23,3 Millionen DM für den laufenden Betrieb der Hochschule. Die immer wieder prekäre Finanzlage von Bund und Land sowie das ständige Bangen und Hoffen bei den staatlichen Mittelzuweisungen, die gekürzt wurden oder nach einer gewissen Verzögerung erfolgten, haben die erste Entwicklungsphase und die veränderten Zielsetzungen der jungen Universität stark beeinflusst und sind bis heute geradezu ein integraler Bestandteil ihrer Geschichte.

Im Laufe des Frühjahrs 1966 waren auch die ersten Personalentscheidungen getroffen worden. Erwartungsgemäß hatte der Gründungsausschuss in seiner Sitzung am 11. März 1966 Ludwig Heilmeyer einstimmig zum Gründungsrektor gewählt. Er nahm die Wahl „mit tief gefühltem Dank" an und leistete als ersten den „Schwur" auf die Denkschrift als „Bibel" der Medizinisch-Naturwissenschaftlichen Hochschule Ulm. [36] Dieser symbolische Schwörakt wurde im Übrigen auch von den nach Ulm berufenen Hochschullehrern erwartet, die sich damit zum Reformkurs der Hochschule bekannten. In „seiner" Schwörrede am 18. Juli 1966 sprach Oberbürgermeister Pfizer von den großen Verpflichtungen der Stadt gegenüber der Universität und erwartete eine „echte" Kommunikation zwischen Lehrenden und Lernenden und der Bürgerschaft „in einer glücklichen Symbiose zwischen dem was Ulm bisher geprägt hat, Handel, Industrie, Mittelpunktfunktion als Verwaltungs- und Kulturzentrum und dem, was es künftig mitprägen soll, den Impulsen

Endlich am Ziel.
Die Gründungsfeier der Medizinisch-Naturwissenschaftlichen Hochschule Ulm fand am 25. Februar 1965 in festlicher Atmosphäre im Kornhaus statt. Drinnen auf dem Podium die unvergessene Riege der Gründungsprofessoren. Von links; Werner Zeil, Theodor M. Fliedner, Emil Tonutti, Ludwig Heilmeyer, Thure von Uexküll, Ernst Friedrich Pfeiffer, Karl Knörr und Hans Helmut Kornhuber.

Draußen vor der Tür interessierte und neugierige Bürgerinnen und Bürger, die die Ansprachen über Lautsprecher hören konnten.. Die Presse hätte die Feier lieber in der größeren Donauhalle gesehen.

der Hochschulstadt". Der als Gast anwesende Ministerpräsident Kiesinger sagte in seiner Rede, dass angesichts der kritischen Finanzlage der Plan wohl „suspendiert" worden wäre, wenn nicht die Verbindung von Medizin und Naturwissenschaften einen Beitrag zu der „großen Bewegung der Hochschulreform unserer Tage" geleistet hätte. [37]

Die Hochstimmung des Jahres 1966 fand bei einer Veranstaltung im November im Ratssaal einen denkwürdigen Höhepunkt. Alle gesellschaftlichen Gruppen, die sich über Jahre rastlos für die Universität eingesetzt hatten, hatten dazu eingeladen. In einer begeisternden Rede erinnerte Heilmeyer an den mühevollen, letztlich aber erfolgreichen Weg. „Vom stärksten Applaus der Zuhörer aller Alters- und Geistesstufen unterstützt", dankte Oberbürgermeister Pfizer. Das Ziel war erreicht. [38]

Am 25. Februar 1967 fand im Ulmer Kornhaus die festliche Gründungsfeier statt. Bundeskanzler Kurt Georg Kiesinger, Ministerpräsident Hans Filbinger und Kultusminister Wilhelm Hahn verbanden in ihren Ansprachen die bildungspolitischen Zielsetzungen mit der wechselvollen Gründungsgeschichte der Ulmer Hochschule. Dabei hoben sie die Reformgedanken und das persönliche Engagement Ludwig Heilmeyers und seiner Kollegen hervor. Immer wieder kam dabei die bedeutende Rolle des Gründungsberichts zur Sprache, der letzte Zweifel an der Gründung einer Medizinisch-Naturwissenschaftlichen Hochschule in Ulm zerstreut hatte. [39]
Den Festvortrag hielt der Direktor der Abteilung Biologie der Europäischen Atomgemeinschaft, Raymond K. Appleyard, der über die Entwicklung der biologischen Wissenschaften in Europa sprach. Dabei entwarf er das Bild einer Forschungslandschaft, das in weiten Teilen mittlerweile an der Universität Ulm verwirklicht ist. Höhepunkt der Feier war aber zweifellos die Überreichung der goldenen Amtskette an Magnifizenz Heilmeyer durch Ministerpräsident Hans Filbinger. Die Leitideen Sciendo, das Wissen mehren, Docendo, den Geist erziehen, Curando, die Kranken pflegen und betreuen, haben bis heute ihre Gültigkeit behalten.

An all dies erinnert in unvergessener Weise das Bild des auf dem Podium sitzenden Rektors im Kreis der Gründungsprofessoren. Gekleidet in die von Änne Burda gesponserten Talare, mit denen, so Heilmeyer, die Ulmer Neugründung bei aller Modernität, als Teil der „besten Tradition des deutschen Hochschulwesens" dokumentiert werden sollte. Dies glossierte anderntags die Süddeutsche Zeitung mit der Bemerkung, „Nichts wärmt in der Eiseskälte der Reform mehr als ein Talar", was Heilmeyer allerdings eher amüsiert zur Kenntnis nahm.[40]

Die lokale Presse merkte kritisch an, dass man für die Feier das kleinere Kornhaus und nicht die Donauhalle gemietet hatte, wo mehr Ulmer Bürger Platz gefunden hätten. Aber auch dies tat der freudigen Grundstimmung am Anfang einer neuen Ära der Stadtgeschichte keinen Abbruch.

Jedem Anfang wohnt ein Zauber inne

Die Gründerzeit
Ulm im Kreis der universitären Neugründungen

Seit Mitte der 50er Jahre gewannen die Diskussionen über eine Reform des Bildungswesens immer größere Bedeutung. Und zwar im Bund wie in den Ländern. So war es auch eine Bund-Länderkommission, die 1957 den Wissenschaftsrat ins Leben rief, der seitdem zu einem unentbehrlichen Gremium an der Schnittstelle von Politik und Wissenschaft geworden ist. Der erste große Erfolg waren die Empfehlungen zum Ausbau wissenschaftlicher Einrichtungen (1960), die Anregungen zur Gestaltung neuer Universitäten (1962) und schließlich die Empfehlungen zur Struktur und zum Ausbau des Bildungswesens im Hochschulbereich (1970).

Anzumerken ist, dass die 1962 beispielhaft beschriebene Reformhochschule„ die „nur an einer Stelle errichtet werden sollte", auf Konstanz abzielte. Das wachsende Engagement des Bundes zeigte sich auch in der 1969 erfolgten Errichtung des Bundesministeriums für Wissenschaft und Forschung, und seinem finanziellen Engagement beim Bau von Hochschulen und Kliniken. Eine im Rahmen der Föderalismusreform 2006 geplante Abschaffung dieser Regelung kam glücklicherweise nicht zustande. [1]

Die gleichzeitig laufenden Reformdiskussionen im Lager der Pädagogen und Bildungstheoretiker galten wesentlich den Höheren Schulen, aber auch den Universitäten, die sich im Zuge der Demokratisierung breiteren Schichten öffnen sollten. Schon lange vor Georg Pichts flammendem Aufruf zur Behebung des Bildungsnotstands im Jahr 1964 hatte der Ulmer Gymnasialdirektor und Bildungsreformer Felix Messerschmid 1956 bemerkt: „ Die Schulbildung ist das wichtigste Mittel zur Realisierung sozialer Ansprüche geworden" und nahm dabei vor allem den aufstrebenden Mittelstand in den Blick. [2] Die publizistische Tätigkeit von Helmut Schelsky und die Forderung Ralf Dahrendorfs auf „Bildung als Bürgerrecht" mündeten in die Regierungserklärung von Willy Brandt vom 28. Oktober 1969: „Bildung und Ausbildung, Wissenschaft und Forschung stehen an der Spitze der Reformen, die es bei uns vorzunehmen gilt". [3] Wenig später gab der baden-württembergische Kultusminister Wilhelm Hahn mit den Stichworten Atomkraft, Automation und

Noch 1968 war Lehr eine „in ländlicher Stille daliegende Bauern-und Arbeiterwohngemeinde". Mit dem Bau der Universität und der Erschließungsstraßen seit 1969 kündigte sich der Strukturwandel an.

Raumfahrt die Marschroute vor, als er „Bildung für die Welt von morgen" forderte. Auch wenn dieser Appell allen sozialen Schichten in Stadt und Land, nicht zuletzt den Mädchen, galt, war zu diesem Zeitpunkt klar, dass vor allem der expandierende Mittelstand nach höheren Bildungsabschlüssen strebte, um so die Lebenschancen zu verbessern. Mit der Konsequenz, dass der Zustrom an die Hochschulen zunahm und die politisch Verantwortlichen zum Handeln zwang. Von 1960 bis 1970 stieg die Zahl der Studierenden von 240.000 auf 500.000 und erreichte 1980 schließlich die Millionengrenze. So musste man die Aufnahmekapazitäten erhöhen und sollte gleichzeitig Reformen durchführen. Eine praktisch unlösbare Aufgabe, die durch die 68er Bewegung zusätzliche Brisanz erhielt.

Konkret sollte die Schaffung neuer Studienplätze mit einer Neubewertung der Studiengänge und der alten Organisationsstruktur verbunden sein. Also die Abkehr von der seinerzeit noch vorherrschenden Ordinarienuniversität mit ihrer hierarchischen Ordnung und die Hinwendung zu offenen, flexiblen Strukturen mit einer, angelsächsischen Vorbildern nachempfundenen, neuen Gemeinschaft von Lehrenden und Lernenden auf dem universitären Campus. Diese Gedanken wurden zum Gegenstand von Plänen und Denkschriften, die damals in großer Zahl entstanden und die Gemeinsamkeit, aber auch die Vielfalt der Reformansätze bei der Neugründung von Hochschulen dokumentieren. Von 1960 bis 1980 wurden in der Bundesrepublik Deutschland 27 neue Universitäten gegründet, davon 16 im ländlichen Raum und 11 in Verdichtungsräumen.

All dies mit dem erklärten und schließlich auch erreichten Ziel, hochschulfreie Räume zu erschließen, die Regionen zu fördern und die Bildungschancen für alle Schichten zu erhöhen. Neben wenigen Volluniversitäten, wie etwa Regensburg, entstanden verschiedene Typen von Hochschulen, die sich im Blick auf die angebotenen Studiengänge ergänzen konnten. So vereinbarten beispielsweise die Ulmer und Konstanzer Gründungsausschüsse, dass in Ulm die Naturwissenschaften mehr auf die Medizin hin ausgerichtet sein sollten, während ihnen in Konstanz eine zentralere Bedeutung zukam.
An der großen Entlastungsuniversität Bochum führte man die Geistes- und Ingenieurwissenschaften sowie die Medizin zusammen, während in Konstanz und Bielefeld ambitionierte Forschungsuniversitäten entstehen sollten. In Konstanz spielte etwa Ralf Dahrendorf eine aktive Rolle; die Bielefelder Universität, deren Interdisziplinäres Forschungsinstitut große Bedeutung erlangte, war von Helmut Schelsky geplant worden. Allerdings ließen sich weder in Konstanz, dem seinerzeit so genannten „Klein-Harvard am Bodensee", noch in Bielefeld die hochgespannten reformerischen Erwartungen ganz verwirklichen. Ein expandierendes Bildungssystem, steigende Studentenzahlen und eher berufsbezogene Studiengänge wiesen einen anderen Weg.

In Ulm wiederum, als einem Teil dieser weit gespannten und differenzierten neuen Universitätslandschaft, entstand eine Universität, die mit einer die Naturwissenschaften einbindenden medizinischen Ausbildungsreform neue Wege wies.[4] Was das Fächerangebot betraf, war Ulm eine kleine, was die Ausstattung betraf, eine teure Universität. Zweifellos eine bemerkenswerte Gründung mit sozialistischer Zielsetzung war die Universität in Bremen, die sich heute, ein halbes Jahrhundert später, in ebenso bemerkenswerter Weise um die Auszeichnung als Eliteuniversität bewirbt. Diesem Ziel ist mittlerweile die Universität Konstanz in erfreulicher Weise ein ganzes Stück näher gekommen.

Auch unter dem Eindruck der 68er Bewegung waren an all diesen Universitäten intensive Reformbemühungen zu beobachten. Darüber berichtete der Leitende Verwaltungsbeamte Mondry in einer Sitzung des Kleinen Senats der Ulmer Universität, wobei er vor allem auf den gewichtigen Anteil der Gruppen hinwies, die den Mittelbau und die Studentenschaft repräsentierten. Er verband dies mit der Mahnung, man möge sich in Ulm nicht „auf dem Ruhm ausruhen", das modernste Konzept zu besitzen, sondern „wachsam die Entwicklung anderer Neugründungen und die mit unerwartetem Tempo sich vollziehende Umstrukturierung des deutschen Hochschulwesens beobachten".[5]

Diese Umstrukturierung zeigte sich auch im äußeren Erscheinungsbild. Alle Neugründungen waren mit architektonischen Konzepten verbunden, die die natürliche Landschaft in vertikal oder horizontal orientierte betoneske Universitätslandschaften verwandelten.

In jedem Fall lag der Campus immer am Stadtrand und stand als bauliche und gesellschaftliche Einheit in Distanz zur historisch gewachsenen Stadt. Dies bedeutete, dass Probleme der Infrastruktur und des gesellschaftlichen und kulturellen Zusammenwachsens zu klären waren, aber auch, dass die Neugründungen mit massiven Eingriffen ins Umland verbunden waren und als Teil einer aktiven Raumordnungspolitik zu sehen sind, wie dies in besonders eindrucksvoller Weise am Beispiel der Ulmer Neugründung deutlich wird.

Standort- und Grundstücksfragen

Im Ulmer Universitätsplan waren drei mögliche Standorte vorgeschlagen worden. Die Kohlplatte in Söflingen, ein ausgedehntes Grundstück in Wiblingen und schließlich ein Gelände auf dem Oberen Eselsberg, das zu großen Teilen im Besitz des Bundes war. Kleinere Teile gehörten dem Land und der Stadt. Hauptnutzer des Geländes war die US-Armee, die dort ein Munitionsdepot und einen Schießplatz unterhielt.

Das Gelände, auf dem die Universität entstand, war in Teilen noch militärisches Übungsgebiet. Dies war nicht nur für Spaziergänger gefährlich. In einer Sitzung des Kleinen Senats kam 1968 zur Sprache, dass die Verlängerung des Mähringerwegs im Schussfeld des Militärs lag. Diese Gefahr konnte allerdings umgehend behoben werden.

Am 2. Juni 1961 hatte eine Kommission der Landesregierung die in Frage kommenden Gebiete besichtigt und sich für den Standort Oberer Eselsberg entschieden. Im Juni 1964 erklärte sich die Bundeswehr bereit, Grundstücke abzugeben, wenn Ausgleichsflächen angeboten würden. 20 Hektar hielt sie für den geplanten Bau des Bundeswehrkrankenhauses vor.
Da sich die Gemeinde Dornstadt weigerte, weitere Flächen für die Bundeswehr abzugeben, erwarben der Leiter des Staatlichen Hochbauamts Wolfgang Schaal und sein Mitarbeiter Albert Mack bei Bollingen die nötigen Grundstücke, um den Schießplatz dorthin zu verlegen. Zusätzlich kauften sie, unterstützt von Ministerialdirigent Robert Thuma, große Flächen auf Markung Ehrenstein, die sie vorwiegend für Ausgleichsangebote nutzten. Von Anfang an war auch das Landratsamt mit der Angelegenheit befasst, da die weiteren Maßnahmen vier Gemeindemarkungen betrafen. Im Jahr 1965 begannen die Verhandlungen, die sich bis 1969 hinzogen.

Bei der Sitzung am 25. September 1967 berichtete der Leiter des Universitätsbauamtes, Henrich, dass die US-Streitkräfte das militärisch genutzte Gelände freigegeben hatten und stellte anschließend den Stand der Planungen vor. Demnach sollte um den Kernbereich der Universität ein Kreis aggregierter Einrichtungen entstehen:
das Bundeswehrkrankenhaus, das Heiligenberg-Institut für biochemische Grundlagenforschung und Strahlenmedizin sowie die DRK-Blutspendezentrale. Ein ambitioniertes Programm, mit dem 1968 begonnen werden sollte. Henrich drang jedoch auf ein zügiges Vorgehen, um dem Landtag gegenüber Entschlossenheit zu demonstrieren. Die weiteren Verhandlungen liefen in überwiegend konstruktiver, teilweise aber auch „in heftiger Atmosphäre" ab. Dies ist kein Wunder, wenn man sich die Tragweite der Beschlüsse und die Eingriffe in das Gemeindeleben vor Augen hält. Bürgermeister Leypoldt von Lehr brachte dies anschaulich zum Ausdruck, als er 1968 auf „die heute noch, trotz der Stadtnähe, in ländlicher Stille daliegende Bauern- und Arbeiterwohngemeinde" hinwies, die nun von zwei Großprojekten tangiert war.

Mit dem Bau der Universität und des vierspurigen Autobahnzubringers samt Anschluss einer Ringstraße zur Universität begann der Strukturwandel dieses später, trotz heftigen Widerstandes, nach Ulm eingemeindeten Ortes. Obwohl die Gemeinden beträchtliche Markungsverluste, Mähringen und Lehr je 50 Hektar, hinnehmen mussten, unterstützten sie den Bau der Universität. Ein kleiner Trost war sicher, dass die Gemeinden von Infrastrukturmaßnahmen profitierten, und dass die von Bürgermeister Lorenser als „großzügiges Geschenk" angebotenen Ausgleichszahlungen dank der Bemühungen von Landrat Wilhelm Bühler von 1.500 auf 2.500 DM pro Hektar erhöht wurden. Beim Abschluss der Verträge am 19. Dezember 1969 hob Lorenser, trotz der vorangegangenen Turbulenzen, in bester politischer Manier, den „harmonischen Verlauf der Verhandlungen" hervor.[6]

Besonders langwierig und immer wieder vom Scheitern bedroht waren die Gespräche mit der Familie Holland über den Erwerb von 80 Hektar Grundbesitz des Oberberghofes. Der Oberberghof, auf Markung Ehrenstein gelegen, war einst ein Mustergut des Ulmer Fabrikanten Carl Schwenk und später ein beliebtes Ausflugslokal für die Ulmer. Da die Flächen für die Arrondierung des Universitätsgeländes unabdingbar waren, ist die Freude über den Vertragsabschluss verständlich.
Der Oberberghof selbst blieb im Besitz der Familie und wurde später an die Stadt verkauft. Nun standen für den Bau der Universität sowie der anderen Einrichtungen 300 Hektar zur Verfügung. Ergebnis vierjähriger Verhandlungen, die von engagierten Mitarbeitern der Liegenschaftsämter und Ministerien geführt wurden. Man kann ihre Arbeit, aber auch das Entgegenkommen der Gemeinden und einzelner Landwirte nicht hoch genug schätzen, denn die gewiss nicht einfachen Transaktionen gingen allesamt gütlich über die Bühne. So ist der Grunderwerb in der Tat ein gewichtiges Kapitel in der Gründungsgeschichte der Universität, denn kein noch so schönes Reformkonzept kann ohne die dafür notwendige, bodenständige Grundlage realisiert werden.

Der Oberberghof, 1990.
In dem früheren landwirtschaftlichen Mustergut ist heute die Tierversuchsanlage der Universität untergebracht.

Übernahme der Städtischen Kliniken

Neben den Grundstücksverhandlungen, die hauptsächlich das Land betreffen, liefen in der Stadt die Gespräche über die zukünftige Verwendung der Städtischen Krankenhäuser, in denen seinerzeit 1.200 Betten zur Verfügung standen. Im Vertrauen auf den Bau einer auf rund 2.000 Betten projektierten Klinik für die Hochschule, hatte die Stadt ihre Pläne für einen Krankenhausneubau auf dem Kuhberg aufgegeben. Angesichts der prekären Finanzlage des Landes wurde daraus jedoch nichts. Stattdessen mussten die Städtischen Kliniken, deren Zustand Heilmeyer für gut hielt, von der Universität genutzt werden. Die langwierigen Verhandlungen zwischen Stadt und Land gingen im Dezember 1966 mit einem für beide

Seiten tragfähigen Kompromiss zu Ende. Vom 1. Januar 1967 bis 1. Juli 1970 wurden die Innere Medizin (275 Betten), die Frauenklinik (95 Betten), die Kinderklinik (110 Betten) und die Chirurgie (200 Betten) nach Maßgabe des Ulmer Reformkonzepts umstrukturiert. Neu entstanden Zentrale Dienste, wie beispielsweise die Anästhesie und die Intensivmedizin.
Nachdem Verhandlungen mit dem Land zu keinem Ergebnis geführt hatten, erklärte sich die Bundeswehr bereit, gemeinsam mit der Stadt die zum Klinikbereich Michelsberg gehörenden Abteilungen Augenheilkunde und Hals-Nasen-Ohrenheilkunde zu betreiben. Die Urologie (123 Betten) und das Belegkrankenhaus Söflingen (52 Betten) waren in die Umstrukturierung nicht mit einbezogen.

Die Kliniken blieben in städtischer Trägerschaft, damit auch die Verwaltung und das Pflegepersonal. Die Ärzte wurden vom Land übernommen, das auch für die Kosten von Forschung und Lehre aufkam. Obwohl die Schwächen der Konstruktion bald zu Tage traten, war sie die Grundlage für den Beginn des universitären Lebens in Ulm, an dessen Organisation der Verwaltungsdirektor der Kliniken, Karl Storz, wesentlichen Anteil hatte. Neben ihm erwies sich seinerzeit Hans Lorenser als veritabler „Hansdampf in allen Gassen". In den Verhandlungen vertrat er als Krankenhausdezernent die Interessen der Stadt in ebenso hartnäckiger wie konzilianter Weise, während er sich als Landtagsabgeordneter und Ulmer Lokalpolitiker rastlos für die Universität einsetzte. Beiläufig hatte er dazu noch die Bedenken der an den Städtischen Kliniken beschäftigten Ärzte zu zerstreuen, was nicht allzu schwer war, da der Übernahmemodus gut geregelt war. Trotz der befürchteten wirtschaftlichen Belastung stimmte der Gemeinderat in einer denkwürdigen Sitzung am 16. Dezember 1966 den Vereinbarungen einstimmig zu.

Die Kliniken wurden für zehn bis fünfzehn Jahre der Universität überlassen, danach sollte die Klinik am Safranberg als Pflegeheim für ältere Menschen genützt werden. Stadtrat Dr. Schweizer (CDU) wies in seiner Stellungnahme auf die Problematik, aber auch die Vorteile der Umwandlung städtischer Krankenhäuser in akademische Einrichtungen hin. Er verband dies mit der Mahnung, bei immer moderneren Behandlungsmethoden die Menschen nicht zum „Fall" werden zu lassen, sondern das Wohl der Patienten im Auge zu behalten, so dass „im Laufe der Zeit die Synthese zwischen Universität und Bürgerschaft, zwischen städtischem Krankenhaus und Universitätsklinik hergestellt wird".

Wie die Reaktionen von Oberbürgermeister Pfizer und der Fraktionen zeigen, hatte er das ausgedrückt, was das Plenum seinerzeit bewegte und was auch in der Folgezeit immer wieder zur Sprache kam.[7] Die Gemeinderatssitzungen, bei denen Fragen der Kliniken und der Universität, später der Wissenschaftsstadt, auf der Tagesordnung standen, waren nicht nur wegen des internen Meinungsaustausches interessant. Durch die Berichterstattung in der Presse war auch das nötige Maß an Öffentlichkeit sichergestellt. Neben den Um- und Ausbauten entstanden als Neubaumaßnahmen auf dem Michelsberg und auf dem Safranberg je ein landeseigenes Labor- und Ambulanzgebäude. Einige Diskussionen gab es über die Bäderabteilung, der zweitgrößten in Baden-Württemberg, die den dort eingerichteten Laboratorien weichen musste. Für die Patienten wie für die niedergelassenen Ärzte war dies tatsächlich ein Problem, denn die Bäderabteilung war bisher ein Teil der Behandlung und Nachsorge. Dies konnte anderswo nicht geleistet werden, denn noch gab es keine besonderen Abteilungen oder Häuser für Rehabilitationsmaßnahmen. Die auffallende Resonanz auf diese Maßnahme war vielleicht auch Ausdruck der Sorge über den wissenschaftlichen Geist, der nun über den Wassern schwebte. Besonders erbost war der scheidende Chefarzt der Inneren Abteilung, Karl August Bock, der im Zuge einer Gegenmaßnahme sein in Krankenhausnähe gelegenes Wohnhaus keinesfalls einem Internisten überlassen wollte. Auf diese Weise kam dann der Gynäkologe Karl Knörr zu einer standesgemäßen Unterkunft.[8]

Das Krankenhaus auf dem Safranberg, 1912 als repräsentativer Jugendstilbau errichtet, konnte nun entsprechend der Reformvorgaben, mit Departments, Abteilungen und Sektionen, vor allem aber der Einrichtung von Polikliniken, neu organisiert werden. Zunächst die Innere Medizin, dann die Chirurgie. „In zäher Aufbauarbeit und mit unendlichen Schwierigkeiten", wie Heilmeyer in seinem ersten Jahresbericht schrieb, wurden im Jahr 1967 in der ersten Phase die Laboratorien eingebaut. Daneben galt es zunächst noch, den Mangel an Geräten und technischen Assistenten zu verwalten.
Im Sommer folgte der Aufbau der Abteilungen und schon im Herbst begann dann die differenzierte Krankenversorgung. Die Umwandlung eines bisher im wahren Wortsinn „stationären" zu einem zu einem neu organisierten „dynamischen" System vollzog sich dabei unter ständigem Baulärm und in teilweise abenteuerlichen Provisorien. Gerade dies gab aber der erfolgreichen Umsetzung des Reformkonzepts eine besondere Note. Und all jene, die mit dabei waren, erinnern sich gerne an den damals herrschenden Aufbruchgeist.[9]

Die Kliniken auf dem Michelsberg waren von 1916 bis 1920 als Standortlazarett erbaut und nach 1945 von der Stadt übernommen worden, die dort bis 1972 20 Millionen DM investierte. 1946 war die Kinderklinik, 1948 die Frauenklinik eingerichtet worden. Während die Universität diese beiden Kliniken übernahm, blieb die 1949 eingerichtete Urologie zunächst noch in städtischer Hand. Die Landesmittel, die seit 1970 im so genannten „Klinikpaket" zur Renovierung und Ausstattung der Krankenhäuser nach Ulm flossen, erreichten schließlich die stolze Summe von annähernd 50 Millionen DM. Allerdings zeigte sich immer mehr, dass das Modell einer Trägerschaft mit zwei Verwaltungen auf Dauer nicht zu halten war. Zumal es durch die Beteiligung der Bundeswehr noch komplizierter wurde.
Und in der Tat sollte dieses Thema bis 1982, dem Zeitpunkt der Übernahme der Städtischen Kliniken durch das Land Baden-

Das 1912 auf dem Safranberg eingeweihte Städtische Krankenhaus war ursprünglich im Pavillonsystem vorgesehen. Aus Kostengründen entschied man sich dann für das mehrgeschossige Korridorsystem mit allen Abteilungen unter einem Dach. Nach dem Einzug der universitären Medizin 1967, und der Übernahme der Städtischen Kliniken durch das Land 1982 entstanden mehrere Neu- und Erweiterungsbauten.

Geradezu idyllisch erscheint die Aufnahme des Standortlazaretts von 1935. Erinnert sie an die Vergangenheit der großen Garnisonsstadt Ulm, zeigt die rechte Aufnahme die Zukunft als Universitätsstadt. Die Frauen- und Kinderklinik, die Urologie und die Kliniken für Augen-, und Hals-, Nasen-, Ohrenheilkunde wurden fortlaufend modernisiert und zu einem großen Klinikkomplex erweitert.

Württemberg, nicht von der Tagesordnung verschwinden. Im Zentrum des Aufbaus der Universität stand das von den Gründungsprofessoren „als Geschenk des Himmels" apostrophierte Johanneum. Als Privatklinik erbaut, hatte dort der ebenso tüchtige wie künstlerisch begabte Chirurg und Orthopäde Rudolf Mendler praktiziert, ein Ulmer Original besonderer Couleur, das die Ulmer Autorin Gertrud Beck in dem Büchlein „Mendleriana" verewigte. 1958 hatte dann Professor Hösel im Johanneum eine Chirurgisch-Urologische Privatklinik eingerichtet, bevor sie, samt einem von der Familie Mendler erstellten Neubau, vom Land angemietet und als Forschungsinstitut zur Keimzelle für Forschung und Lehre der Universität wurde. Das Nervenzentrum entstand in Dietenbronn, wo sich eine vom Paritätischen Wohlfahrtsverband betreute Fachklinik befand. Dazu kamen weitere akademische Krankenhäuser, wie zum Beispiel die Psychiatrische Klinik Weißenau und das Kreiskrankenhaus Günzburg mit der Neurochirurgie.
Die naturwissenschaftlichen Vorlesungen begannen in der Staatlichen Ingenieurschule mit freundlicher Lehrunterstützung durch deren Dozenten und in angemieteten Räumen der Firma Laumayer, die sich sinnigerweise in der Einsteinstraße befanden. Bis Anfang der 70er Jahre mussten aber auch noch Teile des Studiums an den Universitäten Karlsruhe, Stuttgart und Freiburg absolviert werden.

Die Verwaltung der Ulmer Universität war in einer Baracke in der Bahnhofstraße untergebracht, die Senatssitzungen fanden in der angenehmeren Atmosphäre des Ochsenhäuser Hofes statt. Nimmt man dazu noch die im Kloster Wiblingen untergebrachte Bibliothek, zeigt sich der geradezu territoriale Charakter der jungen Universität, deren gemeinsames Dach damals noch im Reich der Träume lag. Natürlich machte das weit verzweigte System der universitären Einrichtungen eine ausgeklügelte Logistik in Verbindung mit der hohen Kunst des Improvisierens erforderlich.

Das Johanneum, 1911.
„Ein Geschenk des Himmels" für die junge Universität. In der ehemaligen Privatklinik und in einem gegenüber gelegenen Neubau begannen 1969 die medizinischen Vorlesungen und die Klinische Grundlagenforschung.

Ein süßes Geschenk. Anlässlich der Übergabe der Reisensburg an das Internationale Institut für wissenschaftliche Zusammenarbeit im März 1966 erhielt Ludwig Heilmeyer ein aus Marzipan und Zucker gefertigtes naturgetreues Modell der Reisensburg. Neben ihm die ebenfalls sichtlich erfreute Vorbesitzerin, Frau Vogel.

Die „Universitätsbaracke" in der Bahnhofstraße.
Eines der Provisorien der Pionierzeit, in dem unter anderem die Verwaltung untergebracht war

Eine Immobilie adelte indes alles: die Reisensburg. Schon bei der ersten Begegnung mit Theodor Pfizer hatte Ludwig Heilmeyer von der Reisensburg geschwärmt, wo er als Junge häufig seine Ferien verbracht hatte und dabei gleich sondiert, ob die Stadt die Reisensburg eventuell kaufen könnte. Pfizer, der dem alten Gemäuer nichts abgewinnen konnte, bat den obersten Baumeister Baden-Württembergs, Horst Linde, er möge doch versuchen, Heilmeyer das Projekt auszureden. Da war aber nichts zu machen. Als dann der Leiter des Universitätsbauamts, Hans Walter Henrich, einige Burgen und Schlösser in der Umgebung Ulms besichtigt hatte und die Reisensburg als Gästehaus für geeignet hielt, fiel die Kaufentscheidung.

Ein eigens dafür gegründetes Institut erwarb den einst bedeutenden Adelsitz und das spätere Heilmeyersche Feriendomizil als Gästehaus der Universität Ulm. Im Laufe der Zeit und umfangreicher Renovierungs- und Sanierungsarbeiten entstand ein bedeutendes Begegnungszentrum für nationale und internationale Gelehrte, die dort Quartier bezogen und in ländlicher Abgeschiedenheit in geselliger Klausur lebten. Eingeweiht wurde das Gästehaus am 3. März 1969 am Vorabend des 70. Geburtstags von Ludwig Heilmeyer. Den geistreichen Festvortrag hielt der renommierte Tübinger Landeshistoriker Hans-Martin Decker-Hauff.

Die ersten Jahre

Die von der Landesregierung erlassene Vorläufige Grundordnung der Ulmer Universität vom 1. März 1966 entsprach der hochschulpolitischen Gesetzgebung des Landes, die aber für Konstanz und Ulm Sonderregelungen zur Durchführung der Reformen vorsah. Die beiden Universitäten pflegten im Übrigen in einem Kontaktausschuss einen regelmäßigen Meinungsaustausch.

man den Kontakt zum benachbarten Fach nicht verlor. Die zeitgemäße Spezialisierung bei gleichzeitig enger Kooperation und die steigenden Patientenzahlen zeigten, wie erfolgreich die Neuorientierung war, die nach und nach eine beispielhafte Außenwirkung entfaltete. Das Curriculum hatte in die Approbationsordnung von 1972 Eingang gefunden und die mit der Klinischen Arbeit eng verbundene Forschung war in den Sektionen und im Klinischen Forschungszentrum im Johanneum, dem Kern des Ulmer Modells, erfolgreich angesiedelt.

Die Anschaffung teurer Großgeräte für die Grundlagenforschung erfolgte zentral und damit kostengünstig. Überdies standen sie im Bedarfsfall mehreren Forschergruppen zur Verfügung. Wie sehr sich diese Regelung bis heute bewährt, zeigt die Zentrale Einrichtung Elektronenmikroskopie in beispielhafter Weise. Die Anschaffung eines modernen Elektronenmikroskops im Jahr 2005 ermöglicht die Erforschung und direkte Abbildung von Strukturen im Nanobereich. Davon profitieren die Physik, Chemie und die Ingenieurwissenschaften, aber auch die Lebenswissenschaften gleichermaßen. [10]

In den ersten Jahren, als der Aufbau der naturwissenschaftlichen Fächer noch im Gange war, lag der Schwerpunkt bei der Medizin, und zwar entsprechend der Vorgaben

In sicherlich einmaliger Weise erforschte Werner Zeil in 22 Räumen einer ehemaligen Reiterkaserne in Karlsruhe die Strukturbildung an freien Molekülen.
Auch die Abteilung Experimentelle Physik begann ihre Arbeit im Karlsruher Exil, wo die Ulmer übrigens mit kollegialer Herzlichkeit aufgenommen wurden. Dem Umzug nach Ulm folgte auch das bescheidene Hinweisschild, das, im Bild von Martin Pietralla gehalten, das Provisorium der frühen Jahre für die Nachwelt dokumentiert.
Der Leiter der Abteilung Hanns-Georg Kilian freut sich 1972 im Ulmer Hörsaal über bessere Arbeitsbedingungen.

In seinem ersten Jahresbericht konnte Heilmeyer auf eine erfolgreiche Aufbauphase zurückblicken, die trotz der räumlichen Belastungen und noch ohne Studenten, dem Reformkurs folgte. Ein Modell, das sich zwar deutlich von der hierarchischen Struktur in den traditionellen Universitätskliniken unterschied, im Ganzen aber „gemäßigt fortschrittlich" (Hermann Heimpel) war. Aus der Medizinischen Klinik war das Department für Innere Medizin geworden, mit vier Abteilungen und zehn Sektionen. Der kollegiale Vorstand wurde von einem auf vier Jahre gewählten Vorsitzenden geleitet. Um die Einheit der Inneren Medizin zu sichern, waren die Betten nicht einer Abteilung zugeordnet. Der in regelmäßigen Abständen erfolgende Wechsel in der Leitung einer Bettenabteilung sorgte dafür, dass

des Gründungsausschusses, auf den Spezialgebieten Hämatologie, Endokrinologie und Psychosomatik. Für die Zeit und die spätere Entwicklung beispielhaft, traten dazu die Psychotherapie und die medizinische Soziologie. Bei den Naturwissenschaften lag der Schwerpunkt auf der molekularen Struktur der Materie. Der Gründungsprofessor Werner Zeil, der die Physikalische Chemie vertrat, hatte als Forschungsschwerpunkt die Molekül-Strukturanalyse. Die Finanzierung der Forschung in diesen Bereichen erfolgte zunächst aus Etatmitteln. Nach der erfolgreichen Bewerbung konnten dann 1972 Sonderforschungsbereiche eingerichtet werden, deren Finanzierung über die Deutsche Forschungsgemeinschaft gesichert war. Der von Anfang an hohe Standard in Forschung, Lehre und Krankenver-

Akademie für Medizinische Berufe, 2006.
Gespannte Aufmerksamkeit im praktischen Ausbildungskurs für Operationsschwestern.
Seit 1969 werden im ehemaligen Benediktinerkloster Wiblingen Medizinisch-Technische Assistentinnen und Dokumentationsassistenten ausgebildet. Seit 2006 sind alle, mittlerweile neun Ausbildungsrichtungen in der schönen Klosteranlage untergebracht.

sorgung war auch durch die gezielte Berufung von Professoren gewährleistet, die nicht nur fachlich äußerst kompetent waren, sondern sich auch auf das Ulmer Modell verpflichteten.
Die Gruppe der Hämatologen und Neurologen kam aus Freiburg, die Endokrinologen kamen aus Frankfurt a.M., die Psychosomatiker aus Gießen. Weltweit bekannt wurde ein Ulmer Forscherteam, dem es 1971 gelang, ein mit schweren Immundefekten geborenes Zwillingspaar in der völlig keimfreien Umgebung des „Ulmer Zelts", einer von Manfred Dietrich weiterentwickelten Variante des so genannten Life-Islands, zu behandeln.

Da bei einem der Kinder die Behandlung erfolgreich verlief, nahm die Universität dies zum Anlass, um auf die gelungene Verbindung von Grundlagenforschung und klinischer Forschung sowie Krankenversorgung hinzuweisen. Ein Resultat der besonderen Ulmer Universitätsstruktur und ein frühes Beispiel für die ab 1983 verstärkt betriebene Zusammenführung von Grundlagenforschung und angewandter Forschung. [11]

Zu dem Team, das die Kinder behandelte, gehörten Krankenpflegerinnen, die die Kinder rund um die Uhr betreuten. Auch dies ist ein Beispiel für neue Entwicklungen an der Klinik. Die seit 1969 amtierende Zentraloberin Ilse Schulz hatte schon bei ihrer Tätigkeit im Ausland das amerikanische Departmentsystem und eigenverantwortliches Arbeiten kennen gelernt. Nun ging sie daran, den Pflegedienst zu reformieren. Aus der an ein hierarchisches System gewöhnten, aufopferungsvollen Schwester wurde die ebenso engagierte, modern ausgebildete Mitarbeiterin. Dies ging nicht von heute auf morgen und nicht ohne Widerstände, auch aus den eigenen Reihen, aber die Richtung stimmte.

Ohne speziell ausgebildete Pflegekräfte wäre beispielsweise der Aufbau der Dialyse und der Anästhesie unmöglich gewesen. Zu der Reform des Pflegedienstes gehörten aber auch die Integration der steigenden Zahl männlicher Pflegekräfte und der Bau zentral gelegener Wohnheime. Diente dies der Verbesserung der äußeren Lebensumstände, führten die im inneren Dienstbetrieb, unter wesentlicher Mitwirkung des Psychosomatikers Karl Köhle, eingerichteten Gesprächsgruppen und die regelmäßigen Fortbildungen, in der Folgezeit zu einem neuen, verständnisvolleren Umgang zwischen Ärzten, Patienten und Pflegekräften. Besonders bemerkenswert ist dabei der 1970 begonnene und ab 1975 als Vollzeitweiterbildung laufende Kurs „Patientenorientierte Pflege - Psychosomatische Medizin", der von der Deutschen Forschungsgemeinschaft (DFG) Fördermittel erhielt. Als größte Gruppe des Klinikpersonals kam und kommt dem Pflegedienst, angesichts immer differenzierterer Aufgaben im fachlichen und sozialen Bereich, für das gute Funktionieren der Arbeit besondere Bedeutung zu. [12]

Mit dem Zauber der Medizin war es vorbei. Experimentieren, Messen, Untersuchen, Datenreihen vergleichen und dies mit Hilfe immer besserer Geräte und Methoden, bestimmten den Fortschritt in der Medizin. Dazu gehörten auch die über den Computer verwaltete medizinische Dokumentation, Datenverarbeitung und Statistik. Dieses Zentrum, das dem Grundgedanken der Ulmer Reform folgend, das naturwissenschaftliche Denken in der Medizin stärken sollte, wurde seit 1969 von Karl Überla aufgebaut. Bei der Planung und der ständigen Verbesserung eines integrierten Datenverarbeitungs- und Informationssystems leistete er gleichermaßen Pionier- und Überzeugungsarbeit. Dies hatte einige Jahre zuvor schon Richard Polaczek beim Aufbau der zentralen Bibliotheksverwaltung in Wiblingen in beispielhafter Weise vorweggenommen, als er auf die elektronische Datenverarbeitung setzte und so vor allem den Zugriff auf amerikanische Datenbanken ermöglichte. Was damals im Rechenzentrum und auf dem Gebiet der elektronischen Medien begann, gewann dann mit immer besseren Rechnern zunehmende Bedeutung und ist heute an der Universität und in der Wissenschaftsstadt das Informations- und Kommunikationssystem schlechthin. Für die medizinische Dokumentation brauchte man jedoch nicht nur Maschinen, sondern auch speziell ausgebildetes Personal, das mit ihnen umgehen konnte. Im September 1969 wurde in Wiblingen eine Schule für Dokumentationsassistenten mit zweijähriger Ausbildung eingerichtet, einen Monat später folgte die Schule für

Medizinisch-Technische Assistentinnen. Aus diesen Anfängen hat sich die Akademie für Medizinische Berufe mit gegenwärtig neun Fachrichtungen entwickelt, die jungen Menschen eine interessante Ausbildung bietet. Die von Karl-Heinz Tomaschko geleitete Akademie ist heute mit 760 Schülerinnen und Schülern die größte Berufsfachschule für gesundheitliche Berufe in Baden-Württemberg. Seit 2006 ist sie mit allen Ausbildungsrichtungen im schönen Kloster Wiblingen untergebracht. Dies erinnert an die Anfänge und dokumentiert gleichzeitig die differenzierten Aufgaben einer modernen Universität, die in Ulm schon in der Gründerzeit erkannt und verwirklicht wurden.

Egal, ob es um Organisationsfragen, neue Wege in Forschung und Lehre oder nationale und internationale Kontakte ging, überall spürte man den Elan und den Willen, die junge Universität zu etwas ganz Besonderem zu machen. Die bei der Grundsteinlegung im Juli 1969 von Ministerpräsident Filbinger ausgesprochene Mahnung zur größten Sparsamkeit, war zwar ein erster Hinweis auf die zu erwartende Diskrepanz zwischen Anspruch und Wirklichkeit, warf aber noch keinen Schatten auf die Aufbruchstimmung. So standen die Dinge, als Ludwig Heilmeyer im Herbst 1969 zu seinem jährlichen Italienurlaub aufbrach, von dem er nicht zurückkehren sollte.

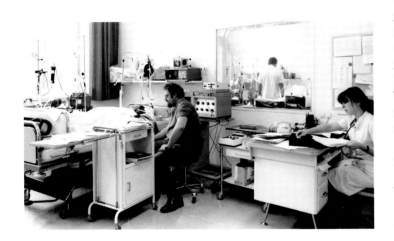

Am 6. September 1969 verstarb er völlig unerwartet an seinem italienischen Urlaubsort Desenzano di Garda. In seiner Sitzung am 9. September 1969 gedachte der Kleine Senat des verstorbenen Rektors und legte den Termin der offiziellen Trauerfeier der Universität auf den 20. November 1969 fest. [13] An der feierlichen Beisetzung in Freiburg nahmen neben Theodor Pfizer führende Persönlichkeiten der Stadt und der Universität teil. Die Nachrufe erinnerten an die wissenschaftliche Leistung und an die Ausstrahlung dieser charismatischen Persönlichkeit. Theodor Fliedner würdigte den Arzt, Gelehrten und Lehrer: den „Reformer mit der Weisheit des Alters". Er war es auch, der die Ludwig Heilmeyer-Gedächtnis-Vorlesungen ins Leben rief, mit denen die Universität ihren Gründungsrektor in besonders eindrucksvoller Weise ehrt.

In Ulm übernahm zunächst Prorektor Emil Tonutti die Amtsgeschäfte. Die lokale Presse reagierte leicht irritiert, als er in den Vorbereitungen zur Wahl „kein Thema für die Öffentlichkeit" sah und damit den Spekulationen freien Raum gab. Es dauerte nicht lange, bis auch so illustre Persönlichkeiten wie Kurt Georg Kiesinger und Theodor Pfizer als mögliche Kandidaten gehandelt wurden. Im Januar 1970 war dann allerdings klar, dass der neue Rektor aus Universitätskreisen kommen würde, und bald machten auch die Namen der beiden Kandidaten die Runde. Helmut Baitsch, Professor an der Universität Freiburg, leitete dort das Institut für Humangenetik und Anthropologie und war von 1966 bis 1968 Rektor dieser Universität. Im gleichen Jahr übernahm er dann bei der Deutschen Forschungsgemeinschaft den Vorsitz im Senat für Sonderforschungsbereiche, deren Einrichtung und Weiterentwicklung er maßgeblich beeinflusste. Zweiter Kandidat war Graf Stenbock-Fermar, Honorarprofessor für Öffentliches Recht und seit 1954 Kanzler der TH Aachen.

Der Kleine Senat, der sie zur Kandidatur aufgefordert hatte, bezeichnete in einer Verlautbarung beide Bewerber als „Wissenschaftsmanager". Um eine möglichst breite Vertrauensbasis herzustellen, war eine Senatskommission gebildet worden, in der alle an der Universität beschäftigten Gruppen vertreten waren. Nachdem Graf Stenbock-Fermar seine Kandidatur zurückgezogen hatte, da man ihn gebeten hatte, in Aachen zu bleiben, sprach sich die Kommission mit großer Mehrheit für Baitsch aus, der vom Großen Senat mit 20 von 22 Stimmen zum neuen Rektor gewählt wurde. Ein Vertrauensvorschuss für Helmut Baitsch, der sich in bewusster Abkehr von seinem Vorgänger Heilmeyer nicht als charismatische Führungsperson, sondern als „Vertreter einer evolutionären Reformtendenz" und als ehrlicher Makler beim Interessenausgleich der Gruppen sah. Dies an einer Universität, die er nicht als Ort „elitärer Isolierung", sondern als Teil der Gesellschaft verstand, an die sich Forschung und Lehre anzupassen hatten. In seinem ersten öffentlichen Vortrag in Ulm, den er auf Einladung der Universitätsgesellschaft im Ulmer Rathaus hielt, sprach er über „Die genetische Zukunft des Menschen". Unter Hinweis auf den „utopischen Charakter jeder genetischen Planung" hielt er es auf lange Zeit für ausgeschlossen, „durch Eingriffe in das genetische Material die Erbanlagen der Menschen zu verändern". [14]

Er hat dann ja die spektakulären Entwicklungen auf diesem Gebiet erlebt, aber auch die damit zusammenhängenden ethischen Fragen und das Problem der Überprüfbarkeit der wissenschaftlichen Forschungsergebnisse. 1970 beschäftigte ihn aber nicht nur die Zukunft der Menschen, sondern auch die der Universität, vornehmlich ihrer baulichen Entwicklung.

Ohne fachlich gebildetes Pflegepersonal wäre der Aufbau der lebenswichtigen Dialyseabteilung nicht möglich gewesen. 1975 fand die erste überregionale Fachtagung für Dialyseschwestern und Dialysepfleger statt. Daraus haben sich die später bundesweit ausgeschriebenen Ulmer Fachtagungen für Dialyse- und Transfusionsmedizin entwickelt.

Der 14. Juli 1969 war ein wichtiger Tag für die Universität und die Stadt. Zur feierlichen Grundsteinlegung auf dem Oberen Eselsberg hatten sich viele Gäste und viel Prominenz eingefunden.
An der Spitze Ministerpräsident Hans Filbinger, der mit einem symbolischen Hammerschlag die Zeremonie beendete.

Alles unter einem Dach
Der Campus auf dem Oberen Eselsberg

Am 22. Januar 1966 wurde im Kornhaus in Ulm eine Ausstellung eröffnet, in der die baulichen Planungen der Hochschulen Konstanz und Ulm in Form von Fotos und Modellen präsentiert wurden. Die Besucher konnten sich erstmals ein Bild davon machen, wie die innere Organisation und Funktion der Reformuniversitäten neue bauliche Konzepte notwendig machten. Der unter Federführung von Hans-Walter Henrich erarbeitete Rahmenplan beeindruckte jedoch nicht nur die Ulmer. Auch der Große Senat sah „die Aufgabe hervorragend gelöst", und eine Fachjury verlieh später Hans-Walter Henrich, Karl-Heinz Reisert und Ulrich Schweizer den bedeutenden Hugo Häring-Preis für „ein flexibles System, das wesentlich zur unaufhaltsamen Reformbewegung" beitrage. [15] Bei der feierlichen Grundsteinlegung am 14. Juli 1969 dämpfte Ministerpräsident Filbinger dann allerdings die Erwartungen, als er angesichts der wenig erfreulichen Finanzlage des Landes zu größter Sparsamkeit aufrief. Dies hatte zuvor schon der Baukonzern Babcock beherzigt, der die Angebote Ulmer Firmen beträchtlich unterbot. Erst nach harten Verhandlungen ging der Bauauftrag je zur Hälfte an Babcock und Ulmer Firmen. [16]

Vor Beginn der Bauarbeiten auf dem Oberen Eselsberg war das ganze Gelände in ein Koordinatensystem eingeteilt worden, an dessen Schnittpunkten später die Gebäudekreuze entstanden. Bis heute künden O27 oder N25 weithin sichtbar von der kartographischen Erfassung des Waldgebiets. Wie in der Gründungsdenkschrift festgelegt, sollten die funktionalen Zusammenhänge des Reformsystems in eine bauliche Konzeption umgesetzt werden, die dem Strukturwandel und dem Wachstum der Universität jederzeit folgen konnte.
Eine besondere Herausforderung war die gute Erreichbarkeit und optimale Nutzung der Räume, die allen Fachgruppen zur Verfügung standen. Grundlage der Planungen war das im Institut und Zentralarchiv für Hochschulbau von Horst Linde entwickelte Konzept für Klinik- und Institutsbauten, das zu einem landesweit gültigen Typenprogramm, mit einem Rohbauraster von 7.20 auf 7.20 Meter führte, und durch vorgefertigte Teile schnelles und preisgünstiges Bauen ermöglichte.
Linde war eine weithin bekannte Kapazität auf dem Gebiet des Hochschulbaus. So war er unter anderem in Bochum und Dortmund als Gutachter tätig. Er hatte auch seinen Mitarbeiter im Freiburger Büro, Hans-Walter Henrich, nach Ulm vermittelt.

Nach langer Vorarbeit fiel die Entscheidung für ein netzartiges System, das nach jeder Richtung erweitert werden konnte. Die vertikale Erschließung, Treppen, Aufzüge und die

Installation, erfolgt über so genannte Festpunkte, die von allen Seiten erreichbar sind. Anders als etwa in Konstanz mussten in Ulm in einem hoch technisierten Gebäude vor allem Seminar- und Laborräume gebaut werden. Sie liegen in den einzelnen, farblich differenzierten Geschossen, während die Hörsäle in den Innenhöfen entstanden. Durch das Erdgeschoss zieht sich ein „Lernweg", an dem die einzelnen Räume liegen und der sich an bestimmten Stellen zu Foren öffnet.

Der Idee der Campusuniversität folgend, findet dies in einer „Lernstraße" durch das Quartier eine Fortsetzung. Soweit möglich, kamen beim Bau vorgefertigte und entsprechend kostengünstige Betonteile zum Einsatz, wie auch die Laboreinrichtungen weitgehend standardisiert waren.[17] Ein Blick in die Architekturzeitschriften jener Tage, die sich dem Hochschulbau widmen, zeigt, vertikal oder horizontal betont, die Aspekte der gleichen, typisierten Bau- und Materialauffassung: In Beton gegossene Raster mit mehr oder weniger großen Glasflächen. Dies entsprach zum einen dem Denken in Plänen und Raumprogrammen, zum anderen den Erfordernissen der sich abzeichnenden Massenuniversität. Verständlicherweise fanden die monumentalen Konstruktionen, wie etwa in Bielefeld oder in Bochum, die in atemberaubendem Tempo hochgezogen wurden, nicht überall Zustimmung, und mancher Kritiker sah in ihnen gar „Brutstätten für Aggressionen und Neurosen".[18]

Davon war man allerdings in Ulm weit entfernt, da die in eine Waldlichtung hinein geplante Anlage mit ihren markanten Fluchtbalkonen eine differenzierte Höhenstaffelung aufwies und nicht über die Bäume hinausragte. Der zuweilen als etwas trist empfundene Betoncharakter der Gesamtanlage wird durch die farbigen Elemente und Kunstobjekte wenigstens in Teilen belebt. Nachdem 1971 die ersten Bauten auf dem Eselsberg bezogen worden waren, war 1973 die Baustufe A, ein Jahr später die Baustufe B fertig. Dann geriet der weitere Ausbau ins Stocken, da sich die Haushaltslage des Landes dramatisch verschlechtert hatte. Schon damals zeichnete sich ab, dass das bewusst als Provisorium geplante, und in dieser Form sogar preisgekrönte, Universitätsbauamt noch längere Zeit benötigt werden würde. Und anders als es sich die Gründungsväter vorgestellt hatten, geriet nun das Bauprogramm zur Manövriermasse in den Verhandlungen über die künftige Universitätsstruktur. Insoweit spiegelt sich im Erscheinungsbild der Ulmer Universität die Geschichte ihrer Entwicklung ebenso wider, wie die der zeittypischen Architekturformen, die den Campus, ähnlich dem Universitätsbereich Pfaffenwald in Stuttgart, auch zu einem Dokument der Architekturgeschichte machen. Angesichts steigender Studentenzahlen sahen sich die Verfechter der Reformuniversität schon nach kurzer Zeit den Forderungen der Landesregierung nach Entlastung anderer Universitäten gegenüber. Besondere Brisanz erhielt diese ohnehin schon spannungsgeladene Ausei-

Ein entspanntes und zufriedenes Trio: Ludwig Heilmeyer, Hans Filbinger und Ludwig Erhard.
Der Altbundeskanzler war seinem Wahlkreis natürlich besonders verbunden. In die feierliche Stimmung mischten sich auch gedämpfte Töne, als der Ministerpräsident schon vor Baubeginn zu größter Sparsamkeit aufrief.

Das Baugelände auf dem Oberen Eselsberg von Norden nach Süden mit dem Fort der ehemaligen Bundesfestung 1969.
1971 wurden die ersten Bauten auf dem Oberen Eselsberg bezogen, 1974 waren die Baustufen A und B fertiggestellt. Mit dem Blick von Süden nach Norden sieht man die einzelnen Gebäudekreuze und das netzartige Bausystem.
Im Hintergrund ist der Bau der Versorgungszentrale auf dem Gelände des abgebrochenen Forts Oberer Eselsberg im Bau.
Beim Bau der Universität kamen vorgefertigte Einzelteile zum Einsatz, und auch die Einrichtung der Laboratorien war weitgehend standardisiert.

nandersetzung durch die gleichzeitigen gesellschafts- und hochschulpolitischen Bewegungen.

Aufbau der Selbstverwaltung

Die ersten 52 Medizin- und 12 Physikstudenten hatten im Wintersemester 1969/70 „bestaunt wie Astronauten" die Ulmer Universität bezogen. Damals begannen die Vorlesungen in Physik, 1970/71 in Mathematik und Chemie, ein Jahr später in Biologie. 1972 war der Lehrbetrieb im klinischen Teil des Medizinstudiums aufgenommen worden. All dies an weit verstreuten Plätzen, wo es nicht selten zu improvisieren galt. Grundlage der Gespräche mit den seinerzeit nach Ulm berufenen Professoren war das Abteilungsprinzip und die damit verbundene finanzielle und sächliche Ausstattung. Mit ihrer Zusage akzeptierten die Professoren, die ja teilweise schon Institutsdirektoren waren, ihre Position als Abteilungsleiter. Dies zeigt die Bereitschaft, im Rahmen des Ulmer Strukturprinzips, den Reformprozess aktiv mitzugestalten. [19] Während die Antrittsvorlesungen im repräsentativen Ratssaal des Ulmer Rathauses gehalten wurden, fanden 1969, wie auf einem hektographierten Blatt zu lesen ist, die Lehrveranstaltungen in Experimenteller Physik für Mediziner und Physiker im „Kursaal" der Staatlichen Ingenieurschule statt. Und Medizinstudenten der ersten Stunde erinnern sich, mit einem Verhältnis von Lehrenden und Lernenden von praktisch 1:1, an geradezu paradiesische Zustände, die dem Studium fachlich und persönlich eine ganz besondere Note gaben. In jedem Fall begann in dieser von räumlicher Enge geprägten, aber auch vergnüglichen Pionierzeit das akademische Leben, das sich, ohne die städtischen Stützpunkte aufzugeben, allmählich auf den Eselsberg verlagerte.

Neben der Organisation und der inhaltlichen Gestaltung des Lehr- und Forschungsbetriebs, was in den einzelnen Kommissionen erfolgte, musste eine funktionsfähige Selbstverwaltung aufgebaut werden. Im Widerstreit gesetzlicher Vorgaben und der Forderung der einzelnen Gruppen nach paritätischer Mitbestimmung war dies gar nicht so einfach, erfreute sich die Gruppenuniversität doch nicht gerade der Zuwendung der Ordinarien. Ohne sich über die Drittelparität explizit zu äußern, hoffte Rektor Baitsch auf eine ausgewogene Mitarbeit der einzelnen Gruppen. Eine besondere Rolle spielte dabei der akademische Mittelbau, der nun weniger Durchgangsstation auf dem Weg zu höheren Ehren war, sondern sich, den neuen Anforderungen entsprechend, zu einer großen differenzierten Berufs- und Interessengruppe mit eigenen Arbeitsbereichen innerhalb der Universität entwickelte. [20]

So hatte sich schon 1968 eine Vereinigung Mittelbau gebildet und ein Jahr später schlossen sich die Assistenten zusammen. Ihre Lage war besonders prekär, da die neue BAT-Regelung ab 1972 keine Forschung mehr während der Arbeitszeit zuließ. Dies traf vor allem die große Zahl der Assistenten, die in den Abteilungen der Klinischen Medizin tätig war. Wollten sie wissenschaftlich arbeiten, waren sie wesentlich auf die „Feierabendforschung" verwiesen. Natürlich wurde das nicht ohne Protest hingenommen, aber wie die Teilnahme an einer Versammlung im Mai 1972 zeigt, an der von 300 Assistenten nur 30 teilnahmen, war anfänglich das Interesse an standespolitischen Fragen nicht besonders ausgeprägt. In der Hierarchie des Mittelbaus befanden sich die Assistenten dabei eher in der Nähe der Studentenschaft, deren Anliegen sie nicht nur einmal mit Solidaritätsadressen unterstützten. Auch die Studenten sahen bei der Arbeit in den Gremien in den Assistenten und den Angehörigen der nichtwissenschaftlichen Berufe ihre natürlichen Verbündeten In der Folgezeit wies die Interessenvertretung des Mittelbaus immer wieder auf mangelnde Mitspracherechte hin, vor allem aber auf seinen hohen Anteil an der Forschung, der, wie es 1989 hieß, noch dadurch belastet war, dass man sich von einem Vertrag zum nächsten „hangeln" musste. [21] Die vertraglich begründete Tätigkeit ist auch heute noch mit manch leidvoller Erfahrung verbunden.

Als Forum der Information und Kommunikation, aber auch einer gezielten Öffentlichkeitsarbeit, die alle Gruppen verbinden sollte, erschienen 1971 erstmals die Mitteilungen des Rektors uni ulm intern. In bescheidener Aufmachung wurden sie von Bodo Franzmann, dem Leiter der im Januar 1971 neu geschaffenen Pressestelle, herausgegeben. Mit einer Reihe von Sonderausgaben zu umstrittenen Themen zur Bildungs- und Universitätsreform informierte Baitsch nicht nur, er stellte die Diskussion auch auf eine breite Grundlage. Als Franzmann 1975 nach Gütersloh ging, folgten bis 1980 mehrere Pressereferenten. Von 1980 bis 2004 amtierte dann der studierte Theologe Peter Pietschmann, der für 24 Jahre die Exegese des universitären Lebens übernahm. Mit zuweilen ironischem Unterton berichtete er über Veranstaltungen, die Fakultäten gaben Auskunft über neue wissenschaftliche Erkenntnisse, und die Porträts scheidender und neu berufener Professoren rundeten die monatlich in

Senatssitzung Anfang der 70er Jahre. In der Mitte der Leiter der Sitzung, Rektor Baitsch.

Dem Anlass entsprechend gekleidet und voller Erwartung haben sich die Medizinstudenten am 4. November 1969 zum ersten Kurs bei Professor Tonutti im Johanneum versammelt.

schwarz-weiß erscheinenden Hefte ab. Seit dem Amtsantritt von Willi Baur erscheinen sie in einem moderneren Gewand und einem gefälligen farbigen Layout. Ein Editorial trägt dem Zeitgeist Rechnung, und die eher journalistische Aufmachung zielt auf größere Außenwirkung ab.

Die Vorläufige Grundordnung vom März 1966 war, in ihrer jeweils gültigen Fassung, die verfassungsmäßige Grundlage der Universität. An der Spitze der Universität stand der auf unbestimmte Zeit gewählte Rektor. Die eigentlichen Selbstverwaltungsorgane waren der Große und, mehr noch, der Kleine Senat. Wie im Hochschulgesetz von 1968 vorgesehen, waren seit November 1971 erstmals alle Gruppen im Großen Senat vertreten. Entsprechend der Gründungsdenkschrift, war die Studentenschaft als rechtsfähige Gliedkörperschaft der Hochschule weitgehend an der Mitverwaltung zu beteiligen. Und zwar bei der Selbstverwaltung ihrer eigenen Angelegenheiten, wie bei der Mitwirkung in den Gremien. Ausgenommen waren Berufungen und Personalfragen. Im Sinn demokratischer Reformen räumte der Organisationsplan den Studenten in den Unterrichtskommissionen die Hälfte der Sitze ein, und gewährleistete so ein gewichtiges Mitspracherecht bei der Gestaltung des Lehrbetriebs. Als es in der Anfangszeit noch um neue Unterrichtskonzepte wie Blockunterricht, Praktika und audiovisuelle Hilfsmittel ging, fanden teilweise intensive Auseinandersetzungen, aber auch konstruktive Gespräche statt.

Dies änderte sich, als der starke Zustrom von Studenten einen eher konventionellen Lehrbetrieb in Form der großen Vorlesung notwendig machte. Bis heute sind jedoch die Studierenden in den nun so genannten Studienkommissionen an der Gestaltung des Lehrbetriebs beteiligt.[22] Was die übrigen Aussagen zur Studentenschaft angeht, so entsprachen sie der damaligen Rechtslage der Verfassten Studentenschaft, die über einen eigens erhobenen Beitrag auch ihr eigenes Vermögen verwaltete.

Im Juni 1971 hatte der Große Senat die Satzung der Studentenschaft der Universität Ulm verabschiedet. Demnach bestand das Studentenparlament aus 20 Vertretern, je zehn aus der medizinischen und naturwissenschaftlichen Fakultät.

Der Allgemeine Studenten Ausschuss (AStA) setzte sich aus drei Mitgliedern zusammen. Die Sitzungen des Studentenparlaments waren öffentlich, jeder Student konnte Anträge stellen.

Auch wenn Ulm natürlich keine Hochburg studentischer Proteste war, kam es zu Unmutsäußerungen über die baden-württembergische Hochschulpolitik, vor allem in Bezug auf drohende Einschränkungen der Verfassten Studentenschaft. Angesichts der anhaltenden Protestaktionen linksradikaler Gruppen, plante die Landesregierung unter anderem auch eine Verschärfung des Ordnungsrechts. Im November 1972 beschloss daraufhin eine Studentenvollversammlung, mit Zustimmung des Studentenparlaments, die studentische Mitarbeit im Großen Senat einzustellen, die sie dann erst 1974 wieder aufnahm. In dem wichtigeren Kleinen Senat arbeitete der Studentenvertreter weiterhin mit. Dieser Vorgang führte zu einer grundsätzlichen Diskussion über die Notwendigkeit universitärer Selbstverwaltung, von der sich, so Rektor Baitsch, niemand nach Belieben verabschieden könne. In diesem Zusammenhang wies er auch mit Bedauern darauf hin, dass sich vor allem die Assistenten zurückhielten. Er äußerte aber auch Verständnis dafür, dass sie dem bis heute gültigen Prinzip „publish or perish" folgend, eher ihre wissenschaftliche Tätigkeit und ihre berufliche Zukunft im Auge hatten, als die Mitarbeit in der Selbstverwaltung, nach der sie niemand fragte. Der spätere Rektor Detlef Bückmann hat seinerzeit den zeitlichen Aufwand berechnet und kam auf ein Viertel der Arbeitszeit, die man in den Sitzungen der Gremien zubrachte. Ein Blick in die Protokolle der Senatssitzungen jener Jahre zeigt die Fülle und die Vielfalt der Aufgaben, die beim Aufbau der Universität zu bewältigen waren und gleichzeitig den Gruppeninteressen entsprechen mussten. [23] Da versteht man schon, dass nicht Wenige das Studierzimmer zuweilen der Gremiensitzung vorzogen, und dass große Gedanken zur Gestaltung der Universität hinter die administrative Bewältigung des Alltags zurücktreten mussten.

In der laufenden Diskussion hatte sich auch der Leitende Verwaltungsbeamte, der sehr eloquente Michael Machleidt zu Wort gemeldet. Er sprach von dem in den 60er Jahren eingetretenen Bedeutungswandel der Selbstverwaltung, den er dahingehend interpretierte, dass die professionelle Arbeit der Verwaltung eine unabdingbare Ergänzung der wissenschaftlichen Tätigkeit sei. Damit beschrieb er eine zweite Konfliktlinie, die zwischen Verwaltung und Wissenschaft verlief. Während die Studenten ihre Mitarbeit demokratisch legitimiert sehen wollten, registrierten die Vertreter von Forschung und Lehre mit Unbehagen ein Vordringen dieser neu definierten Verwaltung in das Hoheitsgebiet der akademischen Selbstverwaltung. Dies kam in der Diskussion über die neue Grundordnung im Jahr 1975 besonders deutlich zum Ausdruck. Der Grundordnungsausschuss hatte sich zunächst einstimmig für die Rektoratsverfassung ausgesprochen, bis ihm klar wurde, dass dies mit einem Machtzuwachs der Verwaltung verbunden war. So vollzog das lernfähige Gremium eine Kehrtwende und empfahl dem Großen Senat ebenso einstimmig die Präsidialverfassung, der in diesem Sinn votierte. Nun hatte der Leitende Verwaltungsbeamte weniger Freiraum und es dauerte nicht lange, bis das Wort von der „lex Machleidt" die Runde machte. [24]

In der Stadt Ulm ging 1972 die Ära des seit 1948 amtierenden Oberbürgermeisters Pfizer zu Ende. Schon am Vorabend des Schwörmontags hatte er sich in kleinem Kreis persönlich verabschiedet. Dort, wie in seiner Schwörrede am 24. Juli 1972, zog er, stilsicher, wie in all seinen Reden, mit tiefen und bewegenden Worten eine kritische Bilanz seiner langen Amtszeit. Dies in einer Stadt, die nach ihrer Zerstörung, in der Erinnerung an ihre große Vergangenheit im Blick auf die Zukunft neu entstanden war. Tradition und Wagnis heißt so auch eine gelungene und informative Veröffentlichung, in der Pfizers Wirken und die einzelnen Aspekte der Stadtentwicklung dargestellt werden. [25] Ein lebendiges Porträt der „bürgerlich" geprägten Ulmer Nachkriegszeit und das in dieser Tradition wurzelnde Wagnis, in Ulm eine Universität zu gründen. Mit vielen anderen hat sich auch Theodor Pfizer dafür eingesetzt. Wenn er dabei immer wieder das gute Einvernehmen zwischen den Bürgern Ulms und der Universität beschwor, wollte er damit auch jene Distanz verhindern, die zwischen der Stadt und der Hochschule für Gestaltung geherrscht hatte. Und ganz gewiss wollte er mit den von der Universität ausgehenden geistigen und kulturellen Impulsen die Stadt über den provinziellen Rahmen hinaus beleben. [26]

Zwei prägende Persönlichkeiten der Aufbaujahre der Universität. Der Nachfolger von Oberbürgermeister Theodor Pfizer, Hans Lorenser und der Gynäkologe Karl Knörr. Er verkörperte in besonderer Weise die Verbindung von Wissenschaft, Lehre und Fürsorge für seine Patienten.
Daran erinnerte Walter Jens bei der Emeritierung von Professor Karl Knörr 1981 in bewegenden Worten. Für kurze Zeit wehte der Geist der alten Universitätsstadt Tübingen in Ulm.

Der neue Oberbürgermeister Hans Lorenser, der als erste Amtshandlung Theodor Pfizer die Ehrenbürgerwürde verlieh, war wie sein Vorgänger der Universität eng verbunden. Als erster Bürgermeister und Krankenhausdezernent hatte er bei der Umwandlung der Städtischen Kliniken in Universitätskliniken eine wichtige Rolle gespielt. Er stand am Anfang eines Zeitabschnitts, der gesellschaftlich, wirtschaftlich und politisch eine ebenso engagierte wie nüchterne Betrachtungsweise erforderte.

Semesterbeginn 1976/77

Bewegte Jahre

Unruhe in der Medizinischen Fakultät

Im April 1971 sorgte das Kultusministerium mit dem Entwurf einer neuen Klinikordnung für Aufregung. Das als rechtlich unselbstständige Anstalt organisierte Klinikum der Universität war demnach nicht mehr an Weisungen der Fakultät und Fachschaftsgremien gebunden und so, mit einer eigenen Verwaltungsstruktur, quasi aus der Universität herausgelöst. Die Assistenten und Sektionsleiter beklagten in einer Stellungnahme, dass sie dazu nicht gehört worden seien und befürchteten auch die Aufhebung des Ulmer Departmentsystems und die Schaffung abteilungsunabhängiger Sektionen.
Der Leitende Verwaltungsbeamte Machleidt versuchte, die Wogen zu glätten und wies darauf hin, dass Baitsch und er in Stuttgart alle Bedenken vorgetragen hätten. Im Übrigen sei man sich mit dem Kultusministerium einig, dass die Universität Ulm ohnehin ausgenommen sei, da sie kein eigenes Klinikum habe. Während Rektor Baitsch die Assistenten zu einem weiteren Gespräch einlud, machte Ernst-Friedrich Pfeiffer, der an dem Entwurf mitgearbeitet hatte, in einer Stellungnahme klar, dass er ihn für richtig halte, eine „Art staatlicher Eigenbetrieb" unabdingbar sei, da man auf Dauer die Krankenhausbehandlung nicht aus dem Kulturetat bestreiten könne. In der ihm eigenen Art beschied er dann die Assistentenschaft abschließend: „Meines Erachtens haben Sie ihr Pulver zu früh verschossen. Sie werden noch mal tätig werden müssen". [1]

Universitätsintern liefen seit 1972 im Department für Innere Medizin vehemente Diskussionen über die weitere organisatorische Entwicklung, bei der sich zwei Lager gegenüberstanden. Die Anhänger der alten Klinikstruktur hielten das Departmentsystem für ungeeignet und sahen in der traditionellen Aufteilung in Klinik I, II, III etc. mit einem Chefarzt an der Spitze das Heil der Medizin. Die anderen plädierten für ein stärker horizontal organisiertes System mit einem hohen Maß an Kooperation, so wie es in der Denkschrift vorgesehen und auch umgesetzt worden war. Der Prinzipienstreit hing konkret mit der seinerzeit geplanten Aufwertung von vier Sektionen zu Abteilungen zusammen, die vor allem Pfeiffer nicht mittragen wollte. Gleichzeitig verlangte er die Aufhebung der Abteilung Psychosomatik, spätestens mit Uexkülls Emeritierung 1976. In diesem Zusammenhang hatte er mit einigen anderen Professoren im Dezember 1973 auf eigene Fause mit Staatssekretär Weng in Stuttgart einen Gesprächstermin vereinbart. Rektor Baitsch, der

Trotz der finanziellen Engpässe investierten das Land und die Stadt beträchtliche Mittel in die Modernisierung der Kliniken, vor allem im Bereich Michelsberg. Im Zuge der Erweiterung erhielt die Kinderklinik 1976 auch einen Spielraum für ihre kleinen Patienten.

zufällig von dieser Mission erfahren hatte, war dann schon dort, als die Ulmer Abordnung erschien. Diese „Wallfahrt nach Stuttgart", wie sie in Universitätskreisen hieß, wirft ein Licht auf den persönlichen Umgang miteinander aber auch auf die Härte der Auseinandersetzung. [2] Die auch von der Verwaltung mitgetragene Entscheidung des Großen Senats vom Januar 1974, die Sektionen Kardiologie/Angiologie, Gastroenterologie, Pulmonologie und Nephrologie aufzuwerten, verschärfte zunächst noch den Interessenkonflikt innerhalb der Universität und vor allem mit der Stadt, die, wenn auch aus anderen Gründen, auf der Seite Pfeiffers stand. Oberbürgermeister Lorenser, wie auch sein Krankenhausdezernent, warnten vor einer „Atomisierung" der Klinik, zumal sie sich von der Aufwertung einiger Sektionen keinen Vorteil für die Krankenversorgung versprachen.

Tatsächlich erwuchsen der Stadt daraus hohe finanzielle Belastungen, denn sie war für die räumliche und sächliche Ausstattung zuständig. Da sie mit der Gewährung des Liquidationsrechts, de jure aber auch über die Ernennung der Chefärzte entschied, konnte sie eine derartige Aufwertung verhindern. Lorenser hielt diesen Vorgang für so wichtig, dass er ihn in seine Schwörrede für das Jahr 1975 aufnahm und dort die Absage der Stadt detailliert begründete. [3] Im Zuge dieser Auseinandersetzungen beschloss der Senat im April 1975, keine

neuen Einrichtungen zu schaffen, bevor nicht alle notwendigen Bedingungen erfüllt waren und vor allem die Stadt ihr Einverständnis erklärt hatte. So blieb es zunächst bei den vier Abteilungen; die Diskussion über die Abteilung Psychosomatik ging allerdings mit unverminderter Intensität weiter. Der Vorgang führte allen Beteiligten aber auch wieder einmal vor Augen, dass es auf Dauer keine zwei Entscheidungsträger und ständige Kompromisse geben konnte.

Das Projekt Gesamthochschule

Bei der Einweihung des ersten Bauabschnitts auf dem Oberen Eselsberg, 1971, lobte Kultusminister Hahn „das redliche Bemühen der Universität, ihr hochgestecktes Reformziel zu erreichen", das er jetzt mit „dem Mut zur Entlastungsfunktion" verbunden sah. So einfach wie er sich das vorstellte, war es allerdings mit dieser Verbindung nicht, obwohl abzusehen war, dass angesichts steigender Studentenzahlen das Ziel der Reformuniversität in immer weitere Ferne rückte.
Dieses Dilemma war auch Rektor Baitsch bewusst, wobei ihm aus gesellschafts- und bildungspolitischen Gründen durchaus daran gelegen war, möglichst vielen jungen Menschen ein Studium zu ermöglichen.

Eine Chance hierfür boten die im Zuge der Planungseuphorie seit 1965 in der ganzen Bundesrepublik projektierten Gesamthochschulen. Sie gehörten in das umfangreiche Reformarsenal der damals wichtigen Bildungstheoretiker und -politiker und wurden auch vom Wissenschaftsrat und der Westdeutschen Rektorenkonferenz als adäquates Mittel für demokratische Bildungsreformen gesehen. Dieses ideologisch aufgeladene, bundesweit kontrovers diskutierte Modell sah die Zusammenfassung der verschiedenen Hochschultypen bei innerer Differenzierung der Studiengänge vor. Auch der baden-württembergische Kultusminister Wilhelm Hahn hatte ein Gesamthochschulprojekt aufgelegt, das von Helmut Baitsch ebenso nachdrücklich unterstützt wurde wie von Theodor Pfizer, der vor allem hoffte, den für ihn „schmerzlichsten Verlust" der Stadt, die HfG, durch die Aufnahme in die Gesamthochschule doch noch abwenden zu können. [4]

Mit Beschluss vom 8. Juni 1970 forderte der Landtag die Landesregierung auf, innerhalb eines Jahres einen Entwicklungsplan für die Organisation eines Gesamthochschulbereichs vorzulegen. Im November 1970 fand die konstituierende Sitzung der für das Hochschulgebiet Ulm-Ostwürttemberg zuständigen Regionalkommission statt.
Den Vorsitz hatte Helmut Baitsch. Vertreten waren die Universität Ulm, die Fachhochschulen Aalen, Biberach, Schwäbisch Gmünd und Ulm, sowie die Pädagogische Hochschule Schwäbisch Gmünd. Schon im Sommer 1971 legte die Regionalkommission

einen detaillierten Abschlussbericht vor, in dem die Einrichtung je einer Teilhochschule Aalen/Schwäbisch Gmünd und Ulm/Biberach vorgeschlagen wurde, und der in imponierender Weise den inhaltlichen und organisatorischen Aufbau der Integrierten Gesamthochschule Ulm/Biberach beschrieb.[5] In diesen Zusammenhang gehören auch die Überlegungen, die Fachhochschule Biberach und die Fachhochschule Ulm auf den Oberen Eselsberg zu verlegen. Obwohl sie über das Gesprächsstadium nicht hinauskamen und bald ad acta gelegt wurden, nahmen sie immerhin in den Planungen des Universitätsbauamtes konkrete Form an. Der 1972 erstellte Planungsbericht ging von einem Bauvolumen für 10.000 Studenten aus und umfasste mit den projektierten Bauten in etwa das Areal der heutigen Wissenschaftsstadt.[6]

Ohne dass eine praktische Umsetzung erfolgte, gingen auch in den folgenden Jahren die Sitzungen der Regionalkommission und der Unterkommissionen weiter und nährten die Hoffnungen auf Realisierung der Pläne, in Verbindung mit der Einführung von neuen Studiengängen. Noch 1974 sprach Baitsch von bevorstehenden Modellversuchen, ahnte aber schon, dass die Landesregierung angesichts neuer gesellschaftlicher Entwicklungen und finanzieller Engpässe dabei war, sich leise von dem Vorhaben zu verabschieden. Im Laufe des Jahres 1974 löste das Ministerium die Unterkommissionen auf, und ein Jahr später formulierte Kultusminister Hahn, der noch zehn Jahre zuvor in freudiger Aufbruchstimmung war, in dürren Worten den Nachruf: „Die Reformeuphorie der 60er Jahre ist verschwunden. Die Spekulation mit utopischen Plänen, die von der beliebigen Machbarkeit der Bildung ausgingen, ist unmodern geworden".[7] So wurden zwar in Nordrhein-Westfalen und Hessen einige Gesamthochschulen errichtet, nicht aber in Baden-Württemberg und Bayern.

Das Zweite Ulmer Modell

In jenen Jahren begann auch die interessante Geschichte des Zweiten Ulmer Modells, die ein anschauliches Bild der damaligen Reformvorhaben liefert. Als man in Ulm den Bedarf eines weiteren Gymnasiums feststellte, lag es nahe, neue Wege zu gehen. „Warum nicht eine neue Schule machen"? Für diesen Gedanken fand der Mathematiklehrer Bernhard Andelfinger die Unterstützung interessierter Kollegen, dann auch die von Theodor Pfizer und des Gemeinderats. Entscheidend war jedoch, dass mit der Gründung der Reformuniversität in Ulm ein „erstes" Modell und damit eine kongeniale Bildungseinrichtung entstanden war, die gerade auf dem mathematisch-naturwissenschaftlichen Sektor eine Verbindung von sekundärem und tertiärem Bildungsbereich als Teil ihres Konzepts sah.

Im Jahr 1968 fand sich also wieder einmal ein Arbeitskreis zusammen, aus dem am 17. Juli 1969 die Planungsgruppe Zweites Ulmer Modell hervorging, deren Vorsitz Theodor M. Fliedner übernahm. Auf Grundlage einer von der Planungsgruppe erarbeiteten Denkschrift erfolgte am 20. Juli 1970 die Genehmigung zur Einrichtung des Mathematisch-Naturwissenschaftlichen Gymnasiums Zweites Ulmer Modell als Ganztagesschule, deren erster Schulleiter Bernhard Andelfinger wurde.[8] Neben dem Ganztagesbetrieb, der, wie es die Reformer wollten, den Weg zur sozialen Bildungsgesellschaft wies, galten an dem neuen Gymnasium Effizienz und Modernität.
In enger Verbindung mit der Universität entstand auf wissenschaftlich-rationaler Grundlage das Projekt LODI (Lernzielorientierte Differenzierung). Dabei wurden die Lernziele im Blick auf die erwarteten Anforderungen der Industriegesellschaft definiert und in standardisierten Zeitrhythmen angesteuert.
Dies zum Teil im Klassenverband, aber auch in jahrgangsübergreifenden Lerngruppen, unterstützt und kontrolliert durch Programme des universitären Rechenzentrums.

Die zweite Verbindung mit der Universität bestand in der ausdrücklichen Betonung der naturwissenschaftlichen Fächer und der teilweise interdisziplinär organisierten Fächer wie Naturlehre und Gemeinschaftskunde.
Neu war auch die Strukturierung in Fach- und nicht in Klassenräume. Kreative Ergänzung des Fächerkanons waren die musisch-sportlichen Fächer. Die fortlaufende Beschäftigung mit LODI und sonstigen Fragen des Modellversuchs machte viele Konferenzen notwendig, in die auch Eltern und Schüler eingebunden waren. Dafür brachten alle am Schulleben Beteiligten in der Erprobungsphase viel Engagement und Verständnis auf.

Anders als an der Universität, war der gymnasiale Modellversuch zeitlich befristet. Die schon 1971 geknüpften Kontakte zur Realschule Söflingen lehnte das Ministerium zunächst ab, genehmigte dann aber eine Versuchsphase. So entwickelte sich eine Kooperation zwischen den beiden Schulen, die sich in dem 1976 bezogenen Schulzentrum auf dem Kuhberg fortsetzte. Die Verbindungen mit der Universität wurden auf vielen Ebenen gepflegt: So fand etwa seit 1976 auf der Reisensburg eine Einführungstagung für neue Lehrer des Modells statt. Doch schon damals begann der Reformeifer zu erlahmen, die Entwürfe Gesamthochschule und Gesamtschule verschwanden von der Tagesordnung und der Modellcharakter des Ulmer Gymnasiums stand in wiederkehrenden Besprechungen auf dem Prüfstand, zumal auch die zurückgehenden Anmeldezahlen zeigten, dass die Eltern den konventionellen gymnasialen Bildungsweg bevorzugten. Dies entsprach auch dem Willen der Landesregierung.

Auch wenn heute das inzwischen nach der jüdischen Reformpädagogin Anna Essinger benannte Gymnasium als Regelgymnasium firmiert, ist doch noch lange der alte Geist erhalten geblieben. Vieles von dem, was damals eingeführt wurde, wie Ganztagesbetrieb, fächerübergreifendes Lernen, Praktika an außerschulischen Lernorten und die Kooperation mit der Universität, ist heute ein wichtiger Teil des landesweiten Bildungsprogramms. Und wenn seit dem Jahr 2000 Lehramtsstudenten ein Praxissemester zu absolvieren haben, sollte man daran denken, dass der Kleine Senat der Universität Ulm schon 1972 für seine Einführung gestimmt hat.

Das Ende der Amtszeit Baitsch

Es ist nicht verwunderlich, dass in dieser bildungsreformerischen Phase ein Modellversuch zur Einrichtung von Studiengängen für nichtärztliche Berufe an der Ulmer Universität diskutiert wurde, zumal dort, in Verbindung mit der Psychosomatik, seit 1970 eine Neuausrichtung und Aufwertung des Pflegedienstes im Gange war. Eine Klausurtagung auf der Reisensburg im Juli 1973 beschäftigte sich mit der Planung und Organisation eines sechssemestrigen Studiums, das mit dem etwas unglücklich gewählten Prädikat des Diplom- Mediziners abgeschlossen werden sollte. Die Erwartungen erfüllten sich indes nicht, da das Modell gerade in den betroffenen Fachkreisen kaum Resonanz fand, und sich auch die universitären Gremien gegen ein derartiges Studium aussprachen. [9]

Helmut Baitsch hatte sich in hohem Maße für all diese Vorhaben, vor allem aber für das Projekt Gesamthochschule engagiert. Doch sowohl die Dozenten der Fachhochschulen wie die Professoren der Ulmer Universität standen dieser Entwicklung skeptisch gegenüber. Am Ende blieben ihm nur die Erkenntnis und die Genugtuung, dass sich die ihrem Selbstverständnis nach unterschiedlichen Bildungseinrichtungen Fachhochschule und Universität so nahe gekommen waren, wie nie zuvor. Er sprach von dem „begeisternden Erlebnis" der Kooperation.
Weniger begeisternd stellte sich derweil die Lage an der Ulmer Universität dar. Schon in seinem Rechenschaftsbericht vom 6. November 1973 hatte er die „fortschreitende Polarisierung nach Gruppeninteressen" beklagt und auf die Probleme hingewiesen, die sich zwischen der großen Medizinischen und der kleinen Naturwissenschaftlichen Fakultät anbahnten. [10]
Dazu kam, dass er in der Hoffnung auf das Versprechen der Landesregierung, mit dem Bau der Betriebsstufe C zu beginnen, der Erhöhung der Studentenzahl zugestimmt hatte. Damit hing wiederum die Anordnung des Ministerrats zusammen, den Ausbau mehr lehr- als forschungsorientiert zu planen.

Ursprünglich waren für die Baustufe C neben Hörsälen die Mensa, die Tierversuchsanlage und das Zentrum für Klinische Grundlagenforschung vorgesehen.
Dass, mit Billigung des Wissenschaftsrats, gerade die Grundlagenforschung der veränderten Bauplanung zum Opfer fiel, war eine von den universitären Gremien besonders schmerzlich empfundene Entscheidung. Im Hinblick auf das Gründungskonzept war damit in der Tat ein Paradigmenwechsel in der Entwicklung der Universität verbunden. Diese einschneidenden Maßnahmen hatte Ministerpräsident Filbinger bei seinem Besuch in Ulm im Februar 1974 verkündet, als er gleichzeitig die anvisierte Zahl von 4.000 Studenten nannte und den Baubeginn des Klinikums für 1978 versprach. Doch selbst dies vermochte die vorherrschende trübe Stimmungslage nicht aufzuhellen. Am wenigsten die von Rektor Baitsch. Seine grundsätzliche und konkrete Kritik am Kurs der Landesregierung hatte er in dem 1974 vorgelegten Bericht zur Lage der Universität zusammengefasst, der gewissermaßen das Drehbuch für den anschließenden Rücktritt des Rektors war. Aus Protest gegen die Eingriffe der Landesregierung bei dem Erlass der Grundordnung war 1972 schon vor ihm der Konstanzer Gründungsrektor Hess zurückgetreten.

Am 5. Dezember 1974 bat Baitsch den Ministerpräsidenten um Entbindung von seinen Amtspflichten, die am 27. Januar 1975 erfolgte. In Stuttgart war natürlich auch bekannt, dass im Kleinen Senat ein Misstrauensvotum gegen Baitsch nur knapp abgewendet werden konnte. In einem offenen Brief an den Ministerpräsidenten begründete der Rektor seinen Rücktritt im Allgemeinen mit dem grundlegenden Wandel in der Bildungspolitik, ging im Besonderen auf die Situation an der Ulmer Universität ein, deren Entwicklungskonzeption er zurecht in allen Belangen gefährdet sah, und verband damit seine persönliche Betroffenheit, als er von der „Erosion des Vertrauens" und Konflikten sprach, die gerade in angespannten Zeiten „subjektiv unerträglich" seien. [11] Das Zeichen, das er zum Wohl der Universität setzen wollte, trug also auch persönliche Züge.

Die öffentliche und publizistische Resonanz auf den Rücktritt war enorm. Oberbürgermeister Lorenser war „schockiert" und voll des Lobes über die „imponierend unbürokratische" Zusammenarbeit, und der noble Vorsitzende der Universitätsgesellschaft, Pfizer, spürte eine geradezu „tragische Verwirrung" und charakterisierte den Rektor als Persönlichkeit, deren ganzes Wirken von „humanitas und weniger von Taktik" geprägt war. [12] Bei nüchterner Betrachtung war das eingetreten, was Baitsch schon bei seinem Amtsantritt hatte kommen sehen, dass die nicht nur von ihm konstatierten „Jahre des ersten jugendlichen Überschwangs" vorbei waren und die „Konfrontation mit der Realität schon stattgefunden hatte". [13]
Diese Realität zeigte sich in steigenden Studentenzahlen bei gleichzeitig sinkenden Finanzmitteln, in der Zurückdrängung der Forschung gegenüber der Lehre und in den eigentlich zu erwartenden universitätsinternen Grundsatzdiskussionen und Fächeregoismen, die sich natürlich in den, nicht immer wohltemperierten, persönlichen Bereich fortsetzten.

Mit Rektor Baitsch waren auch die Prorektoren Gerfried Gebert und Hans-Georg Richert zurückgetreten. Dies, wie eine entsprechende Erklärung des Kleinen Senats, lenkte den Blick verstärkt auf die Sachprobleme, die es zu lösen galt. „Aus Mehrkampf wird Zweikampf", hieß es am 11. Februar 1975

Dem Bauprinzip entsprechend, zog sich im Erdgeschoss ein gepflasterter Lernweg durch das Gebäude, der sich an bestimmten Stellen zu einem Forum erweiterte. Im Stil der Zeit massiv gestaltet, diente es der studentischen Kommunikation, wie hier 1975.

in der Südwest-Presse, als über die beiden Kandidaten Martin Hermann und Ernst-Friedrich Pfeiffer berichtet wurde. Beide galten als konservativ und als Anhänger der alten Klinikstruktur. Am 21. Februar 1975 wählte der Große Senat mit 20:5 Stimmen den Mediziner Ernst-Friedrich Pfeiffer zum neuen Rektor. Der renommierte Endokrinologe war nach vielfältiger Tätigkeit im In- und Ausland 1966 aus Frankfurt an die Ulmer Universität berufen worden war, wo er in herausragender Weise wissenschaftlich tätig war und es auch verstand, sich persönlich gekonnt in Szene zu setzen. Der weltläufige Professor, der von seiner Wahl in Manila erfahren hatte, nahm die Ernennungsurkunde zwischen zwei anschließenden Auslandsreisen in Empfang. Ein eindrucksvoller Beleg seines Statements, er wolle „Außenminister der Universität" sein, die er allerdings auch im Innern durch neue Ziele und veränderte Strukturen voranzubringen gedachte. [14]

Am 21. Februar 1975 wählte der Große Senat Ernst-Friedrich Pfeiffer zum neuen Rektor.
Der Bürde des Amtes ledig, überreicht ihm Helmut Baitsch am 16. April 1975 die Amtskette.

Das Klinikum

Mitte der 70er Jahre erreichte die in den kommunalen Gremien und an der Universität geführte Diskussion über die Krankenversorgung in Ulm ihren Höhepunkt. Verschärft wurde die ohnehin komplizierte Angelegenheit durch den Entwurf des Krankenhausbedarfsplans, in dem für Ulm, das als Oberzentrum für Maximalversorgung ausgewiesen war, ein Defizit von 1.200 Betten festgestellt wurde.

sich also verzehnfacht. Dies war im Hinblick auf die offensichtlich anerkannte Qualität der Krankenversorgung eine erfreuliche Entwicklung, die, unter anderem, nur deswegen bewältigt werden konnte, weil die Verweildauer in den Kliniken auf 12,5 Tage gesenkt worden war. Was den Personalbestand betraf, war die Zahl der Chefärzte von sechs im Jahr 1966 auf 22 im Jahr 1974 gestiegen, die Zahl der städtischen Mitarbeiter im gleichen Zeitraum von 907 auf 1.453. [15]

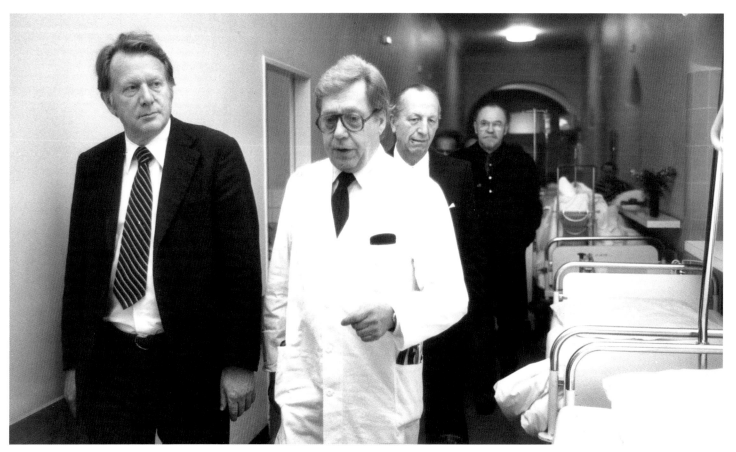

Die Raumnot war bedrückend, die Gänge mit Betten zugestellt. Davon konnte sich Wissenschaftsminister Engler bei einem Besuch der Klinik Safranberg im Dezember 1978 überzeugen. Neben ihm Ernst-Friedrich Pfeiffer, im Hintergrund Staatssekretär Gerhard Weng und Baubürgermeister Helmut Schaber.
Ein halbes Jahr später wurde, nicht zuletzt dank des Einsatzes von Rektor Pfeiffer, der Grundstein für die Medizinische Klinik auf dem Oberen Eselsberg gelegt.

Schon am 29. Januar 1975 hatte sich der Gemeinderat mit der schwierigen Situation an den Städtischen Krankenanstalten beschäftigt und in einer Resolution an das Land erneut betont, man habe die Städtischen Kliniken 1967 nur deswegen abgetreten, weil der Bau eines Klinikums zu erwarten war. Die seitdem eingetretenen Veränderungen in der Krankenversorgung und der Beschäftigtenstruktur schlugen sich in eindrucksvollen Zahlen nieder.

So hatte sich zwar die Anzahl der Ulmer Patienten von 37 auf 29 Prozent verringert, aber von 1966 bis 1974 war die absolute Zahl der stationären Patienten aus der Region und dem bayerischen Umland von 19.000 auf 24.000 und die der ambulanten Patienten von 5.000 auf 50.000 gestiegen, hatte

Der von der Stadt dringend geforderte Bau des Klinikums war auch Gegenstand einer von Rektor Pfeiffer im Juni 1975 vorgelegten Denkschrift zur Entwicklung des Klinikums der Universität Ulm 1975 – 1985, die am 5. Januar 1975 vom Kleinen Senat verabschiedet worden war. [16] Kernpunkt war, das im Augenblick stockende, weitere Ausbauprogramm der Universität so zu gestalten, dass Geldmittel für den Bau des Klinikums frei würden. In Verbindung mit Leistungen nach dem Krankenhausfinanzierungsgesetz und der Kooperation mit dem Bundeswehrkrankenhaus sowie dem geplanten Chirurgisch-Orthopädischen-Rehabilitationszentrum hoffte man, die finanziellen Grundlagen für den ersten Bauabschnitt zu schaffen. Im Einzelnen schlug Pfeiffer vor, Teile der Baustufe C zurückzustellen und auf die Stufe D mit Universitätsbibliothek, Rechenzentrum und Verwaltung zunächst ganz zu verzichten. Das Psychosoziale Zentrum konnte in den renovierten Räumen der ehemaligen Hochschule für Gestaltung unterkommen. Insgesamt ergaben sich so Einsparungen in Höhe von 117,7 Millionen DM, die sich, mit Ergänzungen durch Mittel aus dem Krankenhausfinanzierungsgesetz in Höhe von 50 Millionen DM, auf 167,7 Millionen DM summierten. Was die Kooperation mit anderen Einrichtungen betraf, war darauf zu achten, dass es zu keinen Doppelinvestitionen oder Parallelabteilungen kam. Die von Pfeiffer angeregte Einrichtung regionaler Departments, die Abteilungen verschiedener Häuser umfassten, rührte allerdings an der Grundordnung der Universität und stieß nicht überall auf Gegenliebe. Insgesamt legte er ein schlüssiges Konzept vor, das mittelfristig die Standorte der einzelnen Kliniken auf dem Safranberg, dem Michelsberg und dem Eselsberg definierte. Vor allem wies er darauf hin, dass mit dem Bau des Klinikums Naturwissenschaften und Medizin, wie in der Denkschrift vorgesehen, endlich unter einem Dach vereint wären. Verbunden war dies mit der Zusage der Universität, im Interesse des Landes die Studienplätze kontinuierlich zu erhöhen.

Am 15. Oktober 1975 informierte der Rektor den Großen Senat über seine Aktivitäten bezüglich des Klinikums, die sich, gerade bei Pfeiffer, nicht in der Abfassung einer Denkschrift erschöpften. So besuchten Ende Oktober der Fraktionsvorsitzende der CDU-Landtagsfraktion, Lothar Späth, gemeinsam mit dem Ulmer Abgeordneten Ernst Ludwig die Universität; im November folgten Mitglieder der SPD-Bundestags- und Landtagsfraktion. Alle Besucher bejahten die Notwendigkeit des Baus und sicherten ihre Unterstützung zu. Der Abgeordnete Ludwig stellte im Dezember im Landtag einen Antrag auf Bau des Klinikums. [17]

Bei seinem Besuch in Ulm im März 1977 wies der Ausschuss „Medizin" des Wissenschaftsrats darauf hin, dass der Ausbau bis jetzt nur in Konturen sichtbar geworden sei. Die Universität konkretisierte daraufhin ihre Konzeption in dem Entwurf eines Perspektivplans für den Aufbau der klinischen Einrichtungen, der drei Stufen vorsah. Von 1978 bis 1982 Bau eines Klinikums mit 360 Planbetten für die Innere Medizin und nicht mehr, wie bisher vorgesehen, für die Chirurgie. Die Finanzierung erfolgt über das Hochschulbauförderungsgesetz. Der noch zu genehmigende Studiengang Zahnmedizin wird in C 1 untergebracht. Die Kliniken für Kinderheilkunde, Urologie und Frauenheilkunde bleiben langfristig im sanierten Klinikbereich Michelsberg. Im Rahmen der zweiten Ausbaustufe auf dem Oberen Eselsberg soll die chirurgische Universitätsklinik mit 300 Betten folgen, während in einer dritten Ausbaustufe die Zusammenfassung der Fächer Hals-Nasen-Ohrenheilkunde, Augenheilkunde und Dermatologie geplant war. Eine umfassende universitäre Psychiatrie in Ulm anzusiedeln, erschien seinerzeit als nicht vordringlich. [18]

Während all das nach Zukunftsmusik klang, war im klinischen Konzert der Gegenwart die Harmonie nachdrücklich gestört. Im Zentrum der Diskussionen stand nach wie vor die Psychosomatik, die nach den Vorstellungen des Kultusministeriums und der Universitätsspitze ihren Abteilungscharakter verlieren sollte. Dagegen plädierte die Medizinische Fakultät für den Erhalt der Abteilung. Bei dieser langwierigen Auseinandersetzung ging es um die Schaffung neuer Organisationsstrukturen, den Stellenwert der Psychosomatik im Vergleich mit der Kardiologie oder Gastroenterologie und um die Finanzierung einer eventuell einzurichtenden fünften Abteilung. Der Vorgang zeigt natürlich auch die ständige Herausforderung für die Universität, der modernen wissenschaftlichen Entwicklung zu folgen und neue Erkenntnisse praktisch umzusetzen, auch wenn dies für einzelne Personen und Abteilungen schmerzlich war. Die seinerzeit heftigen Diskussionen fanden natürlich ihren Weg in die Presse und zu einem interessierten Publikum. Im Dezember 1976 erschienen in den lokalen Blättern ganzseitige Anzeigen, in denen Bürgerinitiativen für den Erhalt der Psychosomatik eintraten, und Thure von Uexküll gab verschiedentlich zu Protokoll, dass Ulm zur „Reformruine" geworden sei. [19]

Zu diesem Zeitpunkt war allerdings schon ein Kompromiss gefunden, der allgemein Anklang fand. Die Psychosomatik blieb als Abteilung erhalten und zwar im Psychosozialen Zentrum auf dem Kuhberg. Mit 15 Betten war sie auf dem Safranberg weiterhin stationär vertreten. Diese Lösung trug auch dem Ansehen einer Persönlichkeit wie von Uexküll Rechnung, der als Grandseigneur der Psychosomatik in der wissenschaftlichen Welt hohes Ansehen genoss. Wie hoch er im ärztlichen Handeln Erfahrung und mitfühlendes Verständnis einschätzte, betonte er kurz vor seinem Tod im Jahr 2004 noch einmal, als er darauf hinwies, dass das Philosophikum so wichtig sei wie das Physikum. [20]

Die Dissonanzen hielten allerdings das ganze Jahr 1977 an und fanden erst mit der Wiederbesetzung des Lehrstuhls für Psychosomatik ein Ende. Während so der Einsatz für das Großprojekt Klinikum und die Auseinandersetzungen um die Psychosomatik für Schlagzeilen sorgten, verlief der Aufbau neuer zukunftsweisender Studiengänge in ruhigen Bahnen.

Neue Studiengänge:
Wirtschaftsmathematik

Der Anstieg der Studentenzahlen vollzog sich vornehmlich in der Medizinischen Fakultät, die Zahlen in den naturwissenschaftlichen Fächern stagnierten, was nicht zuletzt mit den schlechten Berufsaussichten im Lehramtsbereich zusammenhing. Für die Zukunftssicherung der Universität war aber eine hinreichend große Zahl von Studenten unabdingbar. Die Sorge war begründet, denn in ihrem Strukturplan für den Hochschulbereich vom Oktober 1977 sah die Landesregierung die Universitäten Konstanz und Ulm als gefährdet an. Gleichzeitig wünschte sie bei der Einrichtung neuer Studiengänge mehr „Gewicht auf Berufschancen". [21] So galt das Bemühen der Einrichtung neuer Studiengänge, die, auch im Blick darauf, attraktiv sein mussten und möglichst nur in Ulm angeboten wurden.

Die Ulmer Mathematik genoss, vor allem in der Analysis und der analytischen Zahlentheorie, auch international, einen sehr guten Ruf. Dies lag mit daran, dass einige renommierte Professoren aus dem in den 68er Zeiten etwas unruhigen Marburg den Weg in das ruhigere Ulm gefunden hatten. Sie setzten sich nun für den Aufbau des neuen Studiengangs Wirtschaftsmathematik ein, der keineswegs unumstritten war. Wesentlich Alexander Peyerimhoff und Wolfgang Jurkat war es zu danken, dass er schließlich 1977, mit Hilfe von Rektor Pfeiffer, gegen Widerstände an der Universität und im Ministerium eingerichtet werden konnte. [22] Der integrierte Studiengang verband die reine Welt der Logik und der formalen Argumentation mit den nicht immer berechenbaren Gesetzen in der Welt der Wirtschaft. Folgerichtig verlagerte sich der Schwerpunkt von der Reinen zur Angewandten Mathematik, während das Fach Wirtschaftswissenschaften neu hinzukam. Entgegen der kritischen Stimmen erwies sich die Wirtschaftsmathematik als ebenso interessante, wie beruflich Erfolg versprechende Variante des Mathematikstudiums. Nicht zuletzt diente sie als Einstieg für einen später einzurichtenden Studiengang Wirtschaftswissenschaften.

Wie gut das Fach von Anfang an ankam, zeigen die 130 Bewerbungen für die zur Verfügung stehenden 100 Studienplätze. In der Folgezeit entwickelte sich der Studiengang Wirtschaftsmathematik nach der Medizin zum zweitstärksten Fach der Ulmer Universität. 1987 hatte die Ulmer Wirtschaftsmathematik nicht nur einen ausgezeichneten Ruf, sie hatte auch die höchste Absolventenzahl in Deutschland. Ihr internationales Ansehen stärkte sie durch ein Austauschprogramm mit amerikanischen Universitäten. Seit 1987 sind jährlich 20 Studenten in den USA, um dort zu studieren oder ihren Abschluss zu machen. Auch wenn nach dem Vorbild Ulms mittlerweile eine Reihe anderer Universitäten das Fach Wirtschaftsmathematik anbietet, steht Ulm nach wie vor an der Spitze der Bewegung. Was Pfeiffer 1977 weitblickend erhoffte, ist eingetreten. Mit der Einrichtung der Abteilung „Entscheidungsorientierte Unternehmensplanung" begann, wenn auch zunächst noch mit großen Hindernissen, 1981 die Erweiterung der Wirtschaftsmathematik in die Wirtschaftswissenschaften. Natürlich mit dem Schwerpunkt auf quantitativen Methoden, die der Mathematik nahe stehen.

Im Jahr 1998 gründeten Alumni und Studierende den Verein Studium und Praxis an der Universität, um bei einer jährlich stattfindenden Kontaktbörse Wirtschaft und Universität zusammenzuführen und persönliche Kontakte zu pflegen. Mittlerweile zählt der Verein 600 Mitglieder und ist dieser Stärke entsprechend erfolgreich tätig. Banken, Versicherungen und Unternehmensberatungen nützen die Veranstaltungen zur Rekrutierung speziell ausgebildeter Nachwuchskräfte. Und es ist schon eine besondere Bestätigung für die qualitätsvolle Arbeit der Fakultät, wenn einer der zahlreichen Absolventen, der in eine Spitzenposition aufgestiegen ist, den Festvortrag hält. Im Jahr 2006 war dies der Spielerfinder Reiner Knizia, der sich dabei auch an die „kleine, gute Uni, den persönlichen Stil" und „die vielen kompetenten Leute" erinnerte. So dienen diese Treffen nicht zuletzt auch dem Ansehen der Universität Ulm. [23]

Zahnmedizin

Im Bericht des Gründungsausschusses von 1965 war die Einrichtung der Zahnmedizin vorgesehen, sie sollte allerdings erst nach einem entsprechenden Votum des Wissenschaftsrats erfolgen. Ein starker Verfechter war der in Ulm geborene Direktor der Tübinger Zahnklinik Eugen Fröhlich. Er übernahm den Vorsitz in einer vom Senat der Universität Ulm eingesetzten Kommission, die im September 1969 eine Denkschrift zur Organisation eines Zentrums für Zahn-, Mund- und Kieferheilkunde vorlegte, was allerdings ohne konkrete Folgen blieb. Dies blieb jedoch ohne konkrete Folgen. Erwähnenswert ist jedoch, dass mit Reinhold Mayer, Peter Ludwig und Joachim Kreidler drei der erstberufenen Professoren Schüler von Fröhlich waren. [24] Im Mai 1973 forderte dann der Wissenschaftsrat die Einrichtung einer Zahnklinik im Zuge des ersten Bauabschnitts des Klinikums. Bedingt durch die schwierige Finanzlage verschwand das Projekt vorübergehend in der Versenkung, bis der Ministerrat im Februar 1977 verschiedene Ministerien und die Universität Ulm um einen neuen Vorschlag für die Einrichtung eines Studiengangs Zahnmedizin bat, was von Pfeiffer natürlich sofort aufgegriffen wurde. Damit sollte die Universität Ulm gesichert und die Ausbildungskapazität vergrößert werden, zumal gerade in der Region Ulm für die Zukunft ein Mangel an Zahnärzten diagnostiziert wurde.
Die Vorteile für alle Beteiligten lagen auf der Hand und überdies konnte der neue Studiengang mit geringem Aufwand realisiert werden. Die Landeszahnärztekammer unterstützte den Plan

Stillleben.
Die ruhige Südfassade der Baustufe A veränderte 1987 ihr Aussehen, als im südwestlichen Teil der gläserne Neubau der Mensa entstand.

Dieser Ansicht sieht man nicht an, welch turbulente Zeiten die Baustufe C hinter sich hatte. Nach dem Beginn 1975, verzögerten sich die Bauarbeiten immer wieder, da neue Raumkonzepte nötig wurden. Als 1980 der erste Bauabschnitt fertig war, standen den Naturwissenschaften weitere Räume zur Verfügung. Die oberen drei Stockwerke wurden von der Zahnmedizin bezogen. Als besondere Serviceleistung beförderte ein gläserner Aufzug die Patienten in die oberen Etagen und erleichterte ihnen so den Zugang zu den Behandlungsräumen.

Phantomkurs an der zahnmedizinischen Klinik der Universität Ulm.

ebenso wie die Universität Tübingen, die dringend auf Entlastung hoffte. Nach Genehmigung durch die Landesregierung und der Berufung des Tübinger Ordinarius Reinhold Mayer begann zunächst ein 11-monatiges Tauziehen um die Einrichtung einer Vorausambulanz, die Mayer zum Aufbau eines Patientenstamms für unerlässlich hielt. Zu Recht, wie sich später zeigen sollte.

Im April 1981 begann die Abteilung Zahnmedizin in der Frauenstraße 26 mit sieben Behandlungsstühlen ihre Arbeit. Auf den beiden Lehrstühlen saßen Reinhold Mayer und Peter Ludwig. Wie erwartet, war die Nachfrage groß, zumal sich das Einzugsgebiet im Norden bis Aalen und im Süden bis Memmingen erstreckte. So waren gute Voraussetzungen geschaffen, als 1983 der Umzug auf den Oberen Eselsberg erfolgte und die drei oberen Stockwerke der Baustufe C 1 bezogen wurde. Den Abteilungen Prothetik, Zahnerhaltung, Zahnärztliche Chirurgie und Kieferorthopädie standen 35 Behandlungsstühle zur Verfügung, die Abteilung Kiefer- und Gesichtschirurgie war dem Bundeswehrkrankenhaus eingegliedert. Ihr Leiter, Oberstarzt Joachim Kreidler, war Honorarprofessor an der Universität und in dieser Funktion auch Ordinarius.

Die kleine, aber feine Abteilung nahm pro Semester, und zwar im Sommer- wie Wintersemester, 31 Studenten auf. Patienten konnten sich direkt oder per Überweisung anmelden, eine Obergrenze wurde nicht festgelegt. Eine hohe Zahl war unabdingbar, da die Ausbildung der Zahnmediziner am Patienten erfolgen musste. Als am 18. Mai 1984 die neue Zahnklinik eingeweiht wurde, war das nicht nur ein bedeutendes Ereignis für die Ulmer Universität, sondern auch für das ganze Land. Da die Neugründung in einem großen Einzugsgebiet lag, konnte das Netz der universitären zahnärztlichen Ausbildung und der Versorgung enger geknüpft werden. Die Rekrutierung des wissenschaftlichen Personals war und ist dabei gar nicht so einfach, da bei den Zahnmedizinern keine Assistentenzeit vorgeschrieben ist, und nach Abschluss des Studiums eher eine Praxis, als die wissenschaftliche Tätigkeit lockt.

Im Dezember 1987 verließen die ersten 24 Zahnärzte die Universität Ulm. In bester humanistischer Tradition hielt Professor Ludwig seine Abschiedsrede auf Lateinisch, die dann simultan übersetzt wurde. Und auch sonst war es ein ausnehmend heiteres Fest, bei dem sich die akademischen Lehrer nicht zuletzt über die guten Noten freuen durften, die ihnen ihre ehemaligen Schüler erteilten.
Heute ist die Zahnmedizin in Forschung, Lehre und Patientenversorgung ein integraler Bestandteil der Medizinischen Fakultät, die bei ihren Forschungsprojekten aber auch mit anderen Fakultäten kooperiert.

Zehn Jahre Universität Ulm

Die unruhigen 70er Jahre, die 1975 das bislang schwierigste Jahr für die junge Universität gebracht hatten, boten mit der Feier des zehnjährigen Jubiläums 1977 auch Anlass zur Freude. Ministerpräsident Filbinger lobte den bisherigen Einsatz aller Beteiligten, vor allem aber die Bereitschaft mehr Studenten aufzunehmen. Gleichzeitig warnte er vor den Folgen einer fehlgeleiteten Bildungseuphorie, schilderte die Berufsaussichten der Jungakademiker in düsteren Farben und mahnte, sicher nicht an passender Stelle, eine gediegene, praktische Ausbildung für die jüngere Generation an. Thure von Uexküll fand kritische Worte, während andere Gründungsprofessoren, wie etwa Emil Tonutti und Theodor Fliedner eine insgesamt positive Bilanz zogen. Zwar war das Zentrum für Klinische Grundlagenforschung, einer der Kernpunkte des Reformpakets, nicht verwirklicht worden, aber die so wichtige Abteilungsstruktur hatte sich bewährt und beispielhaft auf andere Universitäten gewirkt.
In den weiteren Reden kamen grundlegende Probleme von Forschung und Lehre sowie der Krankenversorgung aus staatlicher und kommunaler Sicht zur Sprache. Diese Beiträge und weitere Aufsätze erschienen in einem schmalen Band Zehn Jahre Universität Ulm. Eine Sondernummer von uni ulm intern gab einen historischen Abriss und Eindrücke aus dem Leben der Universität, während das Ulmer Forum stilbewusst Interviews mit Professoren und Bürgern der Stadt veröffentlichte. Also eine Fülle von publizistischen Aktivitäten, die den zehnjährigen erfolgreichen Weg der jungen Universität Ulm nachzeichneten. [25]

Das akademische Programm bestand in drei Symposien, die dem Profil der Universität entsprachen. Ein Tag der offenen Tür gewährte Einblicke in das Betonlabyrinth der Universitätsbauten und in die Geheimnisse der Wissenschaft. Wie immer, äußerte sich Rektor Pfeiffer in leicht ironischer, aber treffender Weise. Er meinte: „Die Eliteuniversität, die manchen Mitgliedern des Gründungsausschusses auf der Wiese der Frühlingsillusion in den 60er Jahren vorgeschwebt hat, wird es nicht geben". Dagegen aber die Universität als „gesunden Mittelbetrieb, der in Ulm gut ankommt". [26] Nimmt man alles zusammen, war es ein Fest, das in schöner Weise die ersten zehn Jahre zusammenfasste und sicher dazu beitrug, Berührungsängste zwischen den Bürgern der Stadt und der Welt der Universität abzubauen. Dort war man damals immer noch dabei, mit einer Grundordnung die Fundamente zu sichern, und darauf ein Haus der Wissenschaft mit einer gut funktionierenden Wohngemeinschaft zu bauen.

Konsolidierung in unruhigen Zeiten

Die Grundordnung

Wie in der Vorläufigen Grundordnung vorgesehen, sollten die Organe der Universität dann gebildet werden, wenn 15 Ordinarien tätig waren. Nachdem diese Zahl im Oktober 1969 erreicht war, konnten sich der Große und Kleine Senat konstituieren. Auf Landesebene hatte das Hochschulgesetz vom April 1968 den Weg zur Gruppenuniversität vorgezeichnet und mit seinen Bestimmungen in Ordinarienkreisen keine große Freude ausgelöst. So mussten Professorenstellen künftig ausgeschrieben werden und im Senat saßen Wahlmitglieder, die natürlich auch Interessenvertreter waren. Da die Gruppen nicht immer klar definiert waren, gab es an einigen Universitäten Kontroversen über die Zusammensetzung der Gremien und über Abstimmungsfragen. Damit gerieten besonders die Grundordnungsdebatten in die Auseinandersetzungen über den Einfluss der verschiedenen Gruppen. An der Universität Ulm gab es zunächst fünf, seit 1975 vier Gruppen: die Professoren, der wissenschaftliche Mittelbau, die Studenten und schließlich das nichtwissenschaftliche Personal.[1] Also die vier Statusgruppen, die es im Prinzip bis heute gibt.

Auch wenn die Politisierung an den alten Universitäten stärker war als an den jüngeren, wurde beispielsweise in Ulm doch aufmerksam registriert, dass die an der Universität Konstanz beschlossene Grundordnung vom Kultusministerium kassiert und durch eine neue ersetzt wurde. Dies war im Übrigen mit einer der Gründe gewesen, dass die Ulmer Studenten ihre Mitarbeit im Großen Senat eingestellt hatten. Die Irritationen, die im Gefolge der 68er Bewegung in allen Gruppen herrschten, hatten sich in Ulm schon 1969 gezeigt, als 70 Medizinalassistenten der Grundsteinlegung für den Bau der Universität ferngeblieben waren. Sie hatten sich, wie sich dann herausstellte, wohl zu Unrecht, von Heilmeyer brüskiert gefühlt.

Zu einer Kraftprobe mit dem Kultusministerium kam es 1972, als der Medizinalassistent Roderich Hohage zum Prorektor gewählt wurde. Das Ministerium annullierte die Wahl, da der Prorektor aus dem engeren Kreis der Ordinarien kommen musste. Der Große Senat wollte daraufhin das passive Wahlrecht für einen größeren Personenkreis öffnen und strebte eine Neufassung der Vorläufigen Grundordnung an. Bei der entscheidenden Sitzung konnte aber nicht ordnungsgemäß abgestimmt werden, da, was nicht nur einmal passierte, zu wenig Vertreter anwesend waren. Rektor Baitsch appellierte daraufhin eindringlich an alle Beteiligten, durch ein klares Votum dem Selbstbe-

Die Zeit der Demonstrationen. Im November 1981 forderten die Studierenden der Wirtschaftsmathematik mit Unterstützung des Fakultätsrats mehr Professoren in der Informatik. Der einzige dort tätige Professor konnte nicht mehr alle Kurse anbieten.
Eingebettet war die Demonstration in weitere Aktivitäten, vornehmlich der Mediziner, die über Engpässe in der klinischen Ausbildung berechtigte Klage führten.

wusstsein der jungen Universität Ausdruck zu verleihen. Zur nächsten Sitzung erschienen dann zwar alle Senatoren, aber es fand sich keine Mehrheit für den Antrag. Was so mutig begonnen hatte, endete dann doch recht ernüchternd. [2] An diesem Vorgang wird das ganze Dilemma der Grundordnungsdebatten deutlich. War einmal eine Lösung gefunden, kritisierte das Ministerium eine Formulierung, oder eine Novellierung des Hochschulgesetzes engte die Gestaltungsspielräume ein. Man braucht nur daran zu erinnern, dass sich zwischen 1969 und 1979 die gesetzlichen Grundlagen viermal änderten. Dazu kam, dass die Bereitschaft, in den Gremien mitzuarbeiten, nicht bei allen Beteiligten gleichermaßen ausgeprägt war, zumal in Ulm die Last auf wenigen Schultern ruhte und überdies noch die Aufbauarbeit geleistet werden musste.

In Ulm tagten die vom Großen Senat eingesetzten Grundordnungskommissionen von 1969 bis 1979 sozusagen in Permanenz, wenn auch mit unterschiedlicher zeitlicher Intensität und wechselnder Besetzung. Letzteres belebte die Sitzungen, denn die von auswärts kommenden Professoren brachten neue Ideen mit. Die Diskussionen waren deshalb von Bedeutung, weil die geltende Vorläufige Grundordnung den Ideen der Gründungsväter entsprach, nun aber mit Blick auf die Zukunft die neuen Strukturen definiert und auf ihre Tauglichkeit geprüft werden mussten. Dazu gehörten zwei zentrale Themen, die seit 1975 auf der Tagesordnung standen. Zunächst ging es um die Frage Rektorats- oder Präsidialverfassung. Bei der Rektoratsverfassung stand dem Rektor ein Kanzler zur Seite, der für die Verwaltung zuständig war und der demnach recht einflussreich war. Bei der Präsidialverfassung hingegen lagen die akademische und die wirtschaftliche Verwaltung in der Hand des Präsidenten. In dieser Frage kam es zu einer großen Debatte, die dann zur salomonischen Lösung des Ulmer Modells führte. Man verständigte sich auf die Wahl eines Präsidenten, der aber aus dem Kreis der Ulmer Lehrstuhlinhaber kommen und, mit vierjähriger Amtszeit, den Titel Rektor führen sollte. Die zweite, erfolgreich behandelte, Frage galt der Verankerung des Abteilungsprinzips in der Grundordnung. Als ein Kernstück der Ulmer Universitätsreform erfreute sie sich der besonderen Fürsorge der Kommissionen. Mittlerweile war die Grundordnung mit ihren 79 Paragraphen so akribisch ausgearbeitet, dass sich professorale Spötter über die grassierende Regelungswut lustig machten. Aber alles kam zu einem guten Ende. Im Dezember 1978 nahm der Senat die nun 17 Paragraphen umfassende Grundordnung mit großer Mehrheit an. Nach Zustimmung des Wissenschaftsministeriums trat die Grundordnung am 30. Januar 1979 in Kraft. Der damalige Vorsitzende des Großen Senats und wenig später als Rektor gewählte Detlef Bückmann hat dieses Jahrzehnt der Auseinandersetzungen, aber auch der konstruktiven Zusammenarbeit aktiv miterlebt und ist bis heute mit dem damals erzielten Resultat zufrieden. [3]

Organe der Universität waren der Präsident, der Große Senat, der Senat und der Verwaltungsrat. Im § 2 der Grundordnung hieß es: „Die Universität wird von einem Präsidenten geleitet. Die Universität beabsichtigt, in der Regel nach § 12 Abs. 4 des Universitätsgesetzes zu verfahren. In diesem Fall führt er den Namen Rektor". Der Präsident versah die laufenden Geschäfte, der Große Senat wählte den Rektor und war für Fragen der Grundordnung zuständig. Der Senat behandelte alle die Universität betreffenden Fragen, soweit keine anderen gesetzlichen Regelungen bestanden, der Verwaltungsrat schließlich war für wirtschaftliche Fragen zuständig. Es gab drei Fakultäten: Naturwissenschaften, Theoretische Medizin und Klinische Medizin. Die Abteilungen erfüllten die in der Gründungsdenkschrift definierten Aufgaben. Als überschaubare Organisationseinheiten für Forschung und Lehre war ihnen ein hoher Stellenwert eingeräumt worden. Der Abteilungsleiter, ein Ordinarius oder ein planmäßiger Extraordinarius, war in seinem Bereich wissenschaftlich und, sofern er Mediziner war, ärztlich selbständig. [4]

Darauf bezog sich der § 11 der Grundordnung von 1979: „Die Abteilungen erfüllen Aufgaben der „Abteilung" der Ulmer Denkschrift..." Dann hieß es allerdings weiter: „Abteilungen werden in der Regel zu Abteilungsgemeinschaften zusammengefasst, die wissenschaftliche Einrichtungen der Universität sind". [5] Dieser Satz führte zu einem jahrelangen Konflikt zwischen den Ulmern und dem Ministerium für Kunst und Wissenschaft.

Im Zuge des Genehmigungsverfahrens der Verwaltungs- und Benutzungsordnungen (VBO), in denen unter anderem die Leitungsbefugnis festgelegt war, ging es um die Selbstständigkeit der Abteilung oder ihre Unterordnung unter die Abteilungsgemeinschaft. Während die Vertreter der Universität unter Hinweis auf die Gründungsdenkschrift mit rationalen und emotionalen Argumenten für die Abteilung fochten, wobei die Ordinarien durchaus auch um ihren Einfluss fürchteten, wollte das Ministerium die gesetzlich vorgesehene Stärkung der Abteilungsgemeinschaft. Die von 1979 bis 1981 dauernde Auseinandersetzung wurde von beiden Seiten mit großer Hartnäckigkeit und allen juristischen und philologischen Finessen geführt und erreichte schließlich philosophische Dimensionen, als man darüber stritt, ob eine Einrichtung ihre Kompetenzen durch ihre Teilgliederung erfüllen konnte. Auf Seiten der Universität standen die beharrlichen Protagonisten Rektor Bückmann und Kanzler Eberhardt, auf Seiten des Landes eine Schar wechselnder Ministerialbeamten. Nach einem Spitzengespräch im August 1981 zwischen Rektor Bückmann und Minister Engler stimmte das Ministerium, trotz anhaltender Bedenken, im Februar 1982 schließlich der Ulmer Formulierung zu. In dem lange und intensiv diskutierten Wortlaut der Verwaltungs- und Benutzungsordnung hieß es nun in § 1 (2) „Die Abteilungsgemeinschaft erfüllt **durch** die ihr zugehörigen Abteilungen die Aufgaben von Forschung, Lehre und Studium in ihrem Bereich". Alle zwei Jahre wurde alternierend ein Sprecher der Abteilungsgemeinschaft gewählt. [6] Selten hat wohl ein so kleines Wort eine so große Bedeutung erlangt. Aber immerhin wurde mit dieser schon bemerkenswerten Konstruktion, unter dem Dach der Abteilungsgemeinschaft, die Selbstständigkeit der Abteilung mit einer ständigen Leitung bewahrt. Bei deren Einrichtung galten, im Blick auf eine weitgehende, konfliktmindernde Gleichbehandlung, klare Kriterien. Allerdings variierten die personelle, finanzielle und sächliche Ausstattung je nach Fach. So erhielten theoretische Fächer, wie die Mathematik jährlich 16.000 DM, während die experimentellen Fächer in abgestufter Form einen höheren Betrag erhielten. An der Spitze standen die Experimentelle Physik und die 1989 eingerichtete Elektrotechnik mit etwa 80.000 DM. Der klinische Bereich lief gesondert. Neben ihrem Leiter, einem C4 Professor, gehörten der Abteilung in der Regel ein C3 Professor, drei bis vier Assistenten und nichtwissenschaftliches Personal an. Die finanziellen Mittel für Forschung und Lehre wurden über den Verwaltungsrat zugewiesen.[7] Die Leitungsstruktur war, wie bisher, hierarchisch, so dass die Art der Zusammenarbeit und die Atmosphäre wesentlich vom Abteilungsleiter abhingen.

Seit 1979 stand dem Rektor ein Leitender Verwaltungsbeamter zur Seite, der gemäß der neuen Grundordnung als Kanzler einen gesetzlich definierten Aufgabenbereich bearbeitete. Dies war auch mit einem Wechsel der Person verbunden, denn nach achtjähriger Tätigkeit verließ Michael Machleidt die Universität. Sein Nachfolger Dietrich Eberhardt kam aus Stuttgart, wo er im Wissenschaftsministerium stellvertretender Referatsleiter gewesen war. Der frühere Rektor Baitsch, der Machleidt auch als Partner in der Regionalkommission Ostwürttemberg geschätzt hatte, fand lobende Abschiedsworte. Er bescheinigte ihm zwar „Lust" am Polarisieren, aber auch die Gabe der klaren Argumentation und Zielsetzung. Obwohl nicht immer einfach im Umgang, hatte er sich während seiner Amtszeit für die Belange der Universität engagiert. Der amtierende Rektor Pfeiffer weinte ihm indes keine Träne nach, da er Bemerkungen, dass die Verwaltung nicht nur „Service-, sondern auch Steuerungsfunktionen" habe, nicht besonders goutierte. Demgegenüber hob der neue Kanzler in einer ersten Stellungnahme den Dienstleistungscharakter der Universitätsverwaltung hervor, was der Rektor wohlwollend zur Kenntnis nahm.

Die Universität und die Stadt

Mit der Entscheidung für den Standort Oberer Eselsberg war klar, dass eine Campusuniversität entstehen würde. Dies war mit zwei Herausforderungen verbunden: der Gestaltung eines erfüllten inneruniversitären Lebens auf dem Campus und der Verbindung mit der in einiger Entfernung liegenden Stadt. Bis die baulichen Voraussetzungen für einen ordnungsgemäßen Lehr- und Forschungsbetrieb geschaffen waren, musste man mit Provisorien zurechtkommen, was auch ganz gut gelang.

Mit zunehmender Konsolidierung und steigendem Zustrom von Lehrenden und Lernenden stieg der Bedarf an Wohnungen. In der Bremer, aber auch Konstanzer Denkschrift war, dem reformerischen Ansatz folgend, von einer engen Lehr- und Wohngemeinschaft auf dem Campus die Rede. Die universitas magistrorum et scholarium sollte, nach angelsächsischem Vorbild, mit einem Tutorensystem ausgestattet werden, das die universitäre Gemeinschaft über den Hörsaal hinaus miteinander verbinden sollte. Dieses Vorhaben konnte in letzter Konsequenz nicht umgesetzt werden, da der Wahrung der Privatsphäre doch ein höherer Stellenwert zukam. In Bochum, wo dieses Prinzip zum ersten Mal verwirklicht werden sollte, wandte sich gerade die Studentenschaft vehement dagegen.[8]

Obwohl auch die Ulmer Gründungsdenkschrift die Forderung enthielt, für ein Drittel der Studierenden auf oder nahe dem Campus Wohnheime zu erstellen, standen derartige Pläne nicht zur Debatte, da sich das Staatliche Liegenschaftsamt frühzeitig gegen den Wohnungsbau auf dem Campus aussprach. Viel vordringlicher war die Frage, wo und wie die an der Universität Beschäftigten untergebracht werden konnten. Die Lage auf dem Wohnungsmarkt war angespannt, da die Stadt im Krieg zu 60 Prozent zerstört worden war und sie überdies Tausende von Flüchtlingen und Vertriebenen aufgenommen hatte. Obwohl durch die Schaffung neuer Wohnsiedlungen die Nachfrage sukzessive befriedigt werden konnte, wurden die letzten Notunterkünfte im Fort Oberer Kuhberg erst Anfang der 70er Jahre geräumt. Und die Vorausabteilung, die 1964 die Universitätsbibliothek im Kloster Wiblingen einrichtete, erlebte die letzte Phase dieser Notsituation hautnah, da dort noch viele Flüchtlingsfamilien untergebracht waren.

So überrascht es nicht, dass die Gründungskommission sich immer wieder mit der Wohnungsfrage beschäftigte und Ernst-Friedrich Pfeiffer gar die Einrichtung eines akademischen Wohnungsamtes forderte. Dies scheiterte allerdings am Widerspruch der Liegenschaftsämter. Felix Jauss, der Leiter des Städtischen Liegenschaftsamtes und Albert Mack vom Staatlichen Liegenschaftsamt und mittlerweile Geschäftsführer der Landeswohnungsbaugesellschaft (Lawog), unternahmen mit ihren Mitarbeitern alles, um die Universitätsangehörigen standesgemäß unterzubringen. Angefangen von den Professoren bis hin zu den vielen Mitarbeitern, die günstige Baudarlehen erhielten oder in der neuen Wohnsiedlung im Stadtteil Wiblingen Wohnungen fanden. Die Lage auf dem Grundstücksmarkt für Einfamilienhäuser entspannte sich erst nach den von 1970 bis 1975 vollzogenen Eingemeindungen, durch die sich die Markungsfläche der Stadt Ulm von knapp 4.000 auf 11.000 Hektar vergrößerte. Auch zum Wohl manches Hochschullehrers, der nun in einer stadtnahen Gemeinde bauen konnte. Insgesamt stellten das Staatliche Liegenschaftsamt und die Lawog von 1974 bis 1984 knapp eintausend Wohnungen für Universitätsangehörige zur Verfügung. Dass eine derartige Kraftanstrengung nicht ohne die gute Zusammenarbeit aller Beteiligten von Land, Stadt und Universität möglich gewesen wäre, versteht sich von selbst. ⁹ Die Studenten kamen in der Stadt und im näheren Umland unter, bis dann auf dem Wielandplatz das erste größere Studentenwohnheim entstand.In der seinerzeit beginnenden Stadtentwicklungsplanung kam der Universität natürlich eine wichtige Rolle zu. Dies betraf die Funktionszusammenhänge der in der Stadt liegenden Universitätseinrichtungen, mehr noch aber die Gesamtplanung des Bereichs Oberer Eselsberg, die mit den Nachbargemeinden Blaustein, Lehr und Mähringen abgestimmt werden musste. Im Jahr 1972 legte die Neue Heimat Baden-Württemberg, die am Eselsberg das Gewann Häringsäcker und weitere Grundstücke erworben hatte, in Abstimmung mit dem Planungsbericht des Universitätsbauamtes, ein Gutachten vor, in dem die Schaffung eines eng mit der Universität verflochtenen, neuen Stadtteils am Eselsberg vorgeschlagen wurde.

phantasievoll äußerte sich der Leiter des Universitätsbauamtes Hans Walter Henrich, der die Universität als „Luftballon" bezeichnete, der mit der „Schnur Mähringer Weg" nur lose an die Stadt gebunden sei. Sein Vorschlag, den Mähringer Weg bandartig zu bebauen, um so eine städtebauliche Verbindung zu schaffen, stieß bei Bartels auf wenig Gegenliebe. Er setzte auf die Verflechtung der Universität mit dem projektierten Wohngebiet auf dem Eselsberg, dessen Bedeutung von keinem der Anwesenden in Zweifel gezogen wurde, das im Augenblick aber eben noch Zukunftsmusik war. Das Fazit der Veranstaltung, an der keine Professoren und Studenten teilgenommen hatten, zog eine Stadträtin: „Ich fühle mich etwas verwirrt, aber auf einer höheren Ebene". ¹⁰

Die Studenten wohnten zunächst in privaten Unterkünften. Das erste große Studentenwohnheim entstand am Wielandplatz, dem bis heute weitere elf Wohnheime folgten. Sie befinden sich entweder in der Trägerschaft der Kirchen oder werden vom Studentenwerk verwaltet. Um die akademische Gemeinschaft zu stärken, waren früher Wohngelegenheiten für Dozenten und Studenten vorgesehen. Diese Idee ließ sich allerdings nicht verwirklichen. Heute wohnt man in modern eingerichteten Zimmern und ist online mit der Welt verbunden.

Die Studenten der Fachhochschule Ulm richteten 1963 den Jazzkeller Sauschdall ein, der sich in der Folgezeit zu einem beliebten Treffpunkt der Ulmer Studentenschaft und einem El Dorado für Jazzliebhaber entwickelte.

Ein Jahr später luden die Evangelische Akademie Bad Boll und die Diözesanakademie Stuttgart-Hohenheim zu einem Gesprächskreis auf die Reisensburg ein. Thema war: Die Chancen und Schwierigkeiten einer gemeinsamen Entwicklung. Stadtbaudirektor Hans Bartels, der in kühner Metaphorik die Universität als „Kind einer Verführung und keiner wohlüberlegten Familienplanung" sah, parierte damit den Vorwurf, die Stadt habe zu spät mit ihren Planungen begonnen. Ähnlich

Die Metamorphose Ulms zur Universitätsstadt war natürlich Gegenstand vieler Kommentare und Vorschläge zur Beschleunigung der äußeren und inneren Integration. Karl Foos vom Universitätsbauamt veröffentlichte im Ulmer Forum einen umfangreichen Beitrag zum Thema „Wie wird Ulm Universitätsstadt?" ¹¹, und die Presse lieferte in regelmäßigen Abständen Stimmungsbilder, bei denen sich Licht und Schatten abwechselten. Nun war Ulm ja eine Universitätsstadt in statu nascendi und die zahlenmäßig kleine Gruppe der Studierenden fiel nicht besonders auf, zumal sie eher mit den Kommilitonen der Fachhochschule im Kontakt stand. Außer dem Jazzkeller Sauschdall und einigen Kneipen gab es wenig Orte, wo sich eine ausgeprägte Studentenkultur entwickeln konnte. Die Hochschullehrer bewegten sich in den traditionellen Bahnen des Bildungsbürgertums, waren Teil des geistigen und kulturellen Lebens der Stadt und traten den Serviceclubs bei.

Seit die Entscheidung für den Standort Ulm getroffen war, gehörte die Universität natürlich zur Stadt und war mit zunehmender Bedeutung ein Aktivposten in ihrer Entwicklung. Dass die interessierte Öffentlichkeit dies allerdings mehr oder weniger bewusst wahrnahm und auch unterschiedlich einschätzte, ist selbstverständlich. Das Leben auf dem Campus hatte eben genauso seine Eigengesetzlichkeit, wie das in der Stadt. Seit 1972 trafen sich im Übrigen Rektor und Oberbürgermeister, sowie weitere Vertreter der Stadt und Universität zu regelmäßigen Gesprächen in einem eigens gebildeten Kontaktausschuss. Da man über die gemeinsame Krankenhausverwaltung in einer Art Zwangsgemeinschaft verbunden war, erwies sich der Ausschuss vor allem in den Zeiten hilfreich, wenn, wie die Stuttgarter Zeitung am 21. Oktober 1975 berichtete, die „freundschaftlichen Beziehungen zwischen Universität und Stadt auf dem Nullpunkt angekommen waren". Was war der Grund? Bekanntlich waren 1967 die Städtischen Kliniken der Universität für zehn Jahre zur Nutzung überlassen worden, blieben aber in städtischer Trägerschaft. Nun verzögerte sich der vom Land zugesagte Bau des Klinikums immer wieder, während die organisatorischen Probleme der Ulmer Konstruktion immer deutlicher zutage traten. Im Kern ging es um die Finanzierung und die damit zusammenhängende Gestaltung der Pflegesätze. Denn während die Kosten für Forschung, Lehre und Krankenbehandlung auf universitärem Niveau vom Land getragen wurden, lagen diese bei der Krankenpflege in kommunaler Hand.

**Die Übernahme
der Städtischen Kliniken
durch das Land**

Seit dem Erlass des Krankenhausgesetzes 1972 sah Oberbürgermeister Lorenser mit Sorge den steigenden Einfluss des Landes auf die kommunalen Krankenhäuser. Dies wurde in Ulm durch die besondere Situation der Kliniken noch erschwert. Um dieser Entwicklung zu begegnen, schlug er im September 1972 die Gründung einer Krankenhausgesellschaft für die Region vor. Gleichzeitig plädierte der Krankenhausdezernent Gerhard Stuber für neue Betriebsformen in den Krankenhäusern durch die Umwandlung in Eigenbetriebe und entsprechende Rationalisierungsmaßnahmen. Die um das Zentrum Ulm mit seinen Spezialkliniken gelegenen kleineren Krankenhäuser der Region sollten im Hinblick auf eine Akutversorgung gestärkt werden. Gleichzeitig war dort eine größere Patientennähe zu erwarten, was besonders die Vorsitzenden der Kreisärzteschaften Ulm und Mittelschwaben betonten.[12] Auch wenn 1975 die Frage einer Krankenhausgesellschaft erneut zur Sprache kam, lehnte das Land dies nach wie vor ab. Schlägt man den Bogen in das Jahr 2006, ist mit den regionalen Gesundheitszentren in Blaubeuren, Ehingen und Langenau dieses Konzept praktisch verwirklicht. Die Patienten fühlen sich dort gut aufgehoben, und die Leitung der Universitätsklinik ist voll des Lobes über die gute Zusammenarbeit, die im Sinne einer dezentralen Krankenversorgung weiter verstärkt werden soll.

Im Jahr 1975 hielt man in Stuttgart die Situation in Ulm für akzeptabel, da mit dem Bau des Bundeswehrkrankenhauses und dem projektierten Chirurgisch-Orthopädischen Rehabilitationskrankenhaus eine Übergangslösung bis zum Bau des Klinikums zur Verfügung stand. Aus diesem Grund hatte der Ministerrat 1973 für den Bau der Kliniken folgende Reihenfolge festgelegt: 1976 Heidelberg, 1977 Tübingen, Mannheim, Freiburg, 1978 Ulm. Die Reaktionen in Ulm waren zwiespältig, aber insgesamt zeigte man sich zufrieden. Demgegenüber sah die lokale Presse die „vornehme Zurückhaltung" als nicht besonders hilfreich an, zumal auch die politische Schiene vernachlässigt worden sei. Die Zeit drängte. Bei der Verwaltung dieses komplexen Geflechts war bekanntlich die Universität für Forschung und Lehre sowie für die Ambulanzen und medizinisch-theoretischen Abteilungen zuständig, während die Stadt als Krankenhausträger und Arbeitgeber für den Pflegebereich verantwortlich war. Dies führte zu systembedingten und hausgemachten Abgrenzungsproblemen, die teilweise groteske Formen annahmen und die tägliche Arbeit zunehmend belasteten. Da die Segnungen des medizinischen Fortschritts mit enormen Kosten verbunden waren, ergaben sich für die Stadt weitere Schwierigkeiten. Die Kassen waren nicht mehr bereit, die Pflegesätze voll zu übernehmen. Sie waren von 31.00 DM im Jahr 1966 auf 150 DM pro Tag im Jahr 1978 gestiegen, der medizinische Sachmittelbedarf war im gleichen Zeitraum von 3,3 Millionen auf 17,2 Millionen DM angewachsen.
Mit der Konsequenz, dass das städtische Budget mit einem jährlich steigenden Defizit belastet wurde. Dies, wie die Klagen von Patienten führte zu einer Generaldebatte über die Städtischen Krankenhäuser im Gemeinderat, die im Beisein vieler Professoren am 29. Januar 1975 stattfand.

In der fünfstündigen Sitzung wurde das Thema von allen Seiten beleuchtet. Einleitend berichtete der Krankenhausdezernent, Bürgermeister Stuber, über den Stand der Verhandlungen mit dem Land, die, außer sieben Vertragsentwürfen, bis jetzt kein greifbares Ergebnis gebracht hatten. Der von allen Beteiligten als unhaltbar bezeichnete Zustand der Doppelverwaltung bedurfte dringend einer Lösung, zumal der Landesrechnungshof wiederholt den Abschluss eines Vertrages mit klarer Abgrenzung der Kompetenzen gefordert hatte. Mit Ausnahme der FWG - Fraktion, die seit 1973 für eine Übernahme durch das Land plädierte, lehnten die Sprecher der anderen Fraktionen dies ab. Bei allem Respekt für Forschung und Lehre sahen sie das vorrangige Ziel der in städtischer Trägerschaft bleibenden Kliniken in einer guten Pflege, vor allem auch der Ulmer Bürger. Kritische Töne kamen von der SPD-Fraktion, die auf eine Änderung des Pool-Systems und die Überprüfung der Privatstationen abzielten. So endete die auch emotional bewegte Debatte mit einem bemerkenswerten Ergebnis. Alle sahen die Notwendigkeit einer vertraglichen Lösung, die nicht zustande kam, und das Land wollte partout die Kliniken nicht übernehmen, die die Stadt nicht hergeben wollte. Somit war, wie Brecht einst treffend formuliert hatte, „der Vorhang zu und alle Fragen offen". Wenigstens verabschiedete das Gremium seinerzeit noch eine Resolution, in der das Land dringend aufgefordert wurde, das Klinikum zu bauen. [13]

Im Jahr 1978 kam dann Bewegung in die Angelegenheit, als das jährliche Defizit für die Stadt nicht mehr tragbar war und Lorenser sich schon seit 1976 in einem „Mehrfrontenkrieg mit Rechnungshöfen der verschiedensten Provenienz befand". [14] Auch dem Land musste an einer Lösung gelegen sein, da man bei Bau- und Modernisierungsmaßnahmen nie genau wusste, ob das für die städtischen Kliniken geltende Krankenhausfinanzierungsgesetz oder das für die Universität geltende Hochschulbauförderungsgesetz anzuwenden war. Was allerdings insofern von Vorteil war, als man im Zweifelsfall immer eine der beiden Quellen anzapfen konnte. Nachdem das Land 1979 dann doch anbot, die Kliniken zu übernehmen, begannen am 20. November 1979 ernsthafte Verhandlungen, die 1981 mit einem umfangreichen Vertragsentwurf ihren Abschluss fanden. In den Gesprächen, an denen mehrere Ministerien beteiligt waren, musste eine Fülle von Problemen gelöst werden.

Angefangen von Grundstücks- und Vermögensfragen, über die Klärung der künftigen Leitungsstruktur, bis hin zu tarifrechtlichen Abgrenzungen. Während die Universität ihre Position im Sommer 1981 in mehreren Sitzungen der beiden medizinischen Fakultäten, im Verwaltungsrat und im Senat klärte, wurde auf Seiten der Stadt der Vertragsentwurf in der Gemeinderatssitzung am 15. Juli 1981 behandelt. In den Stellungnahmen der Fraktionen klang Bedauern durch, aber angesichts der finanziellen Belastungen auch Verständnis für die Übertragung der Kliniken an das Land. Schwer fiel es Oberbürgermeister Lorenser, der zeitlebens mit Krankenhausfragen beschäftigt war und in seiner Tätigkeit als Vorsitzender der Deutschen Krankenhausgesellschaft engagierte und erfolgreiche Arbeit geleistet hatte. So ist es verständlich, dass er gerade diesem Teil der kommunalen Selbstverwaltung hohe Bedeutung zumaß und den Verlust bedauerte. Und in der Tat war mit der Gründung des Dienstbotenkrankenhauses und des Allgemeinen Krankenhauses im Jahr 1851 die mittelalterliche Tradition der

Unter Leitung des Krankenhausdezernenten Lorenser diskutieren am 23. Dezember 1966 Ärzte und Krankenschwestern der Ulmer Kliniken.
Bemerkenswert ist die von Hauben gekrönte Tracht der Schwestern. Sie fielen vier Jahre später dem so genannten „Haubensturm" zum Opfer, der im Zuge der 68er Bewegung auch die ruhige Welt der Schwesternschaft erreichte.
In einer Abstimmung im Juni 1970 sprachen sich die Schwestern für eine einheitliche Dienstkleidung ohne Haube aus. Sie signalisierte auch den Wandel von der dienenden Schwester zur modernen Pflegekraft.

Spitäler in zeitgemäßer Form weitergeführt und 1912 mit dem Bau des Städtischen Krankenhauses auf dem Safranberg buchstäblich gekrönt worden. Der soziale Aspekt war dabei durch die Gründung von Krankenkassen verstärkt worden.

Nach 1945 war dann die AOK als größter Kostenträger der wichtigste Verhandlungspartner der Stadt, mit deren Direktor, Gustav Krieger, sich Lorenser gut verstand. An all das mochte wohl der Oberbürgermeister, stellvertretend für viele gedacht haben, als er sagte: „Ein Freudentag ist das heute nicht, eher eine Kapitulation". Der anschließend ausgesprochene Dank an das Land war dennoch aufrichtig, denn ihm war schon bewusst, welche Last der Stadt abgenommen wurde. Gerhard Stuber, der die Stadt federführend bei den Verhandlungen vertreten hatte, erhielt viel Beifall für sein Engagement und seine Durchsetzungsfähigkeit. Der Gemeinderat stimmte schließlich dem Vertragsentwurf einstimmig zu. [15] Die Sitzung war auch deswegen von Bedeutung, weil als zweite wichtige Entscheidung die Gründung der Stadtwerke Ulm/Neu-Ulm als GmbH beschlossen wurde und Gerhard Stuber, der, so Stadtrat Kirchner, „getreue Ekkehard der Stadt" für Ende 1983 seinen Rücktritt erklärte. Er übernahm ab diesem Zeitpunkt die Geschäftsführung der SWU.

Also ein wahrhaft wichtiger Tag für die Stadt und ihre zukünftige Entwicklung. Aber auch für die Universität und deren Entwicklung, wie Rektor Bückmann bei der Unterzeichnung des Vertrags am 26. November 1981 im Ulmer Rathaus bemerkte. Er war dort auf Einladung der Stadt erschienen, da er, zur Verwunderung des Senats, von Seiten des Ministeriums keinen Hinweis auf diesen Termin erhalten hatte. [16]
Für ihn war die Übernahme der „Kliniken der Universität Ulm" durch das Land das bedeutendste Ereignis seit Gründung der Universität. Doch während seinerzeit die auf dem Podium des Kornhauses sitzenden Professoren mit heiterer Gelassenheit in die Zukunft blickten, machten die hohen vertragsschließenden Parteien im Ulmer Rathaus keinen so fröhlichen Eindruck.

Das neue Universitätsklinikum Ulm

Nach § 29 des baden-württembergischen Universitätsgesetzes war das Universitätsklinikum eine „rechtlich unselbstständige Anstalt" der Universität. Die Übernahme erfolgte als Gesamtrechtsnachfolge, das heißt, alle Verbindlichkeiten wurden übernommen. Übernommen wurde auch das gesamte Personal, das nun im Dienst des Landes stand.
Was die etwas komplizierten Grundstücksfragen betraf, so ging der Klinikbereich Michelsberg in das Eigentum des Landes über, während der Krankenhausbereich Safranberg, mit Ausnahme der landeseigenen Ambulanz- und Laborgebäude, im Eigentum der Hospitalstiftung der Stadt Ulm blieb, die ihn bis zum Umzug

der Chirurgie auf den Eselsberg dem Land unentgeltlich zur Verfügung stellte. Sollte allerdings bis 1. Januar 1990 der Baubeginn noch nicht erfolgt sein, waren Verhandlungen über eine vom Land zu zahlende Vergütung möglich. Von dieser Möglichkeit machte die Stadt jedoch keinen Gebrauch. Waren schon nach der Eröffnung des Bundeswehr-Krankenhauses 1979 die Abteilungen Augenheilkunde und Hals-Nasen-Ohrenheilkunde zur Universitätsklinik gekommen, folgte nun auch die Übernahme der Urologischen Klinik. Die Blutspendezentrale blieb bis zum Ausscheiden des Leiters in städtischer Hand, wurde aber von der Universität verwaltet. Die Krankenpflegeschulen gingen in den Verbund des Schulzentrums der Universität ein. Bis zuletzt heftig umstritten war die in den Vertrag aufgenommene Übergangsregelung bezüglich der Leitungsstruktur, die von der anderer Universitätskliniken abwich.
In Ulm war nämlich die auf Grund einer kommunalen Rechtsverordnung seit 1969 tätige Zentraloberin, neben dem Ärztlichen Direktor und dem Verwaltungsdirektor Mitglied des dreiköpfigen Direktoriums. Vor allem der städtische Verhandlungsführer Stuber hatte sich für die Beibehaltung dieser Regelung eingesetzt. Im Ergebnis gestand dann das Ministerium für dieses „Ulmer Modell" eine Übergangsfrist von vier Jahren zu.

Was die inneruniversitäre Auswirkung auf die Organisation betraf, galten die Strukturbeschlüsse der Grundordnung von 1979. Die haushaltsrechtliche Zuordnung der einzelnen Bereiche zum Klinikum wurde vom Senat und dem Verwaltungsrat vorgenommen. Bei der Universität blieben die zentralen Einrichtungen: Universitätsbibliothek, Rechenzentrum, Tierversuchsanlage, Zentralwerkstatt, Zentrale für Foto, Grafik und Reproduktion sowie Isotopenanwendung und, trotz ihrer klinischen Orientierung, auch die Sonderforschungsbereiche. Die von den oben genannten Einrichtungen für das Klinikum erbrachten Dienstleistungen mussten allerdings bezahlt werden. [17]
Man sieht an diesen Hinweisen, welche wirtschaftlichen und rechtlichen Konsequenzen eine politische Entscheidung nach sich zog und welche Verwaltungsmechanismen dadurch in Gang gesetzt wurden.

Nach Abschluss der Verhandlungen wurde am 26. November 1981 der Vertrag zur Übernahme der Städtischen Kliniken durch das Land unterzeichnet.
Damit ging eine, besonders von Oberbürgermeister Lorenser bedauerte, städtische Tradition zu Ende. Rechts neben ihm Rektor Bückmann, links Wissenschaftsminister Engler und der Erste Bürgermeister Stuber.

Ernst Ludwig und Lothar Späth bei der Grundsteinlegung der neuen Klinik auf dem Oberen Eselsberg am 27. Juli 1979. Ein leibhaftiger Esel gab dem Ereignis eine besondere Note.

Doch es gab nicht nur Grundordnungsdebatten und in Paragraphen gegossene Regelwerke. Bis 1979 gab es auch einen Rektor Pfeiffer, der um eine farbige Sprache und flotte Sprüche nie verlegen war, und dem beim „Blick in den Rasierspiegel" oft bessere Gedanken kamen als „beim Lesen der gesammelten Pläne des Kultusministeriums". Passend zum Ende seiner Amtszeit legte Ministerpräsident Lothar Späth am 27. Juli 1979 den Grundstein für die erste Baustufe des Klinikums auf dem Oberen Eselsberg. Dies war nicht selbstverständlich, denn im Vorfeld gab es starke Befürworter eines Standorts im Örlinger Tal, den selbst Pfeiffer, wenn auch „als grausamen Fehler", akzeptiert hätte.[18] Doch glücklicherweise folgte dem Einsatz für das wichtigste Projekt seiner Amtszeit, das er dank seiner guten Verbindungen nach Stuttgart und der Unterstützung durch Ernst Ludwig forciert hatte, auch noch der gewünschte Standort auf dem Oberen Eselsberg. Mit dem Anschluss an den zentralen Baukomplex konnte das Gründungskonzept der Universität „unter einem Dach" wieder ein Stück weit verwirklicht werden. Was den geplanten Ausbau für die Chirurgie betraf, gab es zwar Absichtserklärungen, aber das Lob an Pfeiffer, der keine illusionären Forderungen erhoben habe, sondern einen stufenweisen Ausbau mittrage, ließ keinen baldigen Baubeginn erwarten.

Das Klinikum war dringend nötig, denn Pfeiffer hatte der Verdoppelung der Zahl der medizinischen Erstsemester von 144 auf 288 zugestimmt, die sich durch die so genannten „Gerichtsmediziner", das waren Erstsemester, die auf Zulassung geklagt hatten, 1979 auf 355 erhöhte. Gleichzeitig galt es, genügend Studenten für die naturwissenschaftlichen Fächer zu bekommen, denn während auf der einen Seite Überlast gefahren wurde, stagnierte auf der anderen Seite die Nachfrage, nicht zuletzt wegen der nach wie vor schlechten Berufsaussichten für die Lehramtskandidaten. All dies war von drastischen Mittelkürzungen begleitet, unter denen Forschung und Lehre gleichermaßen zu leiden hatten. So mussten 1976/77 147 Stellen eingespart und die Sachkosten empfindlich reduziert werden. Um soziale Härtefälle zu vermeiden, strich man im Personalbereich unbesetzte Stellen.[19] Gleichwohl verdoppelten sich von 1974 bis 1979 das Personal und das Haushaltsbudget: ein Zeichen für das Wachstum der Universität, wenn auch unter Belastungen. Dazu hatte natürlich auch die Einführung des Studiengangs Wirtschaftsmathematik beigetragen.

Die Hoffnungen auf neue Fächer mit dem „Andockmodell", das über die Schaffung einzelner Lehrstühle an bestehenden Fakultäten zu neuen Studiengängen führen sollte, erfüllten sich zunächst nicht, da das Land auf Konsolidierung setzte und eher den differenzierten Ausbau bestehender Fächer favorisierte. Wie wichtig der Aufbau neuer Studiengänge war, zeigt eine Untersuchung, die 1980 an den 15 neuen Universitäten durchgeführt wurde, die sich in dünn besiedelten Regionen befanden. Bei der Anzahl der Studiengänge wies Ulm gegenüber Regensburg mit 69 und Konstanz mit 31 nur 10 Studiengänge auf und lag damit an letzter Stelle.[20] Auch wenn die seinerzeit geplante Einrichtung des Faches Kriminalwissenschaften nicht zustande kam, und sich die damit verbundene Hoffnung auf das Anschlussfach Jura nicht erfüllte, war es richtig, jede Möglichkeit zur Angebotserweiterung zu prüfen.

In seinem groß angelegten Abschlussbericht im Jahr 1979 zog Pfeiffer eine positive Bilanz seiner Amtszeit.[21] Er sah - dies belegen auch die Zahlen - die Universität als wichtige Einrichtung in der Region auf einem gutem Weg, da neben der Verzahnung von Medizin und Naturwissenschaften eine ganze Reihe von Reformansätzen verwirklicht war und, unter Einbeziehung der Geisteswissenschaften, auch Erweiterungsmöglichkeiten bestanden.
In diesem Zusammenhang nahm er auch zu dem Vorwurf Uexkülls Stellung, der ihm die Schaffung einer „Reformruine" angelastet hatte. Mit milder Ironie sprach er von „einem etwas missvergnügten, ehemaligen Berufsreformer".

Im hochschulpolitischen Teil seiner Rede skizzierte er die Entwicklung der Universitäten seit 1945. Vor allem, wie er detailliert ausführte, die „Phase der Reformen, der Illusionen, der Politisierung und der Wissenschaftsfeindlichkeit". Er wandte sich gegen die Folgen der Gruppenuniversität mit „ihren wechselnden Majoritäten und liebevoll gepflegten Grabenkämpfen" und beklagte den Verlust der Ordinarienuniversität mit ihren Lehrerpersönlichkeiten, die als Ordinarien ihre „Schule" aufbauen und über ihre Schüler weiterwirken konnten. Dabei war Pfeiffer natürlich klar, dass angesichts des massenhaften Zustroms von Studenten und des modernen Wissenschaftsbetriebs seine Gedanken eher nostalgischen Wert hatten. Aber ihm ging es darum, neben den notwendigen gesetzlichen Rahmenbedingungen, jene Universität nicht zu vergessen, in der Forschung und Lehre auch noch persönlich geprägt waren und ihr im Humboldt'schen Sinn eine unverwechselbare Note gegeben hatten. Nun braucht das Eine ja das Andere nicht auszuschließen, und reformfreudige Professoren der jüngeren Generation waren durch Persönlichkeit und wissenschaftliche Leistung auch in der Lage, beispielhaft zu wirken.

Nachdem bisher nur Mediziner das Rektoramt bekleidet hatten, bestand Übereinstimmung darüber, dass nun ein Naturwissenschaftler als Rektor folgen müsse. Nicht von ungefähr erschien im Heft 49 des Ulmer Forums 1979 erstmals eine umfangreiche Darstellung eines naturwissenschaftlichen Faches. Unter dem Thema „Physikalische Forschung in Ulm" präsentierten sich die vier Abteilungen der Physik mit ihren Forschungsschwerpunkten.

Die Naturwissenschaften waren in Ulm in ihrer klassischen Ausprägung vertreten. Die ursprüngliche Absicht, ihnen eine quasi dienende Funktion für die Medizin beizumessen, erwies sich als wenig realistisch. Nur breit und modern aufgebaute Naturwissenschaften mit der auf eigener Forschung gründenden Lehre waren ein Modell für die Zukunft. Während die Mathematik, Physik und Chemie ein gemeinsames Zentrum bildeten, gehörte die Biologie zur Theoretischen Medizin. Dies entsprach auch organisatorisch dem interdisziplinären Ansatz, der in der Biologie mit den Forschungsschwerpunkten Endokrinologie, Hormonforschung und Neurobiologie stärker zum Tragen kam als in den anderen naturwissenschaftlichen Fächern. Da neben dem Diplom auch das Staatsexamen für das Höhere Lehramt abgelegt werden konnte, wirkten sich die prekären Berufsaussichten der Gymnasiallehrer zeitweise negativ auf die Studentenzahlen in den naturwissenschaftlichen Fächern aus. So führte die geringe Nachfrage nicht nur einmal zu der berechtigten Sorge über die Zukunft der Studiengänge. Dank des Engagements der Professoren und der guten Studienabschlüsse konnte diese Gefahr aber stets abgewendet werden. Auch wenn angesichts der übermächtigen Medizinischen Fakultät immer wieder von der „Restuniversität" die Rede war, lag die Stärke der naturwissenschaftlichen Fächer in der zunehmenden Profilbildung in Forschung und Lehre und ihrer Reputation in der Scientific Community.

In der Biologie, die bis 1980 eine gute Entwicklung genommen hatte, auch wenn noch nicht das ganze Fächerspektrum abgedeckt war, entwickelten sich die Molekularbiologie und, in Verbindung mit dem Botanischen Garten, die Tropenbiologie und -ökologie zu Schwerpunkten. Seit 1978 leitete Karlheinz Ballschmiter die Abteilung Analytische Chemie. Der Träger des renommierten Philipp - Morris Preises führte mit dem von ihm angewandten Ulmer Vier- Fragen Modell weltweit Umweltanalysen durch. Was kommt vor? Wie viel kommt vor? Wo kommt was vor? Warum kommt wo was vor? [22] Leider mussten diese Fragen auch bei den Dioxinkatastrophen im italienischen Seveso und in Bophul/Indien gestellt werden, wo der als „Dioxinpapst" apostrophierte Professor mit seinem Expertenwissen gefragt war.

Nach der Einrichtung der Fakultät für Ingenieurwissenschaften entwickelten sich die Elektrochemie und die Katalyse zu weiteren Schwerpunkten im Fachbereich Chemie. In der Physik schließlich spielten von Anfang an die Abteilungen der Experimentellen und Angewandten Physik eine wichtige Rolle. Im Hinblick auf die spätere Entwicklung der Wissenschaftsstadt ist bemerkenswert, dass schon 1975 die Abteilung Experimentelle Physik eng mit den Firmen Degussa und Bayer kooperierte. Die vertragliche Vereinbarung ließ freie Forschung an der Universität zu. Im Bedarfsfall standen zur weiteren Entwicklung die werkseigenen Forschungsabteilungen zur Verfügung, wo auch Diplomanden und Doktoranden der Universität arbeiten konnten. [23] Im Theoretischen Bereich bildet seit 1990 die Abteilung Quantenphysik einen Schwerpunkt. Seit dem Jahr 2000 werden die Kräfte der naturwissenschaftlichen Fächer im Blick auf die Zusammenarbeit mit der Medizinischen Fakultät zunehmend im Bereich Lebenswissenschaften gebündelt.

„Von der Stabheuschrecke zur Universitätsreform"

So überschrieb der neue Rektor seine Antrittsrede und signalisierte damit sein Fachgebiet wie sein Engagement in der universitären Selbstverwaltung. Die Grundordnung der Universität Ulm sah für die Rektorenwahl bekanntlich einen besonderen Modus vor. Mit Billigung des Ministeriums wählte der Große Senat einen Präsidenten, der „in der Regel" aus den Reihen der Lehrstuhlinhaber kam und während seiner vierjährigen Amtszeit den Titel „Rektor" führte. Mit der nach dieser Regelung möglichen Wahl eines auswärtigen Kandidaten hätte man sich allerdings für eine achtjährige Amtszeit und die Präsidialverfassung entschieden. Dies stand in Ulm nie zur Debatte.

Aus diesem Grund rechnete sich Gerfried Gebert von der Universität Mainz, der sich in seiner Ulmer Zeit sehr für die Selbstverwaltung engagiert hatte, keine Chancen aus und zog seine Bewerbung zurück. In einem von der lokalen Presse kritisch begleiteten Verfahren benannte die Findungskommission nur einen Namen, den von Pfeiffer vorgeschlage-

nen Biologen Detlef Bückmann, der dann vom Großen Senat mit großer Mehrheit gewählt wurde und am 1. Oktober 1979 sein Amt antrat. Zur gleichen Zeit übernahm Pfeiffer als Klinikbeauftragter eine neue Aufgabe. [24] Bückmann, der hauptsächlich wegen des Sonderforschungsbereichs Endokrinologie nach Ulm gekommen war, leitete seit 1969 die Abteilung Allgemeine Zoologie und war ein renommierter Wissenschaftler, der mehrere Rufe anderer Universitäten abgelehnt hatte.
Wie schon in Göttingen und Gießen, engagierte er sich auch in Ulm in Selbstverwaltungsfragen und war 1979 als Vorsitzender des Großen Senats während der entscheidenden Verhandlungen über die Grundordnung wesentlich an ihrem Zustandekommen beteiligt. So war er als Wissenschaftler wie als Kenner der Selbstverwaltung gerade jetzt bei der Umsetzung der Grundordnung für das Amt prädestiniert. Er war ein Anhänger der alten Universität, an der Forschung und Lehre von einer vorbildlichen Persönlichkeit getragen wurden und so ihre Wirkung entfalteten. Der Gruppenuniversität stand er kritisch gegenüber, auch wenn das Universitätsgesetz von 1978 bei Abstimmungen in den Gremien eine bestimmte Qualifikation forderte und damit die ominöse Drittelparität entschärft hatte. An der Ulmer Universität war das Jahrzehnt vor seinem Amtsantritt nicht nur von einem Auf und Ab im universitären Leben bestimmt gewesen, in der wachsenden Zahl der Studenten wirkten verstärkt eigene Mechanismen ebenso wie die großen gesellschaftlichen und politischen Strömungen der Zeit.

Die Studenten organisieren sich

Die politische Entwicklung in Richtung einer stärkeren Demokratisierung führte 1966 zunächst zur Bildung einer Großen Koalition unter Kurt Georg Kiesinger; 1969 dann zur ersten sozialliberalen Koalition unter Willy Brandt. Parallel dazu formierte sich seit 1966 als Außerparlamentarische Opposition die APO, die in der Folgezeit mit Demonstrationen die Politisierung vornehmlich in die jugendliche Öffentlichkeit trug.

Nach dem Tod des Studenten Benno Ohnesorg, der bei einer Demonstration gegen den Schah 1967 in Berlin erschossen wurde, vor allem aber nach dem Attentat auf Rudi Dutschke 1968, radikalisierte sich die Protestbewegung. Die, so Wolfgang Kraushaar, „ebenso kurze wie komplexe" Zeit der 68er Bewegung, wird in ihrer Erscheinungsform wie ihrer Wirkung natürlich differenziert beurteilt. Von der radikalen Linken über die Frauenbewegung bis hin zur Friedensbewegung zeigte sie ein breites Spektrum, das die Wissenschaft und Literatur bis heute beschäftigt. Auch wenn die 68er nur diffuse politische Vorstellungen hatten, ist ihr Einfluss auf neue soziokulturelle Strömungen und eine beschleunigte Demokratisierung der Gesellschaft unbestritten. Träger der Bewegung war im Wesentlichen die Studentenschaft, die mit „dem Muff von tausend Jahren unter den Talaren" die hierarchisch strukturierte Ordinarienuniversität wegfegen und, von den Universitäten ausgehend, die Gesellschaft revolutionieren wollte.

Im Zuge der Aktionen kam es zu „sit ins", „teach ins", aber auch zu nicht hinnehmbaren Rechtsverletzungen und Störungen von Vorlesungen und Seminaren sowie Institutsbesetzungen. In Baden-Württemberg traten vor allem Studenten der Universität Heidelberg in besonderer Weise hervor. Die Landesregierung, die sich in jeder Kabinettssitzung mit den studentischen Unruhen beschäftigen musste, sah ihr Heil schließlich in einem strengeren Ordnungsrecht, was natürlich auch bei gemäßigten Kreisen nicht so gut ankam und Protest auslöste. Als weitere Maßnahme forderte das Kultusministerium die Hochschullehrer zur „geistigen Auseinandersetzung mit den neomarxistischen Parolen von Herbert Marcuse" auf, da sie „eine faszinierende Wirkung auf die studentische Jugend" hätten. Deshalb wurde dem neuen Hochschulgesetz mit seinen Reformgedanken die Priorität vor Forschung und Lehre eingeräumt. [25] Die führenden Bildungsreformer und die Bundesregierung setzten ebenfalls auf eine evolutionäre Demokratisierung des Bildungssystems in der Hoffnung, mit den Reformangeboten die linken Gruppen einzubinden.
So wurde die Diskussion um die Ordinarien- oder Gruppenuniversität, vor allem auch in der Professorenschaft, zu einem beherrschenden Thema der 70er Jahre.

In Ulm wirkte sich die 68er Bewegung auf verschiedene Weise aus. Die überwiegend pragmatisch denkenden Studenten der Ingenieurschule forderten eine Gesamthochschule, der die Ingenieurschule als Körperschaft des Öffentlichen Rechts mit Selbstverwaltung angehören sollte. Es kam zu einem „go-in" im Rathaus, wo die Studenten eine Resolution verlasen und ein „teach-in" abhielten. Während sich die Lage an der Ingenieurschule allmählich zuspitzte und es zu Streikbewegungen kam, agierten die Studenten der HfG von Anfang an radikaler. Sie demonstrierten in der Stadt und benannten im Sommer 1968 die HfG in Karl-Marx-Schule um. An der jungen Universität, die für die Jusos in bezeichnender Weise „aus den Ruinen der 1968 aus politischem Kalkül aufgelösten HfG entstanden war", gab es mangels Studenten buchstäblich keine Bewegung. Auch 1969 blieb es ruhig. Die kleine Studentenschar las lieber in ihren Lehrbüchern als in den Aufrufen des SDS oder der Mao-Bibel. Dass sie aber durchaus auf der Höhe der Zeit war, zeigt ihr Engagement für eine eigenständige Studentenschaft. Von kritischen Kommentaren begleitet, hatte der Große Senat im Juni 1971 die Satzung der Studentenschaft der Ulmer Universität erlassen. Demnach sollte das Studentenparlament, dem je zehn Mitglieder der beiden Fakultäten angehörten, ebenso demokratisch wie effektiv arbeiten. Das galt auch für den Allgemeinen Studentenausschuss (AStA), der aus einem dreiköpfigen Kollektiv bestand. Die Sitzungen, bei denen jederzeit Anträge gestellt werden konnten, waren öffentlich. Bei den ersten Wahlen im Juni 1971 bewarben sich von den 110 Medizinstu-

In dieser Aufnahme wird der Geist der 68er Bewegung lebendig. Adrett gekleidet und mit der nötigen Verbindung von Spaß und Ernst, haben sich Studenten der Staatlichen Ingenieurschule Ulm zu einer Vollversammlung zusammengefunden. In dieser Phase ging es noch um das Anliegen, in den Hochschulbereich einbezogen zu werden und die Selbstverwaltung zu erlangen. Später kam es dann zu Streiks und Aktionen einer radikalen Minderheit.

denten 25 Kandidaten auf die zehn Sitze. Dies bei einer Wahlbeteiligung von 85 Prozent. Bei den Naturwissenschaftlern war die Zahl der Studenten noch gering, so dass die Kandidatenauswahl nicht so einfach war. [26]

Seit 1969 wurde auch der AStA aufgebaut. Meist von Studenten, die einer politischen Jugendorganisation angehörten, oder die sich, wie Christoph Kupferschmid, schon in der damaligen Schülermitverwaltung engagiert hatten. Dementsprechend wurden die Verwaltungsabläufe auch an der Universität organisiert. Hilfreich war natürlich auch der Erfahrungsaustausch mit den Studenten der Staatlichen Ingenieurschule. Für die radikaleren Themen war die HfG zuständig, in deren Wohnheim auch Studenten der Universität untergebracht waren. Um ihre politische Arbeit dem zunehmenden staatlichen Einfluss zu entziehen, gründeten die Ulmer Studenten im März 1971 die Arbeitsgemeinschaft der Studentenschaften Ulms (ASU), als eingetragenen Verein. [27] Die Studentenvertreter waren auch in der kulturellen und jugendpolitischen Szene der Stadt präsent. So konnte beispielsweise der AStA der Ingenieurschule als Mitglied des Stadtjugendrings, ganz im Sinn der 68er Bewegung, dessen Demokratisierung betreiben und eine Satzungsänderung vorbereiten, die 1973 in Kraft trat und in der auch die Aufnahme politischer Jugendverbände geregelt war. Der AStA der Universität engagierte sich eher in der alternativen Kulturszene, wie etwa bei der Gründung des bis heute populären „Ulmer Zelts". [28]

Im Laufe des Jahres 1971 nahm die Bewegung zu. Befürchtungen über Maßnahmen der Landesregierung gegen die Studenten und der drohende Numerus Clausus führten auch in Ulm zu Aktionsbündnissen von Schülern und Studenten. Mitglieder des Ulmer AStA sahen die „Demokratisierung in Forschung und Lehre" von der „realen Entwicklung" überholt und stellten fest: „Der AStA ist zur Zeit noch liberal, aber das kann jeden Tag umschlagen". [29] Eines der Themen, das in Ulm eine größere Rolle spielte als anderswo, war die Kooperation der Universität mit der Bundeswehr. Im April 1972 wandten sich die Medizinstudenten mit einem Flugblatt an die Ulmer Bevölkerung. Ihr Protest richtete sich gegen einen Erlass des Kultusministeriums, der fünf Prozent der medizinischen Studienplätze für die Bundeswehr vorsah. Gleichzeitig protestierten sie gegen die Zusammenarbeit der Universität mit der Bundeswehr im Rettungswesen. All dies vor dem Hintergrund des Vietnamkriegs und der Notstandsgesetzgebung, auf die in dem Flugblatt ebenso Bezug genommen wurde. [30]
Die Tatsache, dass auch der Kleine Senat gegen den Erlass Stellung bezogen hatte, wertete die Vollversammlung der Studenten als rein formalen Akt, da die „Bundeswehr und die Bürokratie" ohnehin am längeren Hebel säßen. Obwohl der Erlass

1975 gab die Universitätsverwaltung 500 Zahlscheine zur Begleichung der Praktikagebühren aus. Die Hälfte der Studenten boykottierte die Bezahlung, da sie die Einführung weiterer Gebühren fürchtete. Die einbehaltenen Zahlscheine werden von dem AStA Kollektiv Manfred Cierpka, links im Bild, Heiner Lempp und Rüdiger Pfeiffer streng bewacht.
In ihrem Jahresbericht bezeichneten sie die Boykottmaßnahme als politischen Kampf.

nicht umgesetzt wurde, blieb die in Ulm von der Universitätsspitze als unverzichtbar angesehene Verbindung mit der Bundeswehr in der studentischen Kritik. Die bundesweit kritische Haltung der Jugendlichen gegenüber der Bundeswehr sieht man daran, dass die Zahl der Kriegsdienstverweigerer, mit mehr weltanschaulich als religiösen Motiven, von 5.000 im Jahr 1965 auf den Höchststand von 28.000 im Jahr 1971 anstieg. [31]

Während das am 1. September 1971 in Kraft getretene Bundesausbildungsförderungsgesetz (BAFöG) überwiegend Zustimmung fand, stieß der Radikalenerlass, der vor dem Eintritt in den Öffentlichen Dienst eine Überprüfung der Verfassungstreue vorsah, allenthalben auf Ablehnung. Da auch die Diskussionen über die studentische Mitbestimmung anhielten, stieg an der Ulmer Universität das politische Interesse spürbar an und führte seit 1972 zur Gründung verschiedener Gruppierungen auf Seiten der zwar kleinen, aber aktiven studentischen Linken. In der Nachfolge des im März 1971 aufgelösten Sozialistischen Deutschen Studentenbundes (SDS) bildeten sich auch in Ulm radikale Gruppen, wie die Kommunistische Studentengemeinde (KSG), der Marxistische Studentenbund Spartakus (MSB), die Maoistengruppe „Roter Pfeil", die Jungsozialisten (Juso AG), aber auch die Alternative Sachlichkeit, aus der später der Sozialliberale Hochschulbund (SLH) hervorging. Als ideologischer Gegenpol dazu und mit pragmatischer Zielsetzung wurde der Ring Christlich Demokratischer Studenten (RCDS) gegründet. Also insgesamt eine bunt gemischte Truppe, die im Umgang miteinander nicht zimperlich war, und mit Flugblättern und auf Versammlungen scharfes Geschütz auffuhr. Mit heißem Herzen und im ideologischen Jargon der Zeit riefen die linken Gruppen zur Solidarität mit der Arbeiterschaft und den Freiheitskämpfern in aller Welt auf, während sie auf heimischem Terrain den „knallrechten" RCDS attackierten, mit dem sie bei den Gremienwahlen konkurrierten. [32]

Hatten vorher reine Persönlichkeitswahlen stattgefunden, traten in Juni 1973 erstmals politische Gruppen gegeneinander an. Dies vor dem Hintergrund landesweiter Agitationen gegen die geplante Novellierung des Hochschulgesetzes, gegen eine Verkürzung der Studienzeit und die Verschärfung des Leistungsdrucks. Was, positiv gewendet, ein Bekenntnis für die Freiheit des Studiums war, brachten die Studenten damals ideologisch mit kapitalistischem Profit- und Leistungsdenken in Verbindung und lehnten diese Pläne als Mittel der Disziplinierung ab. Die Folgen einer unterschiedlich langen Studiendauer fassten sie mit plakativem Kontrast im Bild der umfassend gebildeten, schöpferischen „Rezeptemacher" und der an der Praxis orientierten Ausbildung der „Rezepteanwender" zusammen. [33] Während die Ulmer Studenten der Ingenieurschule wie der Universität in die Proteste der Hochschulen des Landes eingebunden, kam es bei den Wahlen im Februar 1975 zu einem handfesten Konflikt zwischen Universitätsleitung und Studentenschaft. Rektor Baitsch hatte auf Grundlage des novellierten Universitätsgesetzes von 1973 eine Wahlordnung erlassen und

den Wahltermin festgesetzt. In einem geradezu revolutionären Akt wählten daraufhin die Jusos und linke Gruppen zu einem vorgezogenen Termin ein eigenes Studentenparlament. Obwohl bei dieser Protestwahl von 1.200 Studierenden immerhin 418 teilgenommen hatten und zur Wahl des rechtsmäßigen Parlaments nur 148 erschienen waren, war die Rechtslage eindeutig. Dies ließ sich Rektor Baitsch auch vom Verwaltungsgericht Sigmaringen bestätigen. So hatte die Universität für einige Zeit zwei Studentenparlamente, das eine „demokratisch", das andere „rechtlich" fundiert, was auch zu längeren Spannungen zwischen den linken Gruppen und dem RCDS führte. [34]

Seit 1972 gelang es dem RCDS, der in einer ehemaligen Bäckerei im Wohngebiet „Auf dem Kreuz" ein behagliches Quartier bezogen hatte, seine Position zu festigen und sich ab 1975 als mehrheitsfähige Gruppe zu etablieren. Neben dem politischen Programm war dies einer Reihe von Aktionen zu danken, die als Dienstleistung das studentische Leben erleichterten. In seinem Mitteilungsblatt ulmer uni spatz erhielten die Studenten, auch in Sondernummern, Informationen zu bestimmten Themen. Vor allem erwies sich der günstige Verkauf gebrauchter Lehrbücher, die Bücherkiste, als voller Erfolg. [35]

Einig war sich die Studentenschaft in der Ablehnung des Hochschulgesetzes, das 1978 auf Grundlage des Hochschulrahmengesetzes von 1976 erlassen worden war. Dort sah der Bund neue Regelungen für die Verfasste Studentenschaft vor, die im Einzelnen aber die Länder ausgestalten konnten. Allein Baden-Württemberg und Bayern lösten daraufhin die Verfasste Studentenschaft auf. Begründet wurde dies damit, dass die linken Gruppen ständig versuchten, die demokratische Freiheit zur Durchsetzung ihrer Ziele zu missbrauchen. Dies war natürlich nicht von der Hand zu weisen, traf aber beispielsweise in Ulm nicht zu. In der Diskussion wiesen besonnene Studentenvertreter darauf hin, dass diese Gesetzesänderung eher Wasser auf die Mühlen radikaler Gruppen war. Auch wenn sich das in Ulm nicht bestätigte, spiegelt die Beteiligung bei den ersten Gremienwahlen nach Erlass des Gesetzes die Enttäuschung wider: sie sank von 60 auf 20 Prozent. [36]

Im Ergebnis war der AStA nun ein Ausschuss des Großen Senats, ohne politisches Mandat. Die Beschlüsse, die er in studentischen Belangen noch fassen durfte, mussten vom Rektor genehmigt werden, so dass bald das bittere Wort vom „Kastra" die Runde machte. Die Aufhebung der Verfassten Studentenschaft, auch als „Lex Heidelbergensis", bezeichnet, weil die dortigen Vorkommnisse mit ein Anlass für das Vorgehen der Landesregierung waren, belastete in der Folgezeit das Klima an den Universitäten und verschwand, in unterschiedlicher Ausprägung, eigentlich nie ganz von der studentischen Tagesordnung. Einig waren und sind sich die Studenten jeder Couleur in der Ablehnung finanzieller Forderungen des Landes, wie etwa Praktikagebühren, oder heute, Studiengebühren. Bei wechselnden Mehrheiten in den Gremien fanden sich bis 1977 die politischen Gruppen an der Ulmer Universität immer wieder zu Aktionsbündnissen zusammen, im AStA dominierten seit 1975 der RCDS und der Sozialliberale Hochschulbund (SLH).
Eine neue Situation entstand, als sich 1977/78 eine parteiunabhängige Basisgruppe bildete, die, radikal-demokratisch orientiert, auch engagierte Christen und Mitglieder von Ökologie- und Alternativbewegungen ansprach. Nicht zuletzt schlossen sich auch ehemalige Mitglieder der damals aufgelösten Juso-Hochschulgruppe an. In Arbeitskreisen, Fachbereichssitzungen und Plenarversammlungen sollten möglichst viele Probleme diskutiert werden. Dabei blieb es auch meist, denn die heterogen zusammengesetzte Gruppe fand kaum zu einer gemeinsamen Willensbildung. Aus der Basisgruppe entwickelte sich 1980 die Liste zum Aufbau einer Unabhängigen Studentenschaft (LAUS). [37]

Ein durchaus bemerkenswertes Ergebnis brachten die Wahlen im Februar 1978, da von den 451 abgegebenen Stimmen 60 auf einen Hund mit dem wohlklingenden Namen Willi Wacker entfielen, den linke Gruppen im Stil eines happenings als bellendes Fanal gegen den Kurs der Landesregierung kandidieren ließen.
Bei den Wahlen im Juli 1979 wiederholten sie, als Protest gegen die Aufhebung der Verfassten Studentenschaft, diese typische

Willi Wacker im Kreis seiner ausgesprochen fröhlichen Wählerschaft im Juli 1979. Ein weiteres Element der damaligen Protestkultur war die Gitarre, die als Begleitinstrument einzelner Sängerinnen und Sänger diente, ihren Siegeszug aber in den zahlreichen Rock- und Popbands antrat.

Spontiaktion. Mit dem Ergebnis, dass viele Studierende den Ulk mitmachten und nun knapp 40 Prozent der Stimmen auf Willi Wacker entfielen. Auch wenn dieses Spektakel in Wort und Bild, „Der Protest ist auf den Hund gekommen", über die Grenzen Ulms hinaus gebührende Resonanz fand [38], war die kurze Zeit später stattfindende Aktion nachhaltiger. Wenige Tage nach der Wahl gründeten der RCDS und die Aktion Demokratische Mitte, von der Liste zum Aufbau einer Unabhängigen Studentenschaft (LAUS) unterstützt, einen Unabhängigen Studentenausschuss (UStA), der personell mit dem AStA identisch war und nicht, wie an anderen Universitäten, gegen ihn gebildet wurde. Da der UStA als eingetragener Verein agierte, konnte er auch politisch aktiv werden. Dies hieß, so einer der damaligen Protagonisten, Michael Lang: „Als Veranstalter tritt der AStA auf; wenn es politisch wird, diskutieren wir einfach als UStA weiter." Die Südwest-Presse schrieb seinerzeit bewundernd: „Die Studenten ziehen alle Register, das Vereinsregister". [39]

Dabei blieb es aber nicht. 1982 wollten aktive Studenten linker Gruppen einen „echt" unabhängigen Studentenausschuss gründen. Für die Abstimmung in einer Vollversammlung legten sie ein Quorum von 50 Prozent fest. Da aber nur 25 Prozent abstimmten, scheiterte der schöne Plan.
Im Dezember 1983 trafen sich dann einige Mitglieder der Fachschaft Mathematik/Naturwissenschaften und anderer Gruppen,

Mit der Bemerkung „Ein freies Wort ist offenbar nur im Freien möglich" zog eine Reihe von Studenten am 23. Mai 1979 zum Protestieren auf die Wiese. Anlass war das Gerücht, der Verfassungsschutz habe Namen von Studenten angefordert.
Eine daraufhin einberufene Studentenversammlung in den Räumen der Universität wurde vom Rektorat aus rechtlichen Gründen nicht zugelassen, so dass nur der Weg ins Freie blieb. Man sieht, dass in jenen Jahren auch an der ansonsten ruhigen Ulmer Uni „ganz schön was los war".

Es gab aber nicht nur Demonstrationen, sondern auch spektakuläre Wettkämpfe. 1977 rief die starke norwegische Studentengruppe ein deutsch-norwegisches Skispringerfestival ins Leben, das 1981 zum fünften Mal in so interessanten Disziplinen wie Badewannenweitflug oder Schlauchbootrennen stattfand.

Ein Physikstudent, aber dieses Mal in anderer Mission, hält 1990 ein UStA Plakat hoch.

Anlässlich der Landesuniversitätswoche im Mai 1980 in Ulm fand erstmals ein intercorporativer Kommers statt.
Bis auf die Mitglieder der schlagenden Verbindung Concordia, waren die anderen in Ulm gebildeten Verbindungen vertreten

die eine UStA-Initiative ins Leben riefen. Im Sommersemester 1984 verband die UStA-Gruppe ihre Kandidatur bei den AStA-Wahlen mit der Abstimmung über einen Unabhängigen Studentenausschuss. Sie gewann die Wahl und hatte damit ihr Ziel erreicht. Die Aktionen erfolgten nun nicht mehr auf Grund der Legitimation als eingetragener Verein, sondern als Gruppe, die ihre Berechtigung allein auf das Votum der Studentenschaft gründete und sich dem imperativen Mandat verpflichtet fühlte. Damals begann auch, das politisch links liegende „studentische Herz" der Universität zu schlagen. Und zwar in Gestalt des Cafes Einstein, das sich neben dem AStA Büro befindet. [40]

Die Feststellung von 1977, dass trotz der Demonstrationen und der Aktionen kleiner radikaler Gruppen die politische Hochschullandschaft in Ulm „geradezu idyllisch" sei, traf tendenziell sicher zu. [41] Das Gros der Studentenschaft war nicht organisiert, so dass nach bekanntem Muster die politisch aktiven, kleinen Gruppen die Szene beherrschten. Deren Mitgliederzahl schwankte zwischen fünf bis zehn in den linken Randgruppen und lag bei 20 bis 30 im RCDS und bei den Jusos. Die Nachrüstungsdebatte führte seit 1981 noch einmal zu politischen Aktionen, deren Höhepunkt sicher die jugendbewegte Großdemonstration am 10. Oktober 1981 im Bonner Hofgarten war, an der auch Ulmer Studenten teilnahmen. Und während die Jusos gemeinsam mit basisorientierten Gruppen Friedenswochen veranstalteten, organisierte der RCDS dagegen die Freiheitswochen. Doch insgesamt machte sich, neben der vom UStA getragenen, linksgerichteten Politik, ein zunehmend undogmatisches und pragmatisches Verhalten bemerkbar. Es fanden Diskussionsforen statt, und die Sorge galt den täglichen Problemen der Studentenschaft.

Neben den politischen Gruppierungen gab es natürlich die evangelische und katholische Studentengemeinde und eine Reihe studentischer Verbindungen, die in Ulm die Tradition pflegten, aber auch modernen Entwicklungen gegenüber aufgeschlossen waren. Und es gab natürlich, pars pro toto,

Renate Wunderle, die im Juni 1974 als erste Physikstudentin ihr Diplom in Empfang nehmen durfte und sich dabei an die Pionierzeit an der Fachhochschule und im Laumayer-Gebäude erinnerte. „Das Durcheinander hat Spaß gemacht. Das war nicht so steril". Im gleichen Jahr schrieb sich, mit der magischen Anmeldezahl 1.000, die Studentin Mirjam Deutsch für die Fächer Mathematik und Physik ein. Sie fand die Unigebäude nun doch „arg modern". [42]

Ein Jahr später, am 13. Dezember 1975, feierten die ersten 50 Medizinstudenten der Universität Ulm ihren Abschluss auf der Reisensburg. An der festlichen Veranstaltung nahmen auch Kurt-Georg Kiesinger und Hans Filbinger teil. Ob Absolventen oder Studienanfänger, sie alle gehörten einer Universität an, die aus den Kinderschuhen herauswuchs und ihr Reformkonzept schon im ersten Jahrzehnt ihres Bestehens ständig bedroht sah.

Kurs halten

Der 1980 neu gewählte AStA war linksorientiert und ließ wenig Kooperationsbereitschaft mit dem Rektorat erkennen. Dies konnte man schwarz auf weiß auch in der Einführungsschrift des neuen AStA der Universität Ulm lesen. Im Stil einer Schülerzeitschrift aufgemacht, gab es viele Informationen, aber eben auch Kritik am Ordnungsrecht und einer, wie sie meinten, wenig transparenten Entscheidung des Verwaltungsrats. Da sie mit ihrer unbekümmerten Formulierung „Mauschelgremium" etwas über das Ziel hinausschossen, sah sich das Rektorat zum Eingreifen und der AStA zu einer Klarstellung veranlasst. Dadurch sah sich wiederum die renommierte Wochenzeitung Die Zeit zu dem Kommentar veranlasst, „Der AStA hielt es mit der Weisheit japanischer Sumo- Ringer, Siegen durch Nachgeben." [43] Bis es wieder zu Gesprächen kam, blieben die Fronten allerdings noch einige Zeit verhärtet, da auch eine Protestbewegung im Gange war, die ihren Ursprung in der Medizinischen Fakultät hatte. Angesichts fehlender Kapazitäten für die klinische Ausbildung der 350 Medizinstudenten begann auf allen Ebenen eine fieberhafte Suche nach Lösungsmöglichkeiten. Dabei wurden auch zwei universitätsinterne Pläne diskutiert.

Der so genannte Bader-Plan sah für die zweijährige Ausbildung im Kern ein 36-wöchiges Blockpraktikum vor, in dem die Studenten im zweiten Klinischen Abschnitt durch alle klinischen Fächer rotieren sollten. Dagegen waren im Pfeiffer-Plan große Vorlesungen vorgesehen, die um Praktika in den Semesterferien ergänzt wurden. Im Blick auf die zeitliche Belastung aller Beteiligten und die Beeinträchtigung der wissenschaftlichen Arbeit der Assistenten sprach sich der Fakultätsrat schließlich gegen beide Pläne und für die Beibehaltung des bisherigen Systems aus. Allerdings erweitert um ein dreiwöchiges Block-

Mit der magischen Anmeldezahl 1.000 schrieb sich Mirjam Deutsch im September 1974 für die Fächer Mathematik und Physik an der Ulmer Universität ein.

praktikum in der Inneren Medizin und der Chirurgie sowie doppelt gehaltene Vorlesungen in den großen Fächern.
Die Studenten, die sich bei aller Einsicht in die Problematik der Lage als Manövriermasse fühlten, riefen, allerdings vergeblich, zum Streik auf und marschierten durch die Hirschstraße, um auf ihre bedrängte Lage aufmerksam zu machen.
Dem Protest der Mediziner schlossen sich auch andere Fakultäten und Abteilungen an. So beklagten die Wirtschaftsmathematiker, dass für 361 Studierende und 120 Diplomanden nur fünf Professoren zur Verfügung standen, während die Biologen das Fehlen der Fächer Mikrobiologie und Biochemie beklagten. 44

Um in der von den Studenten so genannten „Plastikkultur" für etwas mehr Gemütlichkeit zu sorgen, richteten 1978 einige Studenten eine „uuurgemütliche" Sofaecke ein. Da ein Teil des Mobiliars vom Sperrmüll kam, ließ es die Universitätsleitung entfernen und Plastikstühle aufstellen. In der Folgezeit gab es ein munteres Hin und Her, schließlich dann die Zusage für die Einrichtung einer Sofaecke in O 25.

Was bei diesen Aktionen zum Ausdruck kam, war natürlich allen Verantwortlichen an der Universität bekannt und Gegenstand ihrer ständigen Bemühungen. Doch der Kampf um den Bau dringend benötigter Hörsäle und um den Aufbau neuer Studiengänge war angesichts der schlechten Finanzlage des Landes wenig aussichtsreich. Auch der mit Spannung erwartete Besuch von Ministerpräsident Lothar Späth, der am 21. Januar 1981 im Studium Generale sprach, änderte daran nichts. Er sicherte zwar den Fortgang der Bauarbeiten für das Klinikum zu, machte ansonsten aber keine weiteren Zusagen. In Späth'scher Manier um keinen unkonventionellen Vorschlag verlegen, regte er die Umschichtung von Stellen innerhalb der Universität an. Da dies nur zu Lasten der 90 Stellen des neuen Studiengangs Zahnmedizin gegangen wäre, war dieser Gedanke illusionär. Späths Auftritt und sein Appell, angesichts des Mangels jede Verbesserungsmöglichkeit zu prüfen, führte immerhin dazu, dass der umtriebige Fraktionsvorsitzende der FWG, Udo Botzenhart, aktiv wurde. Er regte in genauso unkonventioneller Weise an, in Ulm die Gewerbesteuer zu erhöhen, um so einen Lehrstuhl für Wirtschaftswissenschaften zu finanzieren. Bürgermeister Stuber und die CDU-Fraktion im Gemeinderat unterstützten diesen Gedanken. Und wenn auch nicht die Gewerbesteuer erhöht wurde, fanden sich stattdessen zwölf regionale Firmen zusammen, die gemeinsam mit den Kammern, der Universitätsgesellschaft Ulm und der Stadt Ulm jährlich 200 000 DM aufbrachten, mit denen ein Stiftungslehrstuhl

finanziert werden konnte, dessen Kosten nach fünf Jahren vom Land übernommen wurden. Am 6. März 1985 übernahm der aus Bielefeld kommende Klaus Hellwig den ersten Lehrstuhl für Betriebswirtschaft. Dies, so der IHK Präsident Glässel, dank einer „Bürgerinitiative der Wirtschaft." 45

Die Anfänge der Stiftungsidee liegen allerdings schon im Jahr 1980, als Oberbürgermeister Lorenser anlässlich einer Veranstaltung an der Universität über diese Möglichkeit sprach. Im November 1980 hatte eines jener denkwürdigen Essen stattgefunden, das in der universitären Vita immer in Verbindung mit spontanen, aber folgenreichen Entscheidungen zu vermelden ist. Beim abendlichen Ausklang im trauten Kreis im Restaurant der Donauhalle verkündete Lothar Späth: „Ja, wenn die Stadt und die Ulmer Wirtschaft einen Stiftungslehrstuhl einbringen würden, dann würde auch das Land mitziehen." 46 Nach einigen Telefonaten bekam Späth noch am gleichen Abend die prinzipielle Zusage.
Aber die Realisierung zog sich dann doch hin. Um die Angelegenheit zu forcieren, bildete der Senat am 4. Februar 1981 unter Leitung von Klaus Spremann eine Kommission, die zwei Aufgaben hatte. Zum einen die Einrichtung eines Stiftungslehrstuhls, zum anderen die Planung eines Studiengangs Betriebswirtschaftslehre.

Während der erste Teil, beflügelt durch die Aktion Botzenhardt, erfolgreich über die Bühne ging, blieb der zweite Teil ohne Ergebnis. Die Mathematiker wandten sich gegen eine „Verbalwissenschaft" und auch sonst gab es erhebliche sachliche Widerstände. Selbst die geplante Einführung des Studiengangs Wirtschaftsinformatik scheiterte, da es innerhalb der Fakultät inhaltliche Differenzen gab, und das Wissenschaftsministerium Konkurrenz für Konstanz und Mannheim befürchtete.[47]
Von Wettbewerb war also Mitte der 80er Jahre noch nicht viel zu spüren, eher von der Verhinderung unliebsamer Mitbewerber. Der sichtlich enttäuschte Spremann legte 1987 den Vorsitz in der Kommission nieder. Als dann zehn Jahre später Joachim Voeller bei der Universitätsgesellschaft die Einrichtung eines „Ludwig-Erhard-Stiftungslehrstuhls" für Wissenschaftspolitik und Wirtschaftspädagogik anregte, der das einmalige Profil der Wirtschaftsmathematik in Verbindung mit Wirtschaftswissenschaften weiter schärfen sollte, fiel diese Anregung auf fruchtbaren Boden. Wesentlich dem Engagement von Ernst Ludwig und der Universitätsgesellschaft war es dann zu danken, dass die Einwerbung von 2,6 Millionen DM gelang, mit denen der Lehrstuhl für zehn Jahre finanziert werden konnte, bevor ihn dann das Land übernahm. Diese beiden Stiftungslehrstühle, die bei der Wirtschaftsmathematik angesiedelt waren, aber auch die von zwei Lehrbeauftragten gehaltenen Vorlesungen über Steuer- und Wirtschaftsrecht, stärkten natürlich die wirtschaftswissenschaftlichen Fächer, wobei besonders die Aktuarwissenschaften zunehmend an Bedeutung gewannen. 48
So konnten, nun mit Unterstützung des Ministeriums, der Lehrstuhl für Internationale Rechnungslegung und Wirt-

schaftsprüfung und ab dem Wintersemester 1999/2000 ein wirtschaftswissenschaftlicher Studiengang eingerichtet werden, der durch einen 2003 von Werner Kress eingerichteten Stiftungslehrstuhl für Strategische Unternehmensführung und Finanzierung eine weitere Aufwertung erfuhr.

Schon der erste Besuch, den Lothar Späth als Ministerpräsident in Ulm absolvierte, signalisierte das Interesse des Landes, die Universitäten in neue Funktionszusammenhänge zu stellen. Seine kritischen Anmerkungen zur Massenuniversität stehen im Zusammenhang mit dem Strukturplan der Landesregierung von 1977 und einer Rede, die Wissenschaftsminister Helmut Engler im Mai 1980 bei der Eröffnung der ersten Landesuniversitätswoche in Ulm gehalten hatte. Damals sagte er, dass angesichts des prognostizierten Rückgangs der Studentenzahlen in den 90er Jahren, die Forschungsaktivitäten der Universitäten verstärkt werden müssten. [49]

„Die Sicherung der bestehenden und die Schaffung weiterer Arbeitsplätze in Baden-Württemberg wird entscheidend von der Leistungsfähigkeit und der Effizienz der Grundlagenforschung und der anwendungsorientierten Forschung in Baden-Württemberg abhängen." Auf Grundlage dieser Feststellung berief die Landesregierung eine Forschungskommission, die seit dem 16. Juni 1982 tagte. Aus Ulm gehörten ihr der Vorstandsvorsitzende der Wieland-Werke Wolfgang Eychmüller und der Leiter des AEG Forschungsinstituts Stefan Maslowski an. Schon ein halbes Jahr später lag der Abschlussbericht vor. Neben dem Bekenntnis zur Freiheit der Forschung stand die Forderung, in „präsumtiv wirtschaftsrelevanten Feldern Spitzenforschung zu betreiben". Zur Anpassung der Hochschulen an den gesellschaftlich-politischen Wandel sollte die Kommunikation zwischen Wirtschaft und Wissenschaft verstärkt werden. Konkret schlug die Kommission unter anderem die Einrichtung selbstständiger Forschungsinstitute vor, deren Leiter in Personalunion mit der Universität verbunden sein konnten, die im Übrigen aber den Technologietransfer zwischen der universitären Grundlagenforschung und der anwendungsorientierten Forschung bewerkstelligen sollten. Weiter regte die Kommission die Einrichtung von „Entwicklungsparks" und die Unterstützung von Spin-Offs an. [50]

Der Senat der Universität Ulm beschäftigte sich im Januar 1983 mit dem Bericht und beauftragte den Rektor zu einer kritischen Stellungnahme. In dem umfangreichen Schreiben wurde mit Bedauern darauf hingewiesen, dass „die medizinische Grundlagenforschung kaum, die rein naturwissenschaftliche praktisch gar nicht erwähnt ist". Äußerst skeptisch wurde auch die Absicht beurteilt, auf Kosten der freien Grundlagenforschung durch Mittelzuweisung Forschungslenkung zu betreiben. Insgesamt bejahte man die Ziele, aber nicht die Wege dorthin. [51]

Irritierend wirkte auch eine Umfrage der Regierung zur Einrichtung von Schwerpunkten für die Grundlagenforschung, die in Ulm keine große Freude auslöste. „Ein Gespenst geht um in Ulm- das Gespenst der Flurbereinigung" stellte die Südwest-Presse am 27. Mai 1983 fest und fand damit die volle Zustimmung der Universität. Das ominöse Wort Flurbereinigung war in einer Verlautbarung des Ministeriums aufgetaucht und nicht dazu angetan, die Gemüter zu beruhigen. In der Tat befürchtete man in Ulm Eingriffe in das Forschungsprogramm, das in Abstimmung mit der Universität Konstanz und mit den Sonderforschungsbereichen gut funktionierte. So betonte der Rektor wieder einmal, die in ihrem Ergebnis offene Grundlagenforschung nicht durch anwendungsorientierte, technologische Forschung zurückzudrängen. Gerade dieser Aspekt des Forschungsberichts, den er und der Senat überbewertet sahen, spielte dann eine große Rolle, als 1984 im Zuge des Aufbaus der Wissenschaftsstadt die Neupositionierung der Universität Ulm begann.

Als Rektor Bückmann am 21. Oktober 1983 seinen abschließenden Rechenschaftsbericht gab, konnte er trotz aller Schwierigkeiten und finanziellen Belastungen, die Stellenkürzungen und- Umschichtungen nach sich zogen, eine positive Bilanz ziehen. Neben der Fertigstellung des Bauabschnitts C1, den die Zahnmedizin und die Naturwissenschaften bezogen, fand das Richtfest für das neue Klinikum statt.
Und obwohl die Auslastungsquote in den naturwissenschaftlichen Fächern im Bereich des Lehramts teilweise nur 60 Prozent betragen hatte, blieben, auch durch seinen Einsatz, die Studiengänge erhalten. Als Hauptergebnis seiner Amtsperiode sah er zu Recht die gelungene innere Konsolidierung der Universität. Zum einen durch die erfolgreichen Verhandlungen mit dem Ministerium in der Frage der Grundordnung, zum andern in der Pflege einer kontinuierlich guten Arbeit in den Gremien.

In seinem „außenpolitischen" Wirken hatte Bückmann die Gründung der Donau-Rektorenkonferenz angeregt, die im April 1983 erstmals in Wien und im September des gleichen Jahres dann in Ulm stattfand. Die Donaukonferenzen waren und sind mit neuen Zielsetzungen Foren der Begegnung und gemeinsamer wissenschaftlicher Projekte. In zahlreichen Reden und Veröffentlichungen nahm und nimmt er immer wieder zu hochschulpolitischen Themen und der Entwicklung der Ulmer Reformuniversität Stellung. Wie sein Vorgänger Pfeiffer wandte er sich gegen die von der Gruppenuniversität eingeleiteten Entwicklungen und wurde nicht müde, die Vorzüge einer von Persönlichkeiten geprägten Universität in der Tradition Humboldts zu preisen. Bei seinem Amtsantritt vier Jahre zuvor war er „Von der Stabheuschrecke zur Hochschulreform" den Stufen biologischer Informationsübertragung gefolgt.
Man sieht, dass neben der ernsthaften Betrachtung auch der wohltemperierte humorvolle Gedanke Platz hatte. In diesem Sinn ist er „seiner" Universität bis heute verbunden.

Detlef Bückmann, Rektor der Universität von 1979 bis 1983.

Auf dem Weg
zur Wissenschaftsstadt

**Die wirtschaftliche Lage
in Ulm und der Region Donau-Iller**

Träger des wirtschaftlichen Aufschwungs der Nachkriegszeit war das produzierende Gewerbe, mit den Großbetrieben im Nutzfahrzeugbau und der Elektrotechnik. Setra-Busse von Kässbohrer, Fahrzeuge von Magirus und Produkte von Telefunken waren weltweit bekannt. Ebenfalls Weltruf genoss das Telefunkenforschungslabor, das im Bereich der industriellen Technologieforschung wertvolle Schrittmacherdienste für die späteren wissenschaftlichen Institute und die Universität leistete.

Im Jahr 1970 herrschte in der Stadt Ulm und den Landkreisen Ulm und Biberach mit einer Arbeitslosenquote von unter zwei Prozent Vollbeschäftigung. Im Zuge der Rezession nach 1973 sank die wirtschaftliche Leistungskraft, aber schon 1980 stand die Region mit 72.068 Industriebeschäftigten in der Industriedichte wieder an der Spitze in Baden-Württemberg. Nach 1980 folgte dann der Einbruch und zwar nicht nur konjunkturell, wie anderswo auch, sondern vor allem in Ulm strukturell bedingt. Dies lag an der Dominanz der Großbetriebe, in denen die Hälfte der Arbeitnehmer beschäftigt war, und der wenig differenzierten Branchenstruktur. 1973 nahm Iveco-Magirus mit einer 600 Meter langen Montagehalle im Industriegebiet Donautal das modernste LKW-Werk Europas in Betrieb. Im gleichen Jahr begann mit der Ölkrise, der Rezession im Baugewerbe und den entsprechenden Folgen für Baustellenfahrzeuge sowie dem globalen Konkurrenzdruck in den Ulmer Betrieben ein langsamer, aber stetiger Arbeitsplatzabbau, den die Öffentlichkeit noch nicht richtig wahrnahm. Parallel dazu sanken natürlich auch die Gewerbesteuereinnahmen. Als dann 1981 das mittlerweile zum französischen Konzern Thomson-Brandt gehörende Farbbildröhrenwerk Videocolor stillgelegt wurde, verloren praktisch über Nacht knapp 1.700 Mitarbeiter ihren Arbeitsplatz. Dieses Ereignis wirkt bis heute in geradezu traumatischer Weise nach. Nicht zuletzt auch als Symbol für die sozialen und psychischen Folgen der Arbeitslosigkeit. Selbst Lothar Späth bekannte bei einem Besuch in Ulm, dass ihm „Videocolor in den Knochen stecke". [1] Als glückliche Fügung in einer Zeit der Depression erwies sich der Kauf des Werks durch den Blaubeurer Unternehmer Adolf Merckle, der in der Folgezeit dort mit der Firma ratiopharm ein Pharmaunter-

Ein Luftbild mit Blick nach Süden, 1992. Während die Uni West ihrer Fertigstellung entgegengeht, befinden sich die Bauarbeiten am DaimlerChrysler-Forschungszentrum noch in der Anfangsphase.

nehmen mit Weltgeltung schuf. Da seinerzeit auch Iveco-Magirus und AEG ihre Belegschaften weiter reduzierten, verlor die Stadt von 1981 bis 1984 etwa 7.500 industrielle Arbeitsplätze, die Arbeitslosenquote von acht Prozent war die höchste in Baden-Württemberg. Dies war die dramatische Kulisse, vor der sich, beeinflusst auch von anderen Faktoren, die Entstehung der Wissenschaftsstadt Ulm abzeichnete.

Was den Wirtschaftsfaktor Universität in Ulm und der Region betraf, hatte Oberbürgermeister Lorenser schon während der Krankenhausdebatte 1975 betont, die Stadt könne nicht „einseitig für die Kosten der Universität aufkommen und auf die ihr innewohnenden Wachstumskräfte großzügig verzichten". [2] Im Jahr 1983 war auf Initiative der Industrie- und Handelskammer Ulm der Ulmer Arbeitskreis für Forschung und Entwicklung gegründet worden, dem die Stadt Ulm, die Handwerkskammer, das AEG-Forschungsinstitut, die Fachhochschulen Ulm und Biberach, sowie die Universität angehörten. Ziel war es, die gegenseitigen Kontakte zu intensivieren, Wirtschaft und Wissenschaft zusammenzuführen und die Gründung technologieorientierter Unternehmen zu beschleunigen.
Im gleichen Jahr 1983 präsentierten sich erstmals die Physiker der Ulmer Universität auf der Messe Leben-Wohnen-Freizeit. Die Abteilungen Experimentelle und Angewandte Physik zeigten anhand von Beispielen, wie Grundlagenforschung in der industriellen Anwendung zu Verbesserungen bei der Kunststoffproduktion beitragen konnte.

Der Gedanke des Technologietransfers war nicht neu und hatte an einigen Universitäten, unter anderem auch in Tübingen, zur Einrichtung von Kontaktstellen zur Wirtschaft geführt, die allerdings keine größeren Aktivitäten entfalteten. Neu war die wachsende Erkenntnis, dass die Wirtschaft angesichts der Knappheit natürlicher Ressourcen dringend auf geistiges Kapital angewiesen war. Seit seinem Amtsantritt 1979 widmete sich Lothar Späth besonders diesem Aspekt der Wirtschaftsförderung. Dazu benötigte er die Forschungseinrichtungen und Hochschulen des Landes. Dies war allerdings mit einem Problem verbunden, das schon in den Reaktionen auf den Abschlussbericht der Forschungskommission im Februar 1983 deutlich geworden war, und das auch bei einer Pressekonferenz am 18. April 1983 in Ulm zur Sprache kam. Während sich die Universitäten der Grundlagenforschung verpflichtet sahen, waren, so der Ulmer Prorektor Hermann, die Fachhochschulen für die anwendungsorientierte Forschung zuständig. Auch der Physiker Hanns-Georg Kilian wollte „keine Auftragsforschung an der Universität", obgleich er in wohlverstandenem beiderseitigen gute Interesse Kontakte zur Industrie pflegte. So blieb es Staatssekretär Norbert Schneider überlassen, mit einer eleganten Formulierung das zu vereinen, was nicht zusammengehörte. Er sprach in geradezu lyrischen Tönen von der „projektgebundenen Zusammenarbeit auf der Vertrauensachse". Derartige Interpretationen sind heute nicht mehr notwendig, denn in Zeiten „strategischer Allianzen von Wirtschaft und Wissenschaft" fördern wir, so die Bundesministerin Anette Schavan im Dezember 2006 „mit Forschungsprämien Hochschulen und Institute, die Forschungsaufträge von Unternehmen annehmen". [3]

Am 1. Mai 1984 trat Ernst Ludwig die Nachfolge von Oberbürgermeister Hans Lorenser an, der nach 21-jähriger Tätigkeit in den Ruhestand trat. Nach der eher schöngeistigen Ära Pfizer hatte er in pragmatischer Weise die Geschicke der Stadt bestimmt. Von Anfang an ein Freund und Förderer der Universität, hatte er in seiner ebenso impulsiven wie umgänglichen Art insbesonders den Übergang der Städtischen Klinik an das Land begleitet. Wie sehr ihm die kommunale und gesellschaftliche Bedeutung des Krankenhauswesens am Herzen lag, zeigt sein Einsatz für die Rehabilitationsklinik.

Sein Nachfolger Ernst Ludwig war als einstiger Universitätsbeauftragter ein Mann der ersten Stunde. Auch in der Folgezeit war er stets zur Stelle, wenn es galt, Kräfte für die Universität zu mobilisieren. Als CDU-Landtagsabgeordneter seit 1972 und Staatssekretär seit 1978 konnte er dabei seine politischen und persönlichen Kontakte in der Landeshauptstadt nützen. In seiner ersten Schwörrede im Juli 1984, die den versierten Politiker verriet, rief er zu einer konzertierten Aktion von Stadt, Wirtschaft, Gesellschaft und den Hochschulen auf. Das Ziel war, die mittelständische Wirtschaft an der Forschung teilhaben zu lassen. „Hier liegt die Zukunft: Wir brauchen die Plattform, auf der sich Wirtschaft und Wissenschaft treffen". [4]

Stadtqualität

„Ulm ist schöner geworden", stellte Oberbürgermeister Ludwig in der gleichen Schwörrede von 1984 fest, fügte dann aber umgehend hinzu, dass noch viel zu tun sei. Dies galt vor allem für die Gestaltung des Münsterplatzes und weiterer innerstädtischer Quartiere. Finanzielle Hilfe erhoffte sich das Stadtoberhaupt vom Land, das die Unwirtlichkeit der Städte mit einem Stadtqualitätsprogramm zu lindern suchte. Der Ulmer Gemeinderat ging 1985 in Klausur und kam mit einem Bauprogramm heraus, das sich in der Gesamtsumme auf annähernd 250 Millionen DM belief. Dieses Vorhaben lief als Parallelprogramm zum Aufbau der Wissenschaftsstadt, die für den wirtschaftlichen und gesellschaftlichen Strukturwandel seit 1985 steht. In jedem Fall begann sich das Aussehen der Stadt zu ändern, die deutlich moderne Züge annahm, ohne ihren historischen Anspruch aufzugeben.

Während in den neuen Wohngebieten vielgestaltiges Bauen einsetzte und sich ökologische und ökonomische Erkenntnisse verbanden, nahm auf dem Münsterplatz das von Richard Meier entworfene Stadthaus Gestalt an. Ein Traum in Weiß, der mit dem Grau des gotischen Ulmer Münsters in der

Nobel und elegant.
Das Stadthaus Ulm.

verbindet die Stadt unten mit der Wissenschaftsstadt oben und trägt in geradezu selbstverständlicher Weise zur immer wieder geforderten Symbiose von Stadt und Universität bei. Zu einem nicht geringen Teil gilt dies auch für den ÖPNV, dessen Linienführung alle universitären Einrichtungen untereinander und mit der Stadt verbindet.

Ein neues Leitmotiv: Die Wissenschaftsstadt

Im Frühjahr 1983 war die Amtszeit von Detlef Bückmann zu Ende gegangen. Zwei Kandidaten bewarben sich um die Nachfolge; der Pharmakologe Hermann Bader und der Physiologe und Arbeitsmediziner Theodor M. Fliedner. Am 30. Mai 1983 wählte der Große Senat mit überwältigender Mehrheit Theodor Fliedner zum fünften Rektor der Universität Ulm. Als Schüler von Heilmeyer und Gründungsprofessor stand er zum einen in der Tradition der Ulmer Hochschule, zum andern am Anfang einer von ihm vorangetriebenen Neuorientierung der Universität.

Das Congress Centrum Ulm mit Tony Craggs Skulptur "Minster". Im Hintergrund das Maritim Hotel.

Theodor Fliedner hatte nach dem Studium fünf Jahre an renommierten Kliniken in den USA gearbeitet und sich dort mit Zellkinetik und der Therapie strahlenverseuchter Patienten beschäftigt. 1966 war er ordentlicher Professor für Physiologie und einer der Gründungsprofessoren der Universität Ulm geworden. Als Leiter der Abteilung Physiologie und Arbeitsmedizin, Dekan und Prorektor, war er in der internationalen Welt der Wissenschaft wie der universitären Selbstverwaltung zu Hause. Schon früh hatte er auch Kontakte mit der Industrie aufgenommen. So hatte er 1978 mit „zwei Herren" der AEG-Telefunken die Möglichkeiten erörtert, wie die AEG ihr Wissen und ihre Kapazitäten in den naturwissenschaftlichen Bereich und den neu gegründeten Studiengang Wirtschaftsmathematik einbringen könnte. [5]

geistigen Aussage wie der Formensprache einen inspirierenden Kontrast bildet. Der Bogen spannt sich hinauf in die Wissenschaftsstadt, wo Richard Meier mit dem Bau des Daimler-Chrysler Forschungszentrums einen ebenso qualitätsvollen Bau schuf, der in beherrschender Beziehung zur landschaftlichen Umgebung und anderen Institutsbauten steht.
Diese beiden Bauten sind Symbole für das neue Ulm, das sich seit 1985 mit der architektonischen und kulturellen Aufwertung der Innenstadt, sowie dem Aufbau der Wissenschaftsstadt auf dem Oberen Eselsberg zwei Kraftzentren schuf, die das Bild und den Geist der Stadt prägen. Mit der Bebauung des westlichen Eselsbergs entstand dann seit 1990 jenes, schon 1972 von der Neuen Heimat geplante, universitätsnahe Stadtquartier, das aus den einst grünen Söflinger Weinbergen einen architektonisch interessanten, weißen Verdichtungsraum machte. All dies steht für die Entwicklung einer modernen Dienstleistungsgesellschaft, in der Wissen und Information, aber auch lebendige Kultur vonnöten sind. So ist das Stadthaus zunehmend auch ein Ort der Universität, wo sie mitten im bürgerschaftlichen Leben mit Ausstellungen ebenso wie mit Vorträgen oder besonderen Aktionen über ihre Arbeit informieren kann. Ein belebendes Element ist auch das Congress Centrum Ulm, das sich nahe der ehemaligen Pionierkaserne an der Donau erhebt und in Verbindung mit dem Maritim Hotel die Durchführung wissenschaftlicher Kongresse ermöglicht. Diese neue Infrastruktur

Nach dem Amtsantritt 1983. Neben Rektor Theodor M. Fliedner die Prorektoren links Wolfgang Witschel, rechts Willi E. Adam. Ein Trio, dem so Theodor M. Fliedner im Rückblick," alles zuzutrauen war".

Noch vor Amtsantritt legte er in einem Grußwort die Schwerpunkte seiner künftigen Tätigkeit fest. Sie galten zunächst der Verbesserung der Qualität in Aus-Fort- und Weiterbildung. Neben der Verstärkung der Grundlagenforschung ging es ihm um die Anwendung in der Praxis und darum, wie sich die Universität erfolgreich am Technologietransfer beteiligen konnte. Kurz, wie das an der medizinischen Fakultät schon praktizierte System von der Erforschung der Grundlagen und ihrer Anwendung beim Patienten auch auf andere, oder neu zu schaffende Fakultäten übertragen und die Kooperation mit der Wirtschaft gestaltet werden konnte. Damit klang das Leitmotiv an, das die vielfältigen Aktivitäten der kommenden Jahre begleitete. Nicht abzusehen war, wie deren Eigendynamik die Ulmer Universität schließlich veränderte.

Nach der feierlichen Amtsübergabe am 21. Oktober 1983 im Ulmer Kornhaus begann die Arbeit, bei der Rektor Fliedner von den beiden Prorektoren Adam und Witschel nachhaltig unterstützt wurde. Ein Trio, dem, wie Fliedner einmal rückblickend bemerkte, „alles zuzutrauen war".
Die Reihe der Antrittsbesuche begann bei Oberbürgermeister Lorenser. Hauptthema waren dabei die Grundstücksverkäufe des Landes an die Stadt auf dem Oberen Eselsberg. Entgegen den Absichten der Stadt, die Grundstücke für den Wohnungsbau zu nützen, wollte sie der Rektor für den Bau von Forschungsinstituten vorhalten, was schließlich auch gelang. [6]
Zur Aufwertung der Universität regte er bei diesem Gespräch auch an, die Straßen auf dem Oberen Eselsberg nach bekannten Wissenschaftlern zu benennen. Im Großen wie im Kleinen ging es ihm von Anfang an um die Zukunftssicherung und die Selbstdarstellung der Universität. Im November 1983 traf sich Fliedner mit dem Günzburger Landrat Simnacher. Der Gedankenaustausch galt natürlich auch dem Wissens- und Technologietransfer im Zuge einer engeren Kooperation der Industrie- und Handelskammern Augsburg und Ulm. Die eigentliche Sammlung der Kräfte erfolgte dann bei einer Klausurtagung des Senats auf der Reisensburg im Dezember 1983. „Wohin gehen wir?" war das Thema der Aussprache, bei der es im Wesentlichen um die Position der Universität in der Region ging. Und zwar nicht nur in der Gesundheitsversorgung, sondern in einer stärkeren Einflussnahme auf das wirtschaftliche und gesellschaftliche Gefüge. Dies war der Auslöser für eine Standortbestimmung und ein Entwicklungskonzept der Universität Ulm, das nach umfangreichen Vorarbeiten in eine Denkschrift einging, mit der man vor allem die Landesregierung mobilisieren und ihre Unterstützung gewinnen wollte.

Im Januar 1984 präzisierte Fliedner seine Vorstellungen. Die Erkenntnis, dass zwischen der Forschung an der Universität und dem Produktionsprozess in der Industrie ein Zwischengebiet wahrzunehmen sei, das man „als angewandte Entwicklungsforschung" bezeichnen könne, war bekanntlich nicht neu und schon in dem im Januar 1983 veröffentlichten Abschlussbericht der Forschungskommission als anzustrebendes Ziel enthalten. Aber die für Ulm vorgesehene differenzierte Umsetzung und der damit verbundene, auf 15 bis 20 Jahre angelegte Entwicklungsplan setzten dann doch neue Maßstäbe. Bei seinem Besuch in Ulm am 4. Juli 1984 sprach sich Lothar Späth für eine Intensivierung der Forschung aus.
Als Ziel für Ulm propagierte er eine Forschungsuniversität, die allerdings ihren Anteil am technologischen, anwendungsorientierten Innovationsprozess verstärken müsste. Gleichzeitig zerstreute er Befürchtungen, die Lehramtsstudiengänge würden geschmälert oder gar aufgelöst. [7]
Die Besuche Späths in den einzelnen Universitätsstädten waren Ausdruck der Anstrengungen der Landesregierung, vornehmlich Initiativen im Bereich Technologietransfer in Gang zu bringen.

Sammlung der Kräfte

Im Juli 1984 tagten die Verbandsversammlung und der Planungsbeirat des Regionalverbands Donau-Iller zum ersten Mal an der Universität Ulm. Bei diesem Anlass sprach der neue Ulmer Oberbürgermeister Ernst Ludwig von der Universität als Ort der Wissenschaften, aber auch als Dienstleistungsunternehmen und Arbeitgeber. Angesichts der schwierigen wirtschaftlichen Lage äußerte er die Hoffnung auf ein stärkeres Engagement der Universität auf diesem Sektor.
Nun konnte die Universität die verlorenen Arbeitsplätze in der Produktion natürlich nicht unmittelbar ersetzen, aber sie konnte den Technologietransfer beschleunigen und den strukturellen Umbau des Arbeitsmarktes unterstützen. Dies war auch das Ziel von Rektor Fliedner, der konkret die Schaffung von Instituten anregte, die mit ihrer anwendungsorientierten Forschungsarbeit als Bindeglieder zwischen Universität und Industrie fungieren und Schrittmacher neuer industrieller Entwicklungen werden konnten. Zum ersten Mal entwarf er die Umrisse einer Wissenschaftsstadt, die um die Universität als Zentrum entstehen könnte. Sowohl Rektor Fliedner als auch Prorektor Witschel hatten bei Reisen in den USA und Japan Einrichtungen dieser Art kennen gelernt.

Seit 1980 veranstaltete die Universität zwischen Memmingen und Heidenheim in den Städten der Region die Ulmer Universitätstage, bei denen sie sich mit Ausstellungen und Vorträgen präsentierte. Nach seinem Amtsantritt nützte Fliedner diese Tage natürlich verstärkt für die Verbreitung seiner Ideen und Pläne. Zusätzlich veranstaltete die Universität, gemeinsam mit der IHK Ulm und der Stadt Biberach, für Vertreter der Wirtschaft und der Öffentlichkeit am 20. Juni 1984 einen Informationstag in Biberach. Die Repräsentanten der Wirtschaft und führende kommunale Politiker aus dem bayerischen Teil der Region lud er zu einem Treffen auf der Reisensburg am 2. Oktober 1984 ein. Die rege Beteiligung an beiden Veranstaltungen und die Diskussionsbeiträge zeigten das große Interesse an dieser neuen Entwicklung, bei der es um die „Vermarktung des Wissens" ging. Da beispielsweise auch die Universitätsbibliothek in dieses Netzwerk eingebunden war, sprach Fliedner lieber vom Wissens- als vom Technologietransfer.

Um die Kontakte zu institutionalisieren, regte er gemeinsam mit dem Senat im Februar 1986 die Bildung eines regionalen Kuratoriums an, dem neben Vertretern der Universität auch die Landräte der Region angehörten. Dieses Gremium trat allerdings in der Folgezeit wenig in Erscheinung. Die Betriebsamkeit der Universität in der Region erinnert an die Good-Will Touren, die 1965, unter anderem, von Ernst Ludwig in die Provinz unternommen wurden, um für eine Universität in Ulm zu werben. Nun ging es sozusagen um eine „zweite Gründung" mit handfesten wissenschaftlichen und wirtschaftlichen Zielsetzungen.

In seinem ersten Rechenschaftsbericht im Juli 1984, den Fliedner mit seinem Gespür für Symbolik im Heilmeyersaal des Ochsenhäuser Hofes „als Zeichen der Verbundenheit mit der Stadt" gab, unterstrich er zunächst den durch die Späth'schen Signale verstärkten Aufschwung in Forschung und Lehre, den er mit der Forderung nach einem stärkeren geisteswissenschaftlichen Fundament verband. Den bevorstehenden Aufbau einer Wissenschaftsstadt sah er mit Einrichtungen wie der Blutspendezentrale, dem Bundeswehrkrankenhaus und dem Rehabilitationskrankenhaus als längst begonnen an.
Seine Ausführungen schloss er mit der bis heute gültigen Formel: Eine starke Universität in der Region als Teil der nationalen und internationalen scientific community. Beim Besuch des Präsidenten der Max-Planck-Gesellschaft im Dezember 1984 präsentierte er Ulm als „junge und dynamische Universität" und „geistiges Oberzentrum" einer Region mit 700.000 Menschen. [8] Neu an dem Regionalaspekt war, dass die Universität nicht mehr nur als wichtiger Ausbildungsort für Studenten der Region fungierte, sondern als Impulsgeber für Wirtschaft und Gesellschaft eine wichtige Rolle zu spielen hatte. Die vorbereitende Funktion wurde um die einer aktiven Gestaltung erweitert.

Während mit derartigen Veranstaltungen die politischen und wirtschaftlichen Fäden geknüpft wurden, liefen Umfragen an der Universität, und die Fakultäten brüteten in Klausurtagungen in Ulm oder auf der Reisensburg über der Struktur der Universität 2000. Der Rektor und seine Prorektoren trafen sich derweil regelmäßig „unter einem Dach" in Fliedners Wohnung in Oberelchingen. Im Übrigen erschien Fliedner immer wohl vorbreitet und mit einem schlüssigen Konzept, so dass er stets Herr des Geschehens war. [9] Langsam nahm all das Gestalt an, was 1986 in der Denkschrift „Entwicklungsperspektiven der Universität Ulm bis zum Jahre 2000" als imponierendes Gesamtkonzept erschien. Man kann diese Leistung nicht genug würdigen, denn mit dieser Denkschrift schlug die zweite Geburtsstunde der Universität. Dies in einer Zeit, in der alles passte. Die Landesregierung war schon längere Zeit dabei, auf die veränderte wirtschaftliche und gesellschaftliche Lage mit Zukunftstechnologien zu reagieren, die Unternehmen waren, von den Kammern unterstützt, zu innovativen Schritten bereit, die Universität begann ihr enges Korsett zu sprengen und stieß in neue Fachbereiche vor, und schließlich stand die Stadt vor einem wirtschaftlichen Strukturwandel, den sie mit Hilfe der Universität und neuen Instituten zu bewältigen hoffte.

Seit 1985 war die Technologiefabrik Ulm (TFU) in Betrieb, die innovativen Existenzgründern Starthilfen gab. Doch Strukturen allein taten es nicht, man benötigte auch Persönlichkeiten, die selbst Teil der einsetzenden Synergieeffekte waren. Dies gilt für das Zusammentreffen von Lothar Späth, Ernst Ludwig und Theodor Fliedner in einer einmaligen Konstellation. Mit ihren jeweiligen materiellen und ideellen Ressourcen, ihren persönlichen Verbindungen, ihrem politischen Einfluss und ihrer Tatkraft das Projekt einer „Wissenschaftsstadt" in die Tat umsetzen konnten. Der letzten Generation, die, wie Späth in einem Interview 2006 geradezu wehmütig bemerkte, „mit der Bürokratie nichts am Hut hatte". [10]
Dabei waren es gerade die Ministerialbeamten, in leitender Position und der mittleren Ebene, die zu regelmäßigen Informationsgesprächen nach Ulm kamen. Im Gegenzug reisten Abordnungen von Ulm nach Stuttgart, um in den zuständigen Ministerien Gutachten und Planungen zu erläutern. All dies in der Hoffnung auf ein reibungsloses Genehmigungsverfahren und eine zügige Abwicklung der Finanzierung. Heute kann man sagen, dass sich das Ergebnis sehen lassen kann und die Ministerialbürokratie einen erheblichen Anteil an dem Erfolg des Projekts hatte. Wichtige Vorentscheidungen fielen auch bei persönlichen Begegnungen oder bei Gasthausbesuchen, wie bei dem häufig zitierten Treffen bedeutender Herren im Gasthof Engel in Lehr, das im Lauf der Zeit geradezu legendäre Bedeutung gewann. Es galt einfach, die ganz besondere Gunst der Abendstunde zu nutzen. So bekam auch Lothar Späth die Denkschrift erstmals zu Gesicht, als sie ihm von Rektor Fliedner im Januar 1986 auf einem gemeinsamen Flug nach Indonesien persönlich überreicht wurde. Als seine Ministeralbeamten einen ersten Blick hineinwarfen, trauten sie ihren Augen nicht. Ihre einhellige Reaktion: zu teuer. Die offizielle Übergabe der Denkschrift erfolgte dann während einer Senatssitzung am 3. Juni 1986, an der Lothar Späth teilnahm. [11]

Die Denkschrift.
Entwicklungsperspektiven der Universität bis zum Jahr 2000

Der Senat ging bei seinen Überlegungen von vier Bereichen aus, die für die Universität 2000 im Blick auf ihre Schrittmacherfunktion in Forschung, Lehre und Praxisbezug entsprechend ausgestattet sein mussten.

1) Zur Verbesserung vorhandener und der Entwicklung neuer Studiengänge wurde ein neuer Studiengang Informatik in Verbindung mit Wirtschaftsinformatik vorgeschlagen, sowie die Einrichtung eines wissenschaftlichen Ingenieurstudiums mit den Studiengängen Elektrotechnik und Feinwerktechnik. Daneben sollten die bestehenden Studienangebote erweitert und mit Angeboten für die Weiterbildung und die Geisteswissenschaften die Rolle der Universität in ihrem sozialen und kulturellen Umfeld gestärkt werden.

2) Die Forschung sollte durch die Einrichtung weiterer Landesforschungsschwerpunkte und eines dritten Sonderforschungsbereichs „Polymere" erweitert und der Ausbau der Forschungsvorhaben mit außeruniversitären Partnern verstärkt werden.

3) Als wichtiger Schritt in eine gute Zukunft wurden die Gründung von Instituten an, nicht in der Universität und der Aufbau moderner Informationssysteme angesehen.

4) Die immer noch zentrale Aufgabe der Gesundheitsfürsorge beinhaltete die Konzentration der Kliniken auf dem Oberen Eselsberg und die Sanierung der Klinikbereiche Safranberg und Michelsberg. Der Prävention und Rehabilitation wurde ein zunehmend höherer Stellenwert eingeräumt. [12]

Der Erfolg hat viele Väter. Der Senat fand sich im Dezember 1983 zu einer Klausursitzung auf der Reisensburg zusammen. Thema war die weitere Entwicklung der Universität Ulm. Das Ergebnis war die Denkschrift Entwicklungsperspektiven der Universität bis zum Jahr 2000, die drei sehr zufriedene Herren, Lothar Späth, Helmut Engler und Theodor M. Fliedner am 3. Juni 1986 in Händen halten.

All dies entsprach inhaltlich wie politisch den Vorstellungen der Landesregierung, vor allem denen des Ministerpräsidenten. Bei seinen Besuchen in Ulm hatte Lothar Späth seit 1981 immer wieder betont, dass die Ulmer Universität nicht auf Expansion angelegt werden dürfe, sondern dass die Forschung, vor allem im Blick auf ihre praktische Umsetzung, im Mittelpunkt stehen müsse. Ulm war ein wichtiger Baustein in den weit ausgreifenden Plänen Späths, die er unter anderem in seinen Gesprächen mit den Rektoren der Landesuniversitäten in Tonbach erörterte. Dabei war immer wieder vom Wandel des Arbeitsmarkts in Richtung Dienstleistung die Rede, aber auch von der Bedeutung neuer Technologien und der notwendigen Weiter- und Fortbildung. Wie er im November 1986 ausführte, wollte er nach Gesprächen mit Siemens in München bestimmte Entwicklungen nach Württemberg ziehen und, im Blick auf die geplante Technische Fakultät in Erlangen, die in Ulm bereits angelaufenen Aktivitäten zur Gründung einer Ingenieurwissenschaftlichen Fakultät forcieren. [13]

Diese Aktivitäten waren im Herbst 1985 in eine entscheidende Phase getreten. Neben Oberbürgermeister Ludwig spielten dabei der Vorstandsvorsitzende der AEG Heinz Dürr und der Leiter des Forschungsinstituts Stefan Maslowski eine entscheidende Rolle. Dürr hatte am 14. November 1985 im Studium Generale eine vielbeachtete Rede über „Unternehmensführung und Moral" gehalten. Im Zusammenhang damit kamen Ernst Ludwig und Heinz Dürr, die sich natürlich persönlich kannten, ins Gespräch, vor allem über die geplante Verlegung des AEG-Forschungsinstituts. Angesichts von Plänen eines eventuellen Neubaus bei Günzburg, plädierte der Ulmer Oberbürgermeister unter Hinweis auf die Belastungen durch Videocolor für einen Verbleib des Instituts in Ulm, wobei Dürr spontan den Standort Oberer Eselsberg ins Spiel brachte. Eine Idee, die bei dem schon genannten Treffen in Lehr konkrete Formen annahm, da auch über die Einrichtung elektrotechnischer Studiengänge an der Universität und eine industrienahe Forschung gesprochen wurde. Vom weiteren Fortgang der Gespräche, bei denen auch persönliche Beziehungen eine nicht unerhebliche Rolle spielten, war auch der Daimler-Konzern betroffen, der im Oktober 1985 die AEG übernommen hatte.

Mit der im August 1986 getroffenen Entscheidung das neue Daimlerwerk nicht in Bremen, sondern in Rastatt zu bauen, war auch die Neuordnung der Forschungsaktivitäten verbunden. So konnte Lothar Späth, der geschickt alle Fäden in der Hand hielt, verkünden, dass das Land mit Daimler und der Stadt Ulm über die Errichtung eines Forschungsinstituts auf dem Oberen Eselsberg verhandelte, wo, wie der Leiter des Planungsamtes Wetzig ausführte, ein Sondergebiet für Forschung und Entwicklung geplant war. Während die SPD Gemeinderäte diese Entwicklung mit einer gewissen Skepsis sahen, lehnten die Grünen „Forschung zur Profiterhöhung" ab, und sahen im Landschaftsverbrauch eine ökologische Katastrophe. [14]

Was den Ausbau der Universität betraf, erbat das Ministerium für Wissenschaft und Kunst von der Universität Ulm einen Rohentwurf für einen elektrotechnischen Studiengang mit Schwerpunkt Hochfrequenz- und Nachrichtentechnik. Wolfgang Witschel, der gemeinsam mit den Ulmer Physikern das Konzept entwarf, baute die neuesten Erkenntnisse in digitaler Signaltechnik und im Bau von Halbleiterchips ein. Ein Studienplan sollte gemeinsam mit auswärtigen Beratern, vor allem in Zusammenarbeit mit den Universitäten Karlsruhe und Stuttgart, erstellt werden. Im Zusammenwirken von universitärer und industrieller Forschung, wie dies in den USA schon beispielhaft praktiziert wurde, dem Bau von Instituten und der Erweiterung der Universität um eine ingenieurwissenschaftliche Fakultät, zeichnete sich ein Forschungszentrum neuer Prägung ab. Der Schöngeist Kurt Georg Kiesinger hatte einst die Reformuniversität Konstanz und, im hochschulfreien Raum Ost-Württembergs, die Medizinisch-Naturwissenschaftliche Hochschule Ulm ins Leben gerufen. Der Macher Lothar Späth versprach sich von dem neuen Daimlerwerk in Rastatt die gleichen nachhaltigen Impulse für die dortige Region, wie von der „Technopolis" auf dem Oberen Eselsberg in Ulm für die wirtschaftlich strukturschwache Region Ostwürttemberg/Oberschwaben. Nun ging es nicht mehr nur um die Erweiterung der Universität im herkömmlichen Sinn, es ging um die Verbesserung der Wirtschaftstruktur durch den Ausbau der Wissenschaftsstruktur und ,wie schon 1965, um die politische Landschaftspflege in den beiden Landesteilen.

Mit diesem Vorhaben beschäftigte sich auch der Ulmer Gemeinderat in einer nicht ohne Emotionen verlaufenden Sitzung am 1. Oktober 1986, bei der es zu teilweise heftigen Wortgefechten zwischen der CDU-Fraktion und den Grünen kam. Oberbürgermeister Ludwig gab eine Erklärung ab, in der er von einer „Paketlösung" Rastatt-Ulm sprach und auf die hochbedeutsame, in die Zukunft weisende Entwicklung hinwies. Dies sowohl im Blick auf die entstehende Forschungsuniversität als auch auf den wirtschaftlichen Strukturwandel und den Arbeitsmarkt. Die CDU- und die FWG- Fraktionen stimmten der Erklärung vorbehaltlos zu, während die SPD ihre Zustimmung mit einigen kritischen Bemerkungen verband. Für sie hatte weniger die Forschung als vielmehr die Schaffung von Arbeits

plätzen die oberste Priorität. Die Grünen lehnten die Pläne kategorisch ab, da sie ausschließlich die kapitalistischen Interessen der Großkonzerne sahen. Ein eigens von ihnen in Auftrag gegebenes Gegengutachten fand nicht die erhoffte Resonanz. [15]

Die Lenkungskommission

Passend zum 20-jährigen Bestehen der Ulmer Universität, das unter dem Motto stand „ Das Wissen mehren. Die Zukunft gestalten", und dies mit einer Reihe von Veranstaltungen dokumentierte, konstituierte sich am 23. Februar 1987 eine von der Landesregierung eingesetzte Lenkungskommission, die unter Leitung von Lothar Späth und dem Direktor des Stuttgarter Max-Planck-Instituts für Festkörperforschung, Hans-Joachim Queisser, stand. Im Blick auf den Aufbau der ingenieurwissenschaftlichen Fakultät und zur Vermeidung von Konkurrenzdenken hatte Lothar Späth in persönlichen Gesprächen schon im Vorfeld die Rektoren der Universitäten Karlsruhe und Stuttgart eingebunden, die dann auch ihre „patenschaftliche" Unterstützung zusagten. Dem Karlsruher Rektor Kuhnle schwante jedoch auch anderes, als er die zweifellos bestehenden Vorbehalte in die vielsagenden Worte fasste: „Am Anfang

Im Oktober 1987 fand im Haus der Begegnung eine Gemeinderatssitzung statt, in der Lothar Späth die geplante Wissenschaftsstadt vorstellte. Mit am Tisch, von links: Karl Xander, Rektor der Fachhochschule Ulm, Theodor M.Fliedner, Rudolf Hörnig, Vorstandsmitglied von Daimler, Ministerpräsident Lothar Späth, Heinz Dürr, Vorstand der AEG und Oberbürgermeister Ernst Ludwig

sind wir Paten, dann Partner und dann Konkurrenten". [16]
So schlimm kam es dann doch nicht.

Am 8. Mai 1987 trat Ministerpräsident Späth vor die Presse und kündigte den Aufbau der Wissenschaftsstadt Ulm auf dem Oberen Eselsberg an: „In enger Zusammenarbeit zwischen dem Land Baden-Württemberg, der Stadt Ulm, der Wissenschaft und Wirtschaft". Neben der Erweiterung der Universität ging es um den Ausbau der Fachhochschule Ulm, die Industrieforschung von Daimler und AEG, den Aufbau außeruniversitärer Forschungsinstitute und die Errichtung eines Science Parks. Mit der für die Region notwendigen Ausbildung von Diplom-Ingenieuren, die vor allem von der AEG gefordert wurde, der Intensivierung der Zusammenarbeit von Wissenschaft und Industrie und der Verbesserung der Wirtschaftsstruktur der Region Ulm waren auch die Ziele klar definiert. Der eigentlich innovative Kern war die Schaffung von Instituten, an denen, ohne die Freiheit von Forschung und Lehre aufzugeben, Grundlagenforschung und anwendungsorientierte Forschung zusammengeführt werden konnten. Nach anfänglich skeptischer Beurteilung würdigte der Wissenschaftsrat in einer Stellungnahme das Vorhaben als „bildungspolitisch wichtiges und positives Signal für die Hochschul- und Forschungspolitik" und empfahl die erwartete Aufnahme in das Hochschulbauförderungsgesetz.[17]

und Industrieforschung, der im effektiven Nebeneinander und fruchtbaren Miteinander im präkompetitiven Bereich für jene Synergieeffekte sorgen konnte, die das Land fit für die Zukunft machten. Entgegen früherer Bedenken war auch die Finanzierung gesichert, da die Erlöse aus der Teilprivatisierung der BW-Bank für Investitionen zur Verfügung standen. Die CDU-Fraktion nahm die Erklärung mit Beifall auf, während die SPD-Fraktion das Projekt grundsätzlich bejahte, aber doch eine bedenkliche Nähe zum Daimler Konzern sah und im Blick auf die gesellschaftspolitischen Probleme zu Recht auf eine stärkere Berücksichtigung der Technikfolgenabschätzung drängte. [18]

Im Oktober 1987 legten die Industrie- und Handelskammern Bodensee-Oberschwaben, Ostwürttemberg und Ulm ein Exposé zum Ausbau der Wissenschaftsstadt Ulm vor, in dem, auf Grundlage einer Umfrage bei den Unternehmen und vieler Einzelgespräche, Empfehlungen ausgesprochen wurden. Wie nicht anders zu erwarten, wurde die Initiative der Landesregierung zur Stärkung der Wirtschaft grundsätzlich begrüßt, das Papier enthielt jedoch auch eine Reihe von Verbesserungsvorschlägen, in Verbindung mit einer effektiveren Einbindung der Fachhochschulen. [19] Die Landesregierung ergriff weitere Maßnahmen und richtete eine Expertenkommission Forschung Baden-Württemberg 2000 ein, der ausschließlich

Sitzung der Lenkungskommission in Ulm, 1987. In der Mitte der Vorsitzende Hans-Joachim Queisser.

Am 17. September 1987 gab Lothar Späth vor den aufmerksam zuhörenden Landtagsabgeordneten eine Regierungserklärung ab, in der er über die bisherige Arbeit der Lenkungskommission berichtete und gleichzeitig ein imponierendes Bild des von ihm so genannten „Jahrhundertwerks" entwarf.
Er erwartete nichts weniger als eine nachhaltige Verbesserung der Wirtschaftsstruktur und der Lebensverhältnisse in den ländlichen Regionen Ostwürttembergs, von Donau-Iller und Bodensee-Oberschwaben. Grundlage dafür war die Verbesserung der universitären Ausbildung in technologischen Schlüsselbereichen, die das Angebot der Fachhochschulen und Berufsakademien ergänzen sollte. Geradezu euphorisch stimmte ihn der Dreiklang von Grundlagenforschung, angewandter Forschung

Hochschullehrer anderer Bundesländer angehörten.
Am 23. Dezember 1987 legte der Senat der Ulmer Universität dieser Kommission seine Planungen und Überlegungen zur Entwicklung der Ulmer Universität vor, die sich eng an die bereits entworfenen Perspektiven anlehnten.

Die Vorarbeiten für die Einrichtung der neuen Fakultät erfolgten in fünf Fachkommissionen, die von 1987 bis 1988 mehrmals tagten. Dank persönlicher Beziehungen gelang es Wolfgang Witschel, den renommierten Elektrotechniker Hans-Georg Unger von der Universität Braunschweig für die Mitarbeit in der diesbezüglichen Fachkommission zu gewinnen. Sein Name bürgte für die Qualität der in Ulm geplanten Erweiterung der Universität. Im Einzelnen beschloss man die Einführung von Hochfrequenztechnik und Elektronik in enger Verbindung mit Physik und Informatik, die nun nicht mehr Nebenfach war, sondern den Status eines Diplomstudiengangs erhielt. Die Energietechnik wurde interdisziplinär der Chemie, Elektrotechnik und Physik zugeordnet, während die Medizintechnik nach mehreren Kontaktgesprächen mit der Industrie einem Zentralinstitut für biomedizinische Forschung in der Universität zugewiesen wurde. Ein sensibles, aber notwendiges Kapitel war die Technikfolgenabschätzung. Dieses Thema wurde von den Planungen abgekoppelt, um Zeit für mehr Gespräche mit allen relevanten Gesellschaftsgruppen zu haben.

Für alle neuen Fächer war eine enge Kooperation mit den außeruniversitären Instituten und der Fachhochschule vorgesehen, wie auch mit dem Steinbeiszentrum für wissenschaftlich-technische Zusammenarbeit an der Universität. Eine besondere Arbeitsgruppe mit Vertretern aus Politik, Wirtschaft und Wissenschaft widmete sich dem Thema Science Park und unternahm sogar eine Studienreise nach England, um dort bestehende Science Parks zu besichtigen. Dieses Vorhaben diente vornehmlich der Stärkung der mittelständischen Wirtschaft. Da sie keine eigene Forschung betreiben konnte, sollte sie in Universitätsnähe vom Technologietransfer profitieren. Last not least beschäftigte sich die Baukommission unter Leitung von Herbert Fecker mit der Planung des Forschungszentrums und dem Ausbau der Universität.

In der Anfangsphase musste Queisser in einer Reihe von Gesprächen mit politischen und gesellschaftlichen Gruppen viel Überzeugungsarbeit leisten und, hinsichtlich ihrer eigenen Forschungen und Planungen, vor allem Bedenken der Industrie zerstreuen. Doch die anschließenden Beratungen liefen zügig und effizient, so dass Lothar Späth zu Recht die ausgezeichnete Arbeit der Arbeitsgruppen lobte, die im Einzelnen wie im Ganzen die Zielvorstellungen und Strukturen der Wissenschaftsstadt Ulm herausgearbeitet hatten. Der Abschlussbericht der Lenkungskommission, in den auch wesentliche Teile der Ulmer Denkschrift und der Exposés der Kammern eingeflossen waren, lag 1989 vor. Nach der letzten Sitzung am 20. März 1989 konstituierte sich ein Kuratorium, das, unter Leitung von Hans-Joachim Queisser, die weitere Arbeit begleiten sollte. [20]

Im Verlauf der allenthalben stattfindenden Diskussionen, der kursierenden Denkschriften und der permanent tagenden Kommissionen gelangten die Begriffe Wissenschaftsstadt und Science Park als griffige, aber durchaus kontrovers diskutierte, Formulierungen in die Welt. Während weite Teile der Öffentlichkeit dieses Thema nur am Rande oder gar nicht wahrnahmen, erfuhren interessierte Kreise über Vorträge und die Presse von derartigen Einrichtungen in Japan, den USA und Großbritannien, die dort erfolgreich funktionierten, vor allem aber von der Bedeutung des Ulmer Projekts, das fünf Bereiche zu einer Wissenschaftsstadt zusammenführen sollte: die um eine ingenieurwissenschaftliche Fakultät erweiterte Universität, die Fachhochschule Ulm, die Industrieforschung, ein Science Park und neuartige, von mehreren Stiftern getragene Institute an der Universität. Ihnen kam in der Verbindung von Grundlagenforschung und anwendungsorientierter Forschung, von Universität und Industrie, eine Brückenfunktion zu.

Die mit diesem ehrgeizigen Plan verbundenen Erwartungen der Verantwortlichen in Stadt und Land wurden allerdings von Protesten begleitet, die nicht nur aus dem politischen Lager kamen. Der Präsident der Universität Tübingen äußerte harsche Kritik, und anlässlich der Verleihung der Ehrensenatorwürde der Universität Ulm an Professor Queisser beim dies academicus 1989 marschierte eine Gruppe schwarz gewandeter Studenten mit einem Sarg in den Saal. Was viele als Ärgernis empfanden, war für sie ein Symbol für den Niedergang der freien Wissenschaft und Lehre an der Universität Ulm. Doch Queisser reagierte gelassen und bewog die Studenten sogar zum Bleiben. [21]

Auch das Ulmer Theater reihte sich als „moralische Anstalt" in den Chor der Kritiker ein. Dort hingen im Foyer drei schwarze Fahnen, auf denen der Grundgesetzartikel über die Freiheit von Wissenschaft und Lehre zu lesen war, dann die drohende Gefahr durch die Wissenschaftsstadt beschworen und schließlich die Arbeit des Forschungsinstituts für anwendungsorientierte Wissensverarbeitung (FAW) kritisch hinterfragt wurde. [22] Während so im Großen gewichtige Entwürfe konzipiert und von engagierten gesellschaftlichen Gruppen kritisiert wurden, war im Kleinen bereits ein beispielhaftes Projekt realisiert worden: das Institut für Lasertechnologie in der Medizin.

Die Wissenschaftsstadt

Theorie und Praxis
Das Institut für Lasertechnologie
in der Medizin und Messtechnik (ILM)

Seit seinem Amtsantritt 1983 beschäftige sich Rektor Fliedner mit dem Gedanken, wie Grundlagenforschung und technologische Anwendung zusammengeführt werden konnten. In diese Zeit fielen auch Planungen der Ulmer Physiker, ein Optikinstitut einzurichten. Professor Müller von der Firma Zeiss Oberkochen riet jedoch ab und empfahl stattdessen die Gründung eines Laserinstituts. Light Amplification by Stimulated Emission for Radiation heißt die Zauberformel für einen Vorgang, bei dem die Eigenschaften bestimmter Materialien, wie Gas, Flüssigkeiten, Farbstoffe oder Kristalle dafür genutzt werden, Atome durch Energiezufuhr so anzuregen, dass eine stimulierte Emission nach mehrfacher Reflexion zwischen zwei Spiegeln zu einem intensiv gebündelten Lichtstrahl mit verschiedenen Frequenzen wird.

Das DaimlerChrysler-Forschungszentrum auf dem Oberen Eselsberg. Architekt: Richard Meier.

Der Leiter des Instituts für Lasertechnologie in der Medizin, Rudolf Steiner, bei einem Experiment.

Dieser Laserstrahl kann in der Medizin zum Schneiden, Verdampfen oder Koagulieren eingesetzt werden. Mit niedriger Energie auch für diagnostische Maßnahmen. Ein derartiges Institut passte genau in das Konzept Fliedners, Medizin und Technik zusammenzuführen. Bei einer seiner Studienreisen in die USA hatte Witschel an der Universität Irvine die Gründung eines Laserinstituts erlebt, dem auf Grund einer Privatinitiative entstandenen Beckman Institut. Schon vorher hatte er junge Wissenschaftler der medizinischen Fakultät gemeinsam mit

Spezialisten der Firmen Äskulap, Tuttlingen und Zeiss zu einem Symposium „Laser in der Medizin" auf die Reisensburg eingeladen.

Lothar Späth, den Fliedner und Witschel immer wieder auf die Bedeutung eines Laserinstituts hinweisen und der auch die Manuskripte der Vorträge erhielt, war so angetan, dass er bei seinem Besuch an der Universität am 4. Juli 1984 quasi im Vorübergehen verkündete: „Wenn ihr den Inhalt habt, stellen wir euch das Gebäude hin".[1] Der Inhalt wurde vom Ulmer Gründungsverbund, dem Witschel vorstand, prompt geliefert, das diesbezügliche Memorandum am 10. Dezember 1984 vom Kabinett gebilligt. Genauso fix ging es weiter. Am 6. September 1985 war die Grundsteinlegung, die Einweihung des Instituts folgte am 3. Juni 1986. Der einfache funktionale Zweckbau war vom Büro Stroheker, Guther, Mundorff entworfen und von der Landesentwicklungsgesellschaft (LEG) gebaut worden.
Sie verließ damit erstmals ihr angestammtes Terrain des ohnehin

Mit der Universität war das Institut über einen Kooperationsvertrag verbunden. Diese von einem Vorstand und einem beigeordneten Kuratorium geleitete Einrichtung war der Universität nicht ein- sondern angegliedert.
Damit hatte Ulm sein erstes An-Institut, das „den lebendigen Geist der freien Forschung an der Universität mit dem Anliegen Produktentwicklung und – vermarktung" verband. (Th. Fliedner) Genau dies waren die Aufgaben des Instituts: Erforschung der Anwendungsmöglichkeiten des Lasers in der Chirurgie und der Diagnostik. Um sich ein Bild vom Forschungsstand zu machen, reiste Wolfgang Witschel zu einer mehrwöchigen Studienreise in die USA. Zwei junge Gynäkologen der Ulmer Frauenklinik lernten in New Orleans die praktische Anwendung des Lasers. Wie Lauritzen engagierte sich auch der Urologe Richard Hautmann bei dem Projekt. In seiner Klinik wurde dann der erste Laser-Operationssaal eingerichtet.

Einweihung des Instituts für Lasertechnologie in der Medizin am 3. Juni 1986.

ins Stocken geratenen Wohnungsbaus, und wandte sich seitdem verstärkt dem Bau wissenschaftlicher Institute zu. Träger des Instituts war eine Stiftung des bürgerlichen Rechts, in der sich die Firmen Äskulap und Zeiss zusammengefunden hatten.
Das Land, vertreten durch das Wirtschaftsministerium, verpflichtete sich zur Zahlung eines jährlichen Beitrags.

Am 20. September 1985 berief das Kuratorium den Biophysiker Rudolf Steiner zum Direktor des Ulmer Instituts. Steiner kam vom Institut für Klinische Physiologie der Universität Düsseldorf, wo er eine Lasergruppe für diagnostische Anwendung in der Medizin aufgebaut hatte. Das Ulmer Institut sah er durchaus als Ergänzung des gleichzeitig in Berlin entstandenen

Laserinstituts, schloss aber eigenständige Ulmer Entwicklungen nicht aus. Er begann seine Arbeit mit einem Team von neun Personen und den damals gängigen Lasern, die in den vier Operationsräumen für Tierversuche eingesetzt wurden.
Da der Tierschutz von Anfang an durch Informationsgespräche und Besichtigungen eingebunden war, gab es, nach anfänglichen Protesten, von dieser Seite keine Beanstandungen mehr.
Die damals gehegten hohen Erwartungen, mit dem Laser die Chirurgie zu revolutionieren, erfüllten sich allerdings nicht, da die wissenschaftliche Aufarbeitung der Wirkungsweise zeigte, dass sie den Ansprüchen nicht genügte. Als zukunftsweisend erwies sich jedoch die Erkenntnis, dass der Laser selektiv für spezifische Fälle eingesetzt werden konnte, etwa zur Behandlung krankhafter Hautveränderungen. Bald erkannte man auch das diagnostische Potential des Lasers, das bei mikroskopischen Verfahren und Gewebeuntersuchungen zum Tragen kam. Schon nach kurzer Zeit stand das Ulmer Institut mit an der vorderen Front der weltweiten Laserforschung.

In Ulm legte man sich frühzeitig auf einen speziellen Lasertyp fest und zwar auf den Erbium-YAG-Laser. Erbium gehört als Element in den chemischen Bereich der seltenen Erden, YAG ist ein Granatkristall, an dem nicht nur die Juweliere sondern auch die Laserforscher ihre Freude haben. Denn der Erbium-YAG-Laser eignet sich in besonderer Weise zur Abtragung von wasserhaltigem Material und, wie sich herausstellte, auch von Hartgewebe, also Knochen und Zahnhartsubstanz. Daraus entwickelte sich der heute weltweit führende Bereich der Zahnbehandlung mit dem Laser. In Verbindung mit der gleichzeitig entwickelten Methode der Karieserkennung entstand ein Diagnosegerät, das mittlerweile mit einer Stückzahl von 40.000 Geräten weltweit von der Stifterfirma Kavo vertrieben wird. Dieses selbstständig arbeitende Gerät verbindet Karieserkennung und- behandlung in effektiver Weise und ist ein hervorragendes Beispiel für den Technologietransfer von der Wissenschaft über die Entwicklung zur industriellen Vermarktung. Angefangen von der Idee über die Machbarkeit und Entwicklung bis hin zur Erprobung erfolgt jeder Schritt im hauseigenen Lasertherapiezentrum. Dies ist schon bemerkenswert, da es genau der Gründungsidee der Universität entspricht: Alles unter einem Dach.

Mit der Universität ist das Institut in Personalunion verbunden. Rudolf Steiner gehört der medizinischen, Raimund Hibst der ingenieurwissenschaftlichen, Alwin Kienle der naturwissenschaftlichen Fakultät an. Die interdisziplinäre Arbeitsweise wird auch daran deutlich, dass das Institut Kooperationspartner verschiedener medizinischer Disziplinen ist, wie etwa der Dermatologie. Gegenwärtig richtet sich das wissenschaftliche Interesse auf optische Technologien in der Medizin und auf die Biophotonik. Dabei werden verschiedene Strömungen in der Nanotechnologie oder der Mikrosystemtechnik zusammengeführt, um neue diagnostische und therapeutische Anwendungsgebiete zu finden.

Im Jahr 2004 wurde das Haus baulich erweitert und beherbergt seitdem ein Lasertherapiezentrum, das den Abteilungen des Klinikums, aber auch den niedergelassenen Ärzten zur Verfügung steht, die wissenschaftlichen Interessen folgen. Als neue Stifter sind die Richard Wolf GmbH und die Firma Kavo hinzugekommen. Den Großteil des Haushaltsvolumens von heute circa drei Millionen Euro erwirtschaftet das Institut jedoch aus eigener Kraft. Bleibt zu bemerken, dass das Institut durch seinen Leiter in einer Reihe von wissenschaftlichen Gremien vertreten ist, die evaluieren, aber auch Perspektiven für die Entwicklung optischer Technologien aufzeigen.

Denkt man an die Festreden der prominenten Gäste bei der Grundsteinlegung, in der Theodor Fliedner geradezu die Grundsteinlegung für die Wissenschaftsstadt vorweggenommen sah, und die Reden bei der Einweihung des Hauses, die die Verbindung von Wissenschaft und Wirtschaft als programmatische Zukunftsperspektive immer neu variierten, blieb nur die Erkenntnis: die Zukunft hatte begonnen.[2] Dies lässt sich aus heutiger Sicht in erfreulicher Weise bestätigen, denn 2006 wurde das von Rudolf Steiner geleitete Institut vom Bundespräsidenten als „Ort der Ideen" ausgezeichnet und konnte sich im Rahmen des Wettbewerbs „Deutschland – Land der Ideen" der Öffentlichkeit präsentieren.

Das Forschungsinstitut für anwendungsorientierte Wissensverarbeitung (FAW)

Die Forschungen zur künstlichen Intelligenz (KI) und damit zusammenhängend zu Steuerungs- und Informationssystemen führten 1987 zur Gründung des zweiten Ulmer An-Instituts, das ebenfalls als Stiftung organisiert war. Sie war insofern beispielhaft, als die kooperierenden Firmen 60 Prozent des Budgets übernahmen, obwohl sie im Kuratorium nur über ein Drittel der Stimmen verfügten. Eine neue Form der Kooperation war auch, dass im Institut immer Wissenschaftler arbeiteten, die von den Stifterfirmen abgeordnet waren.
Lothar Späth, der von dem FAW viel erwartete, engagierte sich stark für die Errichtung des ersten eigenständigen Instituts für künstliche Intelligenz in Deutschland und seine ergebnisorientierte Forschung. Wie er immer wieder betonte, traten dort in einmaliger Weise konkurrierende Firmen wie Siemens, IBM oder Nixdorf nicht nur als Stifter auf, sondern betrieben im vorwettbewerblichen Bereich auch gemeinsam zweckgerichtete Grundlagenforschung. Die enge Bindung an die Universität, aber auch an die Fachhochschule, war Teil des Konzepts der Lenkungskommission, die ausdrücklich auf die Kooperation mit der Elektrotechnik und der Informatik hinwies. Leiter des Instituts wurde Franz-Josef Radermacher vom Lehrstuhl für Informatik und Operations Research in Passau.

Er hatte den Ruf auf den Lehrstuhl für Informatik, Datenbanken und künstliche Intelligenz angenommen, war aber umgehend zum Aufbau des Instituts beurlaubt worden.
Das später preisgekrönte Institutsgebäude wurde vom Büro Stroheker, Guther, Mundorff entworfen, von der LEG gebaut und im März 1989 bezogen.

Einfach gesagt, ging es bei der Forschungsarbeit des Instituts um die Entwicklung von Systemen, mit denen Arbeitskräfte in der Industrie und Verwaltung von Routinearbeiten entlastet werden sollten. Dass der Weg dorthin aber keinesfalls einfach war, führte Radermacher auf einer höheren Ebene aus, als er von der „Integration unterschiedlicher Modellierungsansätze" sprach, und zwar von einer „materialnahen über eine neuronale Ebene und einer Ebene der klassischen Wissensverarbeitung bis hin zur Integration der aufwendigsten mathematischen Methoden und all dies immer orientiert an dem, was die Anwendung braucht", kurz, „die Realisierung intelligenter Systemlösungen und die Beherrschung von Komplexität". [3]

Zur Bewältigung dieser Aufgaben war das Institut mit vier Rechnernetzen und einer modernen Multi-Media Installation ausgestattet worden. Mit Hilfe der Fischer-Werke entstand eine Miniaturfabrikanlage, die der Erforschung und Erprobung von Steuerungsproblemen diente. Ein autonomes Robotsystem dokumentierte den Stand der Forschung auf diesem Gebiet und diente der Weiterentwicklung von Robotern, besonders von Servicerobotern. Damit sollte in einer Gesellschaft mit einem wachsenden Anteil von Senioren zum einen das Pflegepersonal entlastet, zum andern ein selbst bestimmtes Leben im eigenen Haushalt ermöglicht werden. Angesichts der sozialen Komponente des Projekts, das leider nicht zu Ende geführt werden konnte, war auch die Kommune stark interessiert.
Wie wichtig dieses Thema nach wie vor ist, zeigt die gegenwärtige Entwicklung von Servicerobotern in Japan.

Die Arbeit des FAW erfolgte in fünf Forschungsbereichen. Im Bereich Integrierte Produktionssysteme beschäftigte man sich beispielsweise mit computergestützter Arbeitsplanung und -vorbereitung sowie der Steuerung von Arbeitsprozessen. Forschungsarbeiten zur modernen Bürokommunikation erfolgten in der Abteilung Unternehmensinformationssysteme. Der hohe Stellenwert von Forschungen zur Umweltproblematik zeigt sich daran, dass ein Drittel der Forschungsprojekte dort angesiedelt war. Zukunftsweisende Lösungen erwartete man von der Arbeitsgruppe Assistenzsysteme und Verkehr. In das Feld der neuronalen Netze stieß schließlich der Bereich Verteiltes Ressourcenmanagement/Kommunikationssysteme vor. Insgesamt also ein hochkomplexes, heterogenes Arbeits- und Forschungsprogramm, dessen Praxisbezug aus Algorithmen und sensiblen Informations- und Steuersystemen bestand. Hinter so kryptischen Bezeichnungen wie AIDA, OSIM oder WANDA verbargen sich Messungen für eine Stufenpresse, objektorientierte Simulationen und die Interpretation von Daten in der Wasseranalytik.

Ein besonders erfolgreiches Projekt im Bereich Gewässerschutz wurde in Zusammenarbeit mit dem baden-württembergischen Umweltministerium auf den Weg gebracht. Dabei wurden alle relevanten Daten in einer elektronischen Datei erfasst und als Software interessierten Nutzern zur Verfügung gestellt. All diese Aktivitäten gaben dem Institut eine visionäre Aura, die durch das Auftreten und die Öffentlichkeitsarbeit des Institutsleiters noch verstärkt wurde. Der Geschäftsführer Peter Spiertz sorgte derweil für die reibungslose Organisation des Hauses. [4]

Von Anfang an war das Institut durch seinen Leiter, besondere Programme und ständige Gastdozenten in die internationale Forschung eingebunden. Daneben gab es jährlich bis zu 40 wissenschaftliche Kolloquien, Workshops sowie Veranstaltungen, die sich an eine interessierte Öffentlichkeit wandten. Große Resonanz fand die jährliche Veranstaltung mit der Commerzbank, da namhafte Referenten aufgeboten und aktuelle Themenbereiche abgehandelt wurden, die anschließend in der Schriftenreihe des FAW zur Veröffentlichung gelangten.
Dies, wie die regelmäßigen Kunstausstellungen, machten das Institut zu einem attraktiven Ort der Kommunikation mit einer ganz besonderen Atmosphäre. Zum Bekanntheitsgrad trug auch Franz J. Radermacher bei, der als Wissenschaftler, Publizist, Moderator und gewandter Rhetoriker gleichermaßen glänzte.

Der vierte Jahrestag führte 1991 prominente Gäste aus Wissenschaft, Politik und Wirtschaft nach Ulm, die die Arbeit des FAW reflektierten und würdigten. In der Folgezeit wurde eine ganz Reihe von Projekten und Ausgründungen innovativer Firmen realisiert. Dies belegt die wichtige Rolle des FAW bei der Förderung und Unterstützung junger Wissenschaftler, die im Grenzbereich von Grundlagenforschung und wirtschaftlicher Anwendung erfolgreich tätig waren. [5]

Bei dem 1998 vorgenommenen Ausblick auf die kommenden vier Jahre galt es schon, die Auswirkungen der wenig erfreulichen Wirtschaftslage der 90er Jahre mit zu berücksichtigen, in deren Gefolge sich einige Stifter zurückgezogen hatten. Neben der verstärkten Hinwendung zur mittelständischen Wirtschaft, galt das Interesse nun auch Fragen der globalen, nachhaltigen Entwicklung in den Bereichen Wirtschafts-, Verkehrs- und Informationssysteme.
Trotz der Bemühungen von Altoberbürgermeister Ernst Ludwig, zog sich dann im Jahr 2000 auch das Land als Stifter zurück, so dass die finanzielle Ausstattung nicht mehr reichte. Im Jahr 2004 endete nach 17 Jahren ein mit hohen Erwartungen verbundenes Prestigeprojekt. Die Stadt, an der Spitze Oberbürgermeister Ivo Gönner, setzte sich für die Fortführung dieser renommierten Einrichtung ein und ermöglichte durch ihren Beitritt die Bildung eines neuen Stiftergremiums.
Mit den Fördermitteln, die vornehmlich aus der mittelständischen Wirtschaft kommen, ist die Arbeit für die nächsten Jahre gesichert. Forschung und Beratung können dabei auch an die

Das Forschungsinstitut für anwendungsorientierte Wissensverarbeitung wurde im März 1989 fertiggestellt. Viel Prominenz war zugegen, als Lothar Späth beim Einzugsfest am 7. Juni 1989 das Modell einer computergesteuerten Fertigungsanlage in Gang setzte. Rechts neben ihm der Geschäftsführer der Landesentwicklungsanstalt, Helmut Xander, und der Leiter des Instituts, Franz-Josef Radermacher.

Ergebnisse vieler erfolgreicher Projekte anknüpfen. Franz J. Radermacher, der sich auf der internationalen Bühne, unter anderem als Mitglied des Club of Rome, zunehmend mit Problemen einer globalen, sozial gerechten Wirtschaftssteuerung und Fragen des Bevölkerungswachstums beschäftigt, leitet heute das Nachfolgeinstitut FAW/n neu, das sich in der Hoffnung auf eine „World in Balance", mit eben diesen ökosozialen Fragekomplexen beschäftigt. [6]

Das Zentrum für Sonnenenergie - und Wasserstoff - Forschung (ZSW)

Im Zuge der Bemühungen der Landesregierung, mit innovativen Technologien die wirtschaftliche Zukunft des Landes zu sichern, gerieten auch die Fragen der Energietechnik ins Blickfeld. Wolfgang Witschel, der 1986 mit einer Delegation des Wirtschaftsministers eine Studienreise in die USA unternahm, sah dieses Thema als Teil der ingenieurwissenschaftlichen Erweiterung der Ulmer Universität und steuerte die Errichtung eines Instituts an. Nach entsprechenden Vorarbeiten beschloss der Ministerrat am 5. Oktober 1987, das Stuttgarter Zentrum für Solarenergie- und Wasserstoff-Forschung um den Standort Ulm zu erweitern. Das Zentrum wurde von einer Stiftung bürgerlichen Rechts getragen, die aus der Universität Stuttgart, dem Verband der Elektrizitätswerke und einigen Firmen bestand. Im Jahr 1988 begann das ZSW in Ulm mit der Abteilung 3 seine Arbeit. Unter Leitung von Wolfgang Witschel wurden die Forschungsfelder Elektrochemische Speicher, Systemanalyse und mathematische Modellierung sowie Brennstoffzellen bearbeitet. Wie bei den anderen An-Instituten auch, bestand eine enge Kooperation mit der Universität und der Fachhochschule, sowie vornehmlich dem Daimler-Konzern. Die in Jungingen angemieteten Räume mussten bald aufgegeben werden, da technische Beeinträchtigungen durch Mitmieter eintraten.

Die Forschungen konnten jedoch in Räumen der ehemaligen Uhrenfabrik in Senden weitergeführt werden. Schon damals liefen die Planungen für einen Neubau im östlichen Teil des Universitätsgeländes auf dem Oberen Eselsberg, die aber auf starken Widerstand einer Bürgerinitiative stießen, deren Mitglieder gegen die Abholzung eines Waldstücks waren und denen bei dem Begriff Wasserstoff eher Gedanken zu einer Bombe als zur sicheren Energie kamen. Dem Einsatz von Ernst Ludwig und Oberbürgermeister Gönner war es dann zu danken, dass der Gemeinderat den Weg zum Neubau ebnete, der dann, wiederum von der LEG, als einfaches funktionales und umwelt

freundliches Gebäude erstellt, 1992 bezogen werden konnte. Was die Forschungsarbeit betraf, war die Einwerbung von Drittmitteln anfänglich schwierig, da sich die Unternehmen ungern auf längere Zeiträume festlegten. Und dies auch noch auf einem Gebiet, das seinerzeit nicht hoch im Kurs stand und praktische Ergebnisse nicht so schnell erwarten ließ.
So schwang sicher ein wenig Enttäuschung über die mangelnde Unterstützung durch die Industrie mit, als der Leiter des ZSW Witschel in die Grundlagenforschung zurückging und die Leitung seinem Nachfolger Jürgen Garche übergab.

Im Zentrum für Sonnenenergie- und Wasserstoff-Forschung wird die Wirkungsweise alternativer Energien erforscht. Im Zentrum steht die Brennstoffzelle als Energiespeicher und Energieumwandler.

Die Forschungsarbeit des Instituts steht heute auf höchstem Niveau und ist wissenschaftlich wie praktisch von großer Bedeutung für die Zukunft alternativer Energien. Im Zentrum steht die Erforschung der Brennstoffzelle als Energiespeicher und Energieumwandler. Neben größeren Anlagen werden auch tragbare Brennstoffzellen entwickelt. Die am Institut und in Kooperation mit der Universität und der Industrie geleistete Forschungsarbeit, hat eine äußerst praktische Ergänzung erfahren. In einem eigens eingerichteten Weiterbildungszentrum Brennstoffzelle Ulm (WBZU) werden Fachleute ausgebildet und Weiterbildungsprogramme angeboten. Im Sinn einer engen Bindung an die Universität wird das ZSW seit 2004 von Werner Tillmetz geleitet. [7]

Das Institut für Unfallchirurgische Forschung und Biomechanik

Mit der Zahl der Autofahrer und der Skifahrer stieg auch die Zahl der Unfallverletzten, die mit mehr oder weniger komplizierten Knochenbrüchen in die Krankenhäuser eingeliefert wurden. Sie profitierten zunehmend von den großen Fortschritten, die bei der Behandlung Unfallverletzter gemacht wurden. Obwohl die meisten Universitätskliniken eine Abteilung für experimentelle Chirurgie hatten, konnte dort nicht jede spezielle Fachrichtung erforscht werden. So betrieben die drei Ulmer chirurgischen Abteilungen „Feierabendforschung", bis Caius Burri, Leiter der Abteilung Unfallchirurgie, mit vier Mitarbeitern eine eigene Forschungsgruppe einrichtete, die unter Leitung von Lutz Claes stand. Innerhalb kurzer Zeit bekam Claes immer mehr Forschungsprojekte genehmigt, die in den vorhandenen Räumen nicht mehr durchgeführt werden konnten.
Da auch die unter extremer Raumnot leidende Universität nicht helfen konnte, kam es zur Gründung einer Stiftung, die auf einen Neubau hinarbeitete.

Der Institutsbau, als Verbindung von Wissenschaft, Kunst und Natur konzipiert, entstand nach einem Entwurf der Tübinger Architektengruppe Log ID. Bei der Einweihung 1988 gab sich, von Ministerpräsident Lothar Späth angefangen, die politische und wissenschaftliche Prominenz die Ehre.
Das preisgekrönte, in der Tat eindrucksvolle Gebäude, stieß in der Öffentlichkeit auf große Resonanz. Das Gebäudeinnere, das durch die reiche Bepflanzung einem Gewächshaus gleicht, und die von dem Kunstmäzen Burri zur Verfügung gestellten Bilder und Plastiken verbinden sich zu einer ganz besonderen Atmosphäre, die beruhigend und anregend zugleich, die Kreativität fördert. So ist das Haus auch sichtbarer Ausdruck der Persönlichkeit Burris, der als Unfallchirurg begeisternde Tagungen auf der Reisensburg leitete und als Kunstmäzen nicht nur sein Institut, sondern auch die Universitätslandschaft bereicherte.

Glücklicherweise entschied sich Lutz Claes, trotz verlockender Rufe in die USA, in Ulm zu bleiben. Unter seiner Leitung expandierte das Institut, das 1990 erweitert werden musste. Ziel der Forschungsarbeit war und ist die optimale Versorgung von Unfallverletzten und die Wiederherstellung ihrer Leistungsfähigkeit. Dabei spielt die Biomechanik eine zentrale Rolle, die neuerdings um die biologische Erforschung von Bändern, Knochen und Knorpel erweitert wurde.
So verbinden sich bei der Entwicklung neuer Implantate und Behandlungsmethoden die traditionellen Methoden der Unfallchirurgie mit den neuen Bereichen der Zell- und Molekularbiologie. Das Institut wurde mehrfach mit Preisen ausgezeichnet. 1993 erhielt das Team als erste Forschergruppe für Unfallchirurgie in Deutschland Fördermittel von der DFG, und seit 1999 ist das Institut akkreditiertes Prüflabor für Biomaterialien. Heute ist das Institut auch eines der vier Forschungszentren in

Deutschland, die mit Implantatmaterial im Knochenkontakt und der interdisziplinären Erforschung von Ersatzgewebe befasst sind. All dies symbolisiert durch die auch heute noch in der Unfallchirurgie unentbehrliche Schraube, die das Dach und die geometrischen Figuren gleichermaßen durchdringt. Sie können auch als A und O gelesen werden. Die Forschung, das A und O zum Wohl der Patienten. [8]

Weitere An-Institute

In die Reihe der An-Institute gehört auch das 1986 gegründete Institut für Diabetes Forschung. Initiiert von Ernst-Friederich Pfeiffer, wird es von der Herbert-Weishaupt Stiftung getragen. Bis heute wird an dem großen Ziel gearbeitet, das als „Ulmer Zuckeruhr" bekannt gewordene System zu perfektionieren. Mit der automatischen Insulinabgabe durch ein auf dem Bauch getragenes kleines Gerät soll das tägliche Leben eines zuckerkranken Patienten wesentlich erleichtert werden.
Seit 1995 arbeitet das von Altrektor Pechhold gegründete und von mehreren Stiftern getragene Institut für Dynamische Materialprüfung. Neben der Entwicklung neuer Methoden und Geräte für die dynamisch- mechanische Prüfung von Materialien der verschiedensten Art, sind die erfassten Daten die Grundlage für modelltheoretische Beschreibungen. Eine außergewöhnlich interessante Gründung ist das Institut für Finanz- und Aktuarwissenschaften, das 1993 durch die Verbindung der Wirtschaftswissenschaften mit den deutschen Lebensversicherern entstanden ist. In der Verbindung von Aktuarwissenschaft, Wirtschaftsmathematik und Informatik hat sich aus einem ulmtypischen Fächerspektrum ein unabhängiges Beratungsunternehmen entwickelt, das hohes Ansehen genießt und, unter anderem, Branchenführer bei der Erstellung von Modellrechnungen für die Versicherungswirtschaft ist. [9]

Diese An-Institute, zu denen auch noch das Institut für Medienforschung und Medienentwicklung gehört, haben sich nicht nur in ihrer Mittlerrolle zwischen Universität und Industrie bewährt, sondern auch als Ausgangspunkt wichtiger technologischer Entwicklungen. Im Zuge neuerer Entwicklungen rücken sie auf der Leitungsebene näher an die Universität heran, sollen aber in ihrer Tätigkeit eine noch engere Kooperation mit der Industrie pflegen. Neben den An-Instituten gibt es in der Wissenschaftsstadt ein bedeutendes Industrieforschungsinstitut, das in Teilen an Ulmer Traditionen anknüpft und, nun zu einem Großkonzern gehörend, dessen Forschungspolitik widerspiegelt.

AEG-Forschungsinstitut. DaimlerChrysler-Forschungszentrum

Seit dem 1. April 1955 betrieb das Telefunken-Forschungsinstitut in Ulm, unter Leitung von Wilhelm Runge, Grundlagenforschung auf dem Arbeitsgebiet der Firma Telefunken. Gleichzeitig sollten neue Aufgabengebiete erschlossen und die Entwicklung neuer Produkte begleitet werden. Kurt Fränz, der 1964 die Nachfolge von Runge antrat, gliederte das Institut in Hardware und Systeme und brachte die Halbleiter- und Materialforschung in Gang. Gemeinsam mit Manfred Börner erhielt Fränz das weltweit erste Patent zur Nachrichtenübermittlung mit Lasern durch Glasfasern. Die vom Institut organisierten „Professorentreffen" zeigen die schon damals gepflegten Verbindungen zwischen Wirtschaft und Wissenschaft. Im Jahr 1979 waren in dem nun international bekannten Institut bereits 260 Mitarbeiter tätig. Als die Firma Telefunken zur AEG kam, blieb dies ohne Rückwirkung auf das Institut, da viele Projekte vom Bonner Wissenschaftsministerium und der Europäischen Kommission gefördert wurden. Nach der Übernahme der AEG durch den Daimler-Konzern, 1985, wurde das Institut in die Forschungszentrale von Daimler-Benz eingegliedert und ist heute Teil des DaimlerChrysler-Forschungszentrums auf dem Oberen Eselsberg. [10]

Das DaimlerChrysler-Forschungszentrum wurde am 19. Oktober 1993 eingeweiht. Am Mikrofon das Vorstandsmitglied Walter Niefer, hinter ihm der Architekt Richard Meier, ganz rechts der Vorstandsvorsitzende Edzard Reuter.

Das renommierte Ulmer Telefunken-Forschungsinstitut war seit den 70er Jahren mit großem Erfolg auf dem Gebiet der Sprachsignalverarbeitung und der Integrierten Schaltungen tätig. Neueste Forschungen gelten der Halbleitertechnologie für Höchstfrequenzbauelemente. Die Planungen für einen Neubau des Instituts fielen in die Zeit der Übernahme der AEG durch den Daimler-Konzern im Oktober 1985 und wurden so Teil eines großen Projekts, das auf dem Oberen Eselsberg realisiert werden sollte. Da mittlerweile ja neben der AEG auch Dornier und MTU in Friedrichshafen zum Daimler-Konzern gehörten, spielte die verkehrsgünstige Lage der Stadt, zwischen Stuttgart und dem Bodensee eine wichtige Rolle. So hatte Ulm, wo in Universitätsnähe geeignete Grundstücke zur Verfügung standen und eine unproblematische Abwicklung zu erwarten war, gute Karten, als auch der Daimler- Konzern die Neustrukturierung der Forschung und die Errichtung eines überregional wirkenden Forschungszentrums plante.

Im August 1986 gab Lothar Späth bekannt, dass der Vorstand von Daimler, die Landesregierung und die Stadt Ulm über die Errichtung von Forschungseinrichtungen auf dem Oberen Eselsberg verhandelten. Diese sollten quasi als wissenschaftliches Pendant zur Fertigung in Rastatt bis zu 2000 Mitarbeiter haben und einen entsprechenden Technologieschub auslösen. Während das AEG-Forschungszentrum bereits fertig war und die Vorbereitungen für den Bau des Daimler-Forschungszentrums liefen, erhielten die hochfliegenden Planungen jedoch einen Dämpfer, als die Diversifizierung des Konzerns gestoppt und die Konzentration auf das Kerngeschäft eingeleitet wurde. Mit der Folge, dass der neue Forschungschef Hartmut Weule 1990 die Forschungsziele dementsprechend änderte und den Flächen- und Personalbedarf in Ulm reduzierte. Ulm war nun einer der drei Standorte, an denen die dezentral organisierten Forschungsabteilungen des Konzerns arbeiteten.
Trotzdem verblieben dem Ulmer Institut Querschnittsaufgaben. Zu den heutigen Forschungsschwerpunkten gehören die Brennstoffzellentechnologie, Werkstoffuntersuchungen und intelligente Korrespondenz- und Leitsysteme. Das Institut, das am 19. Oktober 1993 eingeweiht wurde, zeichnet sich durch die gleichermaßen enge Bindung an die Industrie wie die Universität aus. Die Kooperation auf Professorenebene ist sehr eng, und die Tatsache, dass in dem Forschungsinstitut eine große Zahl von Diplomanden und Doktoranden tätig ist, bestätigt die 1986 angestrebten Synergieeffekte in Forschung und Lehre.

Das Institut besticht auch durch sein äußeres Erscheinungsbild, auf das besonders der Daimler-Chef Edzard Reutter großen Wert legte. Von Richard Meier entworfen, thront es in ästhetischer Reinheit geradezu abgehoben über der Universität. Die Exklusivität der vornehmen Anlage wird durch einen Zaun und ein Tor dokumentiert, das nur einen kontrollierten Zugang erlaubt. Auch wenn es so vom Prinzip des offenen Campus abweicht, ist es ein architektonisch überzeugendes Beispiel für einen besonders gelungenen Institutsbau. Aber dieser ist eben auch Teil eines weltweit operierenden Konzerns, in dem die Bilanzen vor der Ästhetik von Institutsbauten rangieren. So entstanden im Zuge der Globalisierung an zentralen Orten weltweit neue Forschungseinrichtungen, während Standorte in Berlin, Frankfurt und Friedrichshafen aufgegeben wurden. Mit etwa 400 Mitarbeitern und 200 Diplomanden und Doktoranden, sowie innovativen Forschungsbereichen nimmt Ulm in der Reihe der vier deutschen Standorte einen bedeutenden Rang ein. So können die immer wieder gehegten Befürchtungen, DaimlerChrysler werde sich aus Ulm zurückziehen, der Hoffnung auf eine gute Zukunft des Forschungsstandorts Ulm Platz machen. [11]

Diamantskalpelle für die Augenchirurgie. Im Hintergrund eine diamantbeschichtete Siliziumscheibe; die Materialbasis für die Skalpelle.

Die Fakultät für Ingenieurwissenschaften

Nach den Vorarbeiten der Fachkommissionen und der von der Universität beauftragten Professoren wurde 1988 die ingenieurwissenschaftliche Fakultät eingerichtet, die Vorlesungen begannen am 1. Oktober 1989. Wie vorgesehen, umfasste sie sechs Abteilungen: Allgemeine Elektrotechnik und Mikroelektronik, Informationstechnik, Mess-, Regel- und Mikrotechnik, Mikrowellentechnik, Elektronische Bauelemente und Schaltungen, sowie Optoelektronik. Der Praxisbezug und die beabsichtigte Nähe zur Physik sind unverkennbar.

So war es auch folgerichtig, dass bei den Berufungen Professoren aus der Industrieforschung zum Zuge kamen. Die ersten Lehrstuhlinhaber erlebten das inzwischen schon traditionelle „Ulmer Provisorium". Ihre Forschungstätigkeit begann in angemieteten Räumen. In diesem Fall in der Liststraße im Industriegebiet Donautal, was wenigstens den Praxisbezug der Abteilungen dokumentierte. Die Ingenieurwissenschaftler waren dort so erfolgreich tätig, dass sie vom Fakultätentag rasch als vollwertige Fakultät anerkannt wurden. Von Anfang an bestanden enge Beziehungen zum DaimlerChrysler-Forschungszentrum und zur Industrie, wobei das Mikroelektronik-Technikum, vor allem für die Zusammenarbeit mit Daimler-Chrysler, Siemens und EADS, aber auch für Ausgründungen, eine besondere Rolle spielt. Die engen Verbindungen mit der Industrie werden auch durch den von Siemens eingerichteten Stiftungslehrstuhl Telekommunikationstechnik und angewandte Informationstheorie bestätigt. Nicht zur Freude aller sind seit 2006 die Fakultäten für Ingenieurwissenschaft und Informatik in einer Fakultät zusammengefasst.

Die Landesregierung hatte die Richtung vorgegeben und gleichzeitig zwei auf fünf Jahre befristete Lehrstühle zugesagt. Auch wenn die beiden Bereiche der nun größeren Fakultät räumlich weit auseinanderliegen, kann man durch die Zusammenführung von Hardware und Software auch Vorteile sehen, vor allem im Hinblick auf das neue Fach Informationssystemtechnik. Die zur Abrundung des Fächerspektrums schon frühzeitig beantragte Abteilung Materialkunde, die gemeinsam mit der Universität Augsburg geplant war, wurde indes genau so wenig genehmigt wie der Studiengang Mikrosystemtechnik, den dann die Universität Freiburg erhielt.

Neben dem Austausch von Wissenschaftlern und der Tätigkeit von Lehrbeauftragten stellt die Industrie Arbeitsmöglichkeiten für Diplomanden und Doktoranden zur Verfügung. Insgesamt eine bis heute sehr erfreuliche Entwicklung, die durch gemeinsame Projekte und Ausgründungen, die von Wissenschaftlern der Universität initiiert wurden, den erwünschten Praxisbezug mit sich brachte.

Ein schönes Beispiel für die Verbindung von lokaler Industrietradition und wissenschaftlichem Fortschritt ist die Kooperation der Abteilung Brandschutztechnik von Iveco-Magirus mit der Ingenieurwissenschaftlichen Fakultät. Das von Eberhard Hofer und Oliver Sawodny entwickelte, rechnergestützte System ermöglicht ein rasches und dennoch schwankungsfreies Ausfahren der Leiter sowie die Stabilisierung des Fahrkorbs durch Schwingungsdämpfer.
Die Verbindung zur Medizin wird durch das von Klaus Dietmayer und Eberhard Hofer entwickelte computergesteuerte Navigationssystem dokumentiert, das Bypassoperationen am schlagenden Herzen ermöglicht. Anderen Wissenschaftlern der Fakultät gelangen spektakuläre Entwicklungen, mit denen sie in die Produktion einstiegen. So entstand etwa, unter Beteiligung des DaimlerChrysler-Forschungszentrums, 1999 die Gesellschaft für Diamantprodukte (GFD), die superscharfe Diamantskalpelle herstellt, die etwa bei Augenoperationen Verwendung finden. Neuerdings dehnt sie ihr Verfahren auch auf andere Werkzeuge und Produkte aus. Eine weitere Ausgründung ist die Firma U.L.M Photonics, die seit dem Jahr 2000 auf opto-elektronischem Gebiet, unter anderem mit komplizierten Messverfahren, tätig ist. Seit kurzem produziert sie für die Firma Microsoft Laserdioden, die die Bedienung des Computers mit einer schnurlosen Maus ermöglichen. Ein neueres Beispiel für den Bereich Forschung und Anwendung ist die von Erhard Kohn und Hans-Jörg Pfleiderer mit ihren Arbeitsgruppen entwickelte dreidimensionale Chip-Stapel-Technologie für die Produktion hochkomlexer Kamerasysteme, die die biologische Signalverarbeitung im menschlichen Gehirn nachbilden sollen.
All dies zeigt die enge Kooperationen mit der Wirtschaft und Unternehmensgründungen Ulmer Wissenschaftler, mit denen, wenn auch noch in begrenztem Umfang, Arbeitsplätze für qualifizierte Mitarbeiter geschaffen wurden. [12]

Die Einrichtung der Ingenieurwisssenschaftlichen Fakultät wirkte sich natürlich auch auf die naturwissenschaftlichen, nun so genannten „alten" Fächer aus. Während sie beispielsweise von der Einrichtung der Abteilung Halbleiterphysik profitierten, klagten sie zuweilen über eine gewisse Benachteiligung in der Ausstattung. Was die Biologie betrifft, lag in der Allgemeinen Botanik und Zoologie der Forschungsschwerpunkt auf der hormonalen Steuerung von Entwicklungsprozessen und der molekularen Biologie. Im Zuge einer differenzierten Weiterentwicklung traten die Neurobiologie und Ökologie dazu, die mit dem Spezialgebiet Tropenbiologie weltweit bekannt wurde. Seit 1989 ist die Mikrobiologie als Hauptfach etabliert und bildet eine Brücke zur Medizin, Chemie und Physik.
Die Fächer Biochemie und Biophysik signalisieren die fachübergreifende Forschung im molekularen Bereich. In der anorganischen wie organischen Chemie beschäftigen sich die Abteilungen und Sektionen mit speziellen Verfahren der Analyse oder der Messung von Dichte und Ausdehnung. Bei der Erforschung von Blutersatzstoffen gab es schon früh eine Kooperation mit der Blutzentrale und der Nuklearmedizin. Und natürlich ist die Klinische Chemie eine unverzichtbare Brücke zwischen diesen beiden Fächern. Im Zuge des Aufbaus der Ingenieurwissenschaften kam es zu einer Neustrukturierung der Chemie mit stärkerer Berücksichtigung der Elektrochemie, Festkörperchemie und Katalyse. Abteilungen wie Chemische Physik und Physikalische Chemie zeigen schon in der Begriffsbildung die enge Verbindung der Naturwissenschaften miteinander.

In der Physik selbst gibt es zwei Entwicklungsstränge. Im experimentellen Bereich gilt das Interesse traditionell der Polymerforschung, also Kunststoffen und neuen Materialien. Die Theoretische Physik erhielt seit den 80er Jahren mit der Quantenphysik einen Schwerpunkt, was 1991 zur Einrichtung der gleichnamigen Abteilung führte. Das 2005 gebildete Institut für Quanteninformationsverarbeitung arbeitet im Grenzbereich von Theorie und Praxis. Wirft man einen Blick in die einladend gestaltete Informationsschrift der Physiker, bekommt man einen beispielhaften Eindruck von der faszinierenden Welt der Naturwissenschaften, die sich entweder in wohlgeordnetem Zustand oder im Quantenchaos befindet. Man ist aber auch von der bilderreichen Sprache fasziniert, in der, neben der Formelsprache, die naturwissenschaftliche Kommunikation stattfindet. Wird beispielsweise ein Atom in einer parabelähnlichen Form so isoliert, dass man seine einzelnen Eigenschaften gut untersuchen kann, formuliert der Physiker die geradezu anmutige Wendung von der „eindimensionalen harmonischen Atomfalle". Der Sinn der Worte bleibt jedoch dunkel und so bedarf es für den Laien immer noch der Exegese des Fachmanns.

Dieser kurze Blick in das Innenleben der naturwissenschaftlichen Forschung an der Universität zeigt die differenzierte, fachspezifische Entwicklung, aber auch schon die interdisziplinäre Arbeit, die in den 90er Jahren immer wichtiger wurde. Von besonderer Bedeutung für die Studierenden war dabei die beginnende Kooperation mit den Wirtschaftswissenschaften, da dies die Chancen auf dem Arbeitsmarkt beträchtlich erhöhte. Dies erklärt die Akzeptanz der Fächer Wirtschaftsphysik und Wirtschaftschemie, die im Zuge der Schaffung neuer Fachrichtungen seit 1998 aufgebaut wurden.

Technik für Menschen:
Die Hochschule Ulm

Seit 2006 firmiert die von Rektor Achim Bubenzer geleitete Fachhochschule Ulm als Hochschule, eine Folge der zunehmend wissenschaftlichen Orientierung der 1960 gegründeten Staatlichen Ingenieurschule Ulm. Die Tatsache, dass 1968 das Projekt, einen gemeinsamen Studiengang Medizintechnik einzurichten, scheiterte, macht den etwas zurückhaltenden Umgang miteinander deutlich. Zwar arbeiteten die Universität und die Fachhochschule bei der 1970 von der Landesregierung initiierten Neuformierung einer Gesamthochschule Ostwürttemberg einige Jahre zusammen.

Doch mehr als die freudige Erkenntnis, in den gemeinsamen Sitzungen wachsendes Verständnis füreinander gefunden zu haben, kam auch dabei nicht heraus. So wie Gymnasium und Realschule verschiedene Zielsetzungen haben, sah die Universität ihren wissenschaftlichen Charakter in der Verbindung von Forschung und Lehre mit entsprechenden akademischen Graden, während die Fachhochschule ihren wissenschaftlichen Charakter in Verbindung mit einer starken Praxisorientierung entwickelte. Aus diesem Grund stand sie auch in engerer Verbindung mit der Handwerkskammer und der Industrie- und Handelskammer, etwa im Blick auf neue Ausbildungsgänge und Praktika.

Die Fachhochschule Ulm, die im Verbund mit den anderen Fachhochschulen von Konstanz bis nach Aalen den Ingenieurnachwuchs ausbildete, hatte einen ausgezeichneten Ruf, der natürlich auch Selbstbewusstsein vermittelte. Im Zuge der interdisziplinären Kooperation und dem Aufbau von Technologiezentren ergaben sich jedoch Anknüpfungspunkte zwischen Fachhochschule und Universität, die in das Konzept der von der Landesregierung forcierten Wissenschaftsstadt passten. Auch wenn die Fachhochschule der Einrichtung der ingenieurwissenschaftlichen Fakultät mit gemischten Gefühlen entgegensah, kam es 1989, also zwanzig Jahre nach dem ersten gescheiterten Versuch, zu einem Kooperationsvertrag zwischen der Fachhochschule und der Universität, den die Rektoren Fliedner und Xander am 23. Februar 1989 unterzeichneten. Allerdings, wie eine Korrespondentin zu erkennen glaubte, mit keiner allzu großen Begeisterung. [13]

Der architektonisch gelungene Bau der Fachhochschule Ulm auf dem Oberen Eselsberg dokumentiert die Einbindung in die Wissenschaftsstadt.

In jedem Fall kam es zur Vereinbarung regelmäßiger Kontakte und zur Einrichtung einer gemeinsamen Kommission von je sechs Vertretenden. Konkrete Zusammenarbeit ergab sich über das Steinbeis-Zentrum für wissenschaftlich-technische Zusammenarbeit der Universität und die Transferzentren der Fachhochschule. Eine Zusatzvereinbarung zu dem unbefristet abgeschlossenen Vertrag galt dem Ausbildungsgang Medizintechnik, bei dem die Universität den medizinbezogenen Ausbildungsteil übernahm. Mit diesem Vertrag und dem Planungskonzept der Landesregierung entsprechend, war die Fachhochschule Ulm integraler Bestandteil der Wissenschaftsstadt, was auch durch die modernen Erweiterungsbauten der Hochschule auf dem Oberen Eselsberg dokumentiert wird.

Die Rektoren Fliedner und Xander unterzeichnen am 23. Februar 1989 einen Kooperationsvertrag zwischen Universität und Fachhochschule.

Science Park I und II

Wie geplant, entstand seit 1990 im Ostteil des Universitätsgeländes nahe den An-Instituten der Science Park I. Die Landesentwicklungsgesellschaft, die den Bauauftrag erhalten hatte, erstellte architektonisch ansprechende, moderne Gebäude mit viel Glas. Aber da die Flächen klein und die Mietpreise relativ hoch waren, zeigten potenzielle gewerbliche Nutzer wenig Interesse. Die Folge war, dass sich die Universität einmietete, was natürlich nicht der Zielsetzung des Modells entsprach. Bei der Realisierung des Science Parks II, der im Rahmen der Innovationsoffensive seit 1995 entstand, übernahm deshalb die Stadt selbst die Initiative. Ursprünglich hatte man daran gedacht, das Gelände im Norden des Campus an interessierte Firmen zu verkaufen. Doch dieses Konzept kam nicht an, so dass

Beim Feuerwehrtag in Ulm 2003 spielte die erste „Feuerwehrleiter mit Hochschulabschluss" natürlich eine besondere Rolle.
Ein an der Ulmer Universität entwickelter Computer sorgt dafür, dass die bis auf 50 Meter ausgefahrene Leiter und der Leiterkorb keinen Schwankungen ausgesetzt sind. Zu einem eindrucksvollen Erlebnis wird die Höhenfahrt vor der Glasfassade des Maritimhotels, in der sich das Panorama der Stadt widerspiegelt.

In den Science Parks I und II haben sich mittelständische Unternehmen, aber auch Abteilungen großer Unternehmen angesiedelt. Sie nützen den Technologietransfer zwischen der Universität und der Wirtschaft, betreiben aber auch eigene Forschungsarbeit.
Mit der Schaffung von Arbeitsplätzen tragen sie wesentlich zur Stärkung des Wirtschaftsstandorts Ulm bei.

Als Beitrag zur Expo 2000 in Hannover entstand in Ulm eine beispielhafte Wohnsiedlung mit so genannten Passivhäusern, die sich weitgehend „selbst" heizen und kühlen. Dies dank einer perfekten Planung, Lüftung und Wärmedämmung. Nicht weit davon, steht im Science Park II mit dem als Bürohaus genutzten Energon das größte Passivhaus der Welt.

die ersten Bauten für Takata und Siemens von der Städtischen Wohnungsgesellschaft UWS erstellt wurden. Um Bauen und Vermarktung in eine Hand zu bekommen, gründete die Stadt als operatives Instrument die Projektentwicklungsgesellschaft (PEG). Das Regierungspräsidium stimmte unter dem Vorbehalt zu, dass sie, ohne auf dem freien Markt zu konkurrieren, nur regional tätig werden dürfe. Die PEG entwickelte sich zu einem ausgesprochenen Erfolgsmodell, das nicht nur universitätsnah, sondern auch im weiteren Bereich Anwendung findet.
Der Science Park II, in dem mittlerweile Unternehmen auch selbst bauen, hat sich sehr gut entwickelt. Neben großen Konzernen haben sich auch kleinere Firmen und Ausgründungen der Universität, bei günstigen Mietkonditionen, angesiedelt.
Die Tatsache, dass dort mittlerweile 1.600 Menschen beschäftigt sind und weitere Arbeitsplätze entstehen, ist ein ermutigendes Zeichen. Es gibt jedoch nicht nur ökonomisch geprägte Science-Parks. In unmittelbarer Nähe der Uni West beginnt ein ökologischer Lehrpfad, der die geologischen und botanischen Besonderheiten der Schwäbischen Alb beschreibt. Und im Osten des universitären Campus erstreckt sich der Botanische Garten, der Wissenschaft und Erholung vereint.

Der Botanische Garten

Nicht „Zurück zur Natur", sondern hinaus in die Natur ist die Devise der Biologen, die auf Dauer keine Forschung im „Schnapsglas" betreiben können, wie dies Focko Weberling einmal drastisch formulierte.[14] So bestanden schon 1968 Planungen für einen Botanischen Garten, der auf dem Gelände eines alten Schießplatzes im Lehrer Tal entstehen sollte. Es dauerte dann allerdings noch zehn Jahre, bis er Gestalt annahm. Und zwar auf dem Erdaushub der Großbaustelle des Klinikums auf dem Oberen Eselsberg, mit dem ein gegen das Lehrer Tal abfallendes Gelände modelliert wurde.
Hatte Helmut Schraudolf erste Anregungen gegeben, kämpfte vor allem Focko Weberling erfolgreich für einen baldigen Baubeginn, der dann auch erfolgte. Auf Grund seiner Planungen wurden die beiden ersten Gewächshäuser errichtet und am 5. September 1986 eingeweiht. 1989 hob im Heilmeyersaal des Ochsenhäuser Hofes „ein kleines Häuflein von Ulmern" den Verein der Freunde des Botanischen Gartens aus der Taufe, der unter seinem ersten Vorstand, Herbert Dörfler, rasch zu einer schlagkräftigen Truppe wurde und sich ideell und materiell für den weiteren Ausbau einsetzte.[15]

Gondelsystem, das, an drei Masten hängend, Untersuchungen in verschiedenen Höhen erlaubt. Die Verbindungen vom Lehrer Tal nach Französisch-Guayana sind also ebenso abenteuerlich wie wissenschaftlich ergiebig. Auf heimischem Boden erhielt der Botanische Garten mit der 2002 fertig gestellten Verwaltungs- und Betriebszentrale wichtige Neubauten.[16]

Heute dienen die Außenanlagen und die Gewächshäuser auf dem 28 Hektar großen Gelände der wissenschaftlichen Forschung, aber auch der Naherholung. Zu den Aufgaben des Botanischen Gartens gehören die Archivierung und Auswertung alter Sammlungen, das Bestimmen und Katalogisieren von Pflanzen, aber auch molekularbiologische Untersuchungen, in die auch die Pharmaforschung eingebunden ist. Und so wie einst Sämereien der Gärtner und Händler vom benachbarten Söflingen in alle Welt gingen, wird in den Sämereien und Herbarien des Botanischen Gartens das Erbe der Natur bewahrt und mit anderen Gärten ausgetauscht. All dies wäre nicht möglich ohne den engagierten Einsatz aller Mitarbeiter, an der Spitze die langjährige Kustodin Monika Gschneidner.

Mit Erfolg, denn schon 1991 stand ein 16 Hektar großes Gelände Studenten und Besuchern offen. Trotz immer wiederkehrender Unterbrechungen wegen fehlender Finanzmittel entstanden in der Folgezeit weitere Gewächshäuser. Sicher ein Höhepunkt war der Bau des Tropenhauses 1992. Als 1993 dann Gerhard Gottsberger den Lehrstuhl für Spezielle Botanik an der Ulmer Universität und die Leitung des Botanischen Gartens übernahm, begann eine jener Symbiosen, die ja auch in der Natur zu ganz besonderen Entwicklungen führt. Der begeisterte Tropenforscher, der 1996 den renommierten Körber Preis für europäische Wissenschaft erhielt, baute in Ulm diesen Zweig der Forschung aus, wobei vor allem auch Fragen der Tropenökologie eine Rolle spielten. Um im tropischen Urwald an die bislang weitgehend unerforschten Baumkronen zu gelangen, entwickelte Gottsberger mit Ulmer Botanikern ein ausgeklügeltes

Seit dem 17. Jahrhundert wetteiferten die Fürstenhöfe mit der Anlage von Botanischen Gärten und Orangerien. Später verband sich in den Anlagen der Universitäten die naturwissenschaftliche Forschung mit der Vorliebe des Bürgertums für exotische Gewächse. Man denke nur an die Palmenhäuser, die den Besucher noch heute faszinieren. Und so renommierte Botanische Gärten wie München oder Berlin sind längst zum lebendigen Bestandteil dieser Städte geworden. Wenn auch erst 25 Jahre alt, steht der Botanische Garten Ulm mit 28 Hektar als drittgrößte Anlage Deutschlands in dieser Tradition. Natur aus erster und zweiter Hand, ein grünes Klassenzimmer, ein Ort, an dem die Wissenschaftler den Geheimnissen der Natur mit immer subtileren Forschungsmethoden auf der Spur sind, während die Besucher den Zauber der Natur sichtbar erleben. Geht man den Hang abwärts durch den Wald, öffnet sich am

Der Botanische Garten der Universität Ulm.
Ein natürliches und attraktives Bindeglied zwischen Universität und Stadt.

Ende der Blick auf natürliche und kultivierte Gartenanlagen und auf das Wahrzeichen der Stadt: das Münster. In einem solchen Augenblick spürt man die Verbindung von Universität und Stadt, die, wie der Botanische Garten, besonderer Pflege bedarf.

Kooperation in der Medizin
Die Anfänge

Schon in der Gründungsphase war klar, dass es ohne die Städtischen Kliniken keine Universität Ulm geben würde. Um Kosten zu sparen und um die Gründung sicherer zu machen, bezog die Gründungskommission weitere Institute und Kliniken mit ein. Dazu gehörte das 1946 gegründete Heiligenberg-Institut für biologische Grundlagenforschung, dessen Verlegung nach Ulm fest vorgesehen war, das aber 1972 aufgelöst wurde. Eine hervorragende Entwicklung nahm dagegen die DRK-Blutspendezentrale. Was die Kliniken betraf, wurde das Bezirkskrankenhaus Günzburg schon 1970 Teil der Medizinischen Fakultät. Dort befanden sich Teile der Neurologie, vor allem aber die Neurochirurgie, die unter Alfred Schmidt rasch zu einem Zentrum wurde, in dem nach neuesten wissenschaftlichen Erkenntnissen gearbeitet wurde und in dem wichtige Entwicklungen in der Neurochirurgie ihren Anfang nahmen, die heute von Hans-Peter Richter fortgeführt werden.

Die von der Verwaltung des Ulmer Universitätsklinikums angestrebte Konzentration der Kräfte in Ulm führte zur Einrichtung einer neurochirurgischen Abteilung, die von Günzburg aus geleitet wird. Angesichts der Bedeutung und Akzeptanz der Günzburger Neurochirurgie trat deren Leiter in einem ausführlichen Bericht für die Beibehaltung des Standorts ein. Seit Ende 2006 zeichnet sich nun eine engere Verflechtung der Günzburger Neurochirurgie mit dem Universitätsklinikum Ulm ab. Und zwar in den Bereichen Neuroradiologie, Neuroanästhesie und Ambulanz.[17] Von Anfang ebenfalls mit einbezogen waren das Psychiatrische Landeskrankenhaus Weißenau und die Nervenklinik Dietenbronn, die vom Deutschen Paritätischen Wohlfahrtsverband betrieben wurde. Hier leistete Hans Helmut Kornhuber organisatorische, aber auch wissenschaftliche Pionierarbeit und baute aus kleinen Anfängen eine renommierte Klinik auf, mit dem Schwerpunkt auf der Behandlung von Multipler Sklerose. Da die Rehabilitation von Patienten oft mit der Wiederherstellung der Sprechfähigkeit einherging, bildete Kornhuber den ersten Logopäden aus und war Mitinitiator der Schule für Logopädie, die dann in Wiblingen eingerichtet wurde.[18] Wenn auch aus der Not geboren, ging die Universität mit der Einbeziehung Akademischer Krankenhäuser in die klinische Ausbildung neue und beispielhafte Wege. Alle Einrichtungen, die seinerzeit in der Stadt und im weiten Umland von der Universität genutzt wurden, gehören noch heute zu ihr und belegen den geradezu territorialen Charakter der Ulmer Universität. Für die klinische Ausbildung sind vor allem die Akademischen Lehrkrankenhäuser von Göppingen über den Ostalb-Kreis bis an den Bodensee unverzichtbar.

Nach der Eröffnung der Dermatologischen Klinik im ehemaligen Krankenhaus Söflingen im Jahr 2001 befindet sich keine universitäre Abteilung mehr im Bundeswehr-Krankenhaus. Die vor allem von Albert Schira konsequent betriebene Konzentration der Kräfte stärkte das Universitätsklinikum weiter. Mit hoch spezialisierter universitärer Medizin versorgt es als Krankenhaus der Maximalversorgung ein großes Einzugsgebiet. In Verbindung mit den anderen Kliniken und den angeschlossenen Instituten steht es für herausragende wissenschaftliche Leistungen ebenso wie für die umfassende Versorgung und Betreuung der Patienten.

Die DRK-Blutspendezentrale

Am 26. Januar 1956 wurde der DRK Blutspendedienst Baden-Württemberg gegründet, der seit 1958 eine Blutspendezentrale in Baden-Baden unterhielt. Im gleichen Jahr fand übrigens die erste große Blutspendenaktion in Baden-Württem

Mit der Bereitstellung von Blutkonserven ist die DRK-Blutspendezentrale Ulm ein unabdingbarer Teil des medizinischen Alltags.
Mit ihrer zukunftsorientierten Forschungsarbeit ermöglicht sie neue, hoffnungsvolle Therapien.

berg statt. Der rasant zunehmende Bedarf machte die Einrichtung einer zweiten Zentrale im Osten des Landes notwendig. Der Gründungsausschuss, der von diesen Planungen Kenntnis hatte, verzichtete auf eine eigene Zentrale und bat das DRK um eine an der Universität „aggregierte" Einrichtung, die, unter Leitung eines Mitglieds des Lehrkörpers, auch Aufgaben in Forschung und Lehre übernehmen sollte. Am 3. Oktober 1971 bezog die Blutspendezentrale das erste Gebäude im östlichen Teil des Universitätsgeländes auf dem Oberen Eselsberg.

Da das Heiligenberg Institut, dessen Verlegung nach Ulm geplant war, 1972 geschlossen wurde, blieb die Blutspendezentrale bis 1986 das einzige universitätsnahe Institut. Nach der Übernahme der Städtischen Blutzentrale durch das Land, 1982, und dem Ausscheiden des Chefarztes Spiess, 1984, wurde die Blutspendezentrale neu organisiert und im gleichen Jahr durch einen Kooperationsvertrag mit der Universität verbunden. Dies galt auch für Bernhard Kubanek, der als Professor für Transfusionsmedizin an der Universität lehrte und gleichzeitig die größte Blutbank Deutschlands leitete. Schon daran sieht man, welche wissenschaftlichen Veränderungen eintraten und in welche Bereiche die Forschung vorstieß. 1901 hatte der österreichische Bakteriologe Karl Landsteiner die Blutgruppen A, B und 0 entdeckt und beschrieben. Dafür erhielt er 1930 den Nobelpreis. Gemeinsam mit dem Amerikaner Alexander Solomon Wiener entdeckte er 1940 auch noch den Rhesusfaktor. Auf dieser, um die Arbeiten anderer Forscher erweiterten Grundlage, werden heute mit modernen Methoden die einzelnen Komponenten des Blutes untersucht, isoliert und therapeutisch nutzbar gemacht. Unter Leitung von Hubert Schrezenmeier werden in dem vom DRK Blutspendedienst Baden-Württemberg-Hessen und dem Universitätsklinikum gemeinsam eingerichteten Institut für Klinische Transfusionsmedizin und Immungenetik die entsprechenden Verfahren erforscht.

Der Schwerpunkt liegt dabei auf der Stammzellforschung und der Anwendung im molekularbiologischen Bereich der Medizin. Etwa der Therapie von Immundefekten oder dem Gentransfer bei onkologischen Problemen. Seit 1992 ist Ulm auch Sitz des damals gegründeten Zentralen Knochenmarkregisters für Deutschland, dem 30 Zentren angeschlossen sind. Damit ist die Blutspendezentrale mit ihren Instituten ein unabdingbarer Teil des klinischen Alltags und ein wichtiger Baustein im interdisziplinären Forschungsprogramm des Schwerpunktes Life Sciences an der Universität Ulm. Gleichzeitig ist das Zentrum mit der Dokumentation von Daten und der Bereitstellung besonderer therapeutischer Mittel ein wichtiger Teil des nationalen und internationalen Gesundheitssytems. [19]

Das neue Klinikum

Als letzte größere Baumaßnahme nach dem alten Konzept war am 21. Juni 1988 das Medizinische Universitätsklinikum Ulm eingeweiht worden. Der lang erwartete Abschluss einer beinahe unendlichen Geschichte. Nach einem unsäglichen Hin und Her zwischen den Hauptakteuren Bund, Land und Universität genehmigte der Ministerrat im Juni 1976 den Bau. Der Landtag stimmte zu, so dass die Vorarbeiten, Planung und Bauantrag beginnen konnten. Im März 1979 erfolgte der Grobaushub, die Grundsteinlegung im Juli 1979. Bis zum Richtfest 1982 gab es keine Verzögerungen, doch dann folgten, wie so häufig, Nachverdichtungen und Verzögerungen durch fehlende Finanzmittel. Bei der Einweihung waren dann alle Widrigkeiten vergessen, denn der Bau mit 330 Betten war nicht nur gelungen, er verwirklichte auch das Konzept der Universität „unter einem Dach" ein gehöriges Stück weiter.
Die vier Gebäudekreuze folgen dem Grundriss der Universitätsbauten, eines öffnet sich jedoch nach Süden und gibt so dem Bau eine Anbindung an die Landschaft, die sich mit einer entsprechenden Bepflanzung in den Innenhof hinein fortsetzt. Die Balkonbrüstungen mildern mit ihren rot gestrichenen Handläufen den Betoncharakter des Klinikbaus, der im Übrigen mit viel Glas das Drinnen und Draußen in freundlicher Weise ver-

Die Südseite der Medizinischen Klinik öffnet sich in eine Grünanlage und schafft so eine gleichermaßen lebendige wie beruhigende Atmosphäre.

bindet. Die Patienten, ob ambulant oder stationär, fühlen sich in dem funktionalen, aber doch auch ansprechenden Bau gut aufgehoben. Das Klinikum, das im Baukonzept der Universitätsanlage folgt, deutet in seiner äußeren Erscheinungsform den Übergang zu freier gestalteten Architekturformen an. Dies zeigt sich in dem beinahe in die Landschaft versenkten, modernen Funktionsbau der Strahlenklinik, der seit 1998 im Übergangsbereich zur Uni West steht und, wie das Klinikum, planerisch schon auf den dringend und sehnsüchtig erwarteten Neubau der Chirurgie ausgerichtet ist. Angesichts der unsicheren Lage wurden im Blick auf eine leistungsfähige Krankenversorgung seit 1988 die Kliniken auf dem Michelsberg erweitert und modernisiert. Nach Jahrzehnten des Wartens steht nun, 2008, die Planungsphase für die Chirurgie bevor. Es ist schon bemerkenswert, dass das Universitätsklinikum mit 93 Millionen Euro einen Teil der Finanzierung übernimmt und mit weiteren 85 Millionen den Landesanteil vorfinanziert. Dies zeigt den Stellenwert, den dieses Vorhaben im Konzept einer effizienten, auf dem Oberen Eselsberg konzentrierten universitären Krankenversorgung hat.

Auf der Agora der Gelehrtenrepublik stehen bis jetzt die gelungenen Bauten der Klinikverwaltung und der Zentralbibliothek. Vornehm und ruhig der eine, farbig und lebendig der andere, deuten sie das Konzept der entstehenden neuen Mitte der Universität an, die ja, so ist zu hoffen, in ihrer baulichen Vielfalt und ihrer Funktion zu einem lebendigen Mittelpunkt wird.

Der Rettungshubschrauber vor der Klinik Safranberg.
Er war ein wichtiger Teil des Ulmer Rendezvoussystems, bei dem sich Notarzt und Krankentransport am Unfallort treffen. Damals begann die bis heute weltweit beispielhafte Organisation der Rettungskette.

Das Bundeswehrkrankenhaus (BWK)

Als das Finanzministerium die Ulmer Kliniken, darunter das geplante Klinikum, von 1.800 auf 1.200 Betten herabstufte, suchte Gründungsrektor Heilmeyer nach einem Ausweg. Da er wusste, dass die Bundeswehr den Bau eines Krankenhauses in Ulm plante, schlug er bei einer zufälligen Begegnung mit Generalarzt Albrecht eine Kooperation mit der Universitätsklinik vor. Albrecht war von dem Vorschlag angetan und stimmte zu. Nun wandten sich Heilmeyer und das Kultusministerium an die Inspektion des Sanitäts- und Gesundheitswesen der Bundeswehr, mit der Bitte, das geplante Bundeswehrkrankenhaus in den Lehrbetrieb der Universität mit einzubeziehen und so das Bettendefizit zu kompensieren.

Am 4. Juli 1966 stimmte der Verteidigungsminister Kai-Uwe von Hassel dem Vorhaben zu. Im Jahr 1967 war man sich mit dem Inspekteur des Gesundheitswesens einig, dass das Bundeswehrkrankenhaus ein Akademisches Krankenhaus werden sollte. Dies zum Vorteil beider Vertragspartner, denn während die Universität Betten brauchte, benötigte die Bundeswehr zur Ausbildung von Fachärzten für die geplante Klinik ein breiter gefächertes „Krankengut".

Nachdem der Besuch einer Ulmer Delegation im Koblenzer Bundeswehrkrankenhaus ebenso positiv verlaufen war wie ein Gespräch des militärischen „Sonderbeauftragten" Ahnefeld bei Heilmeyer in Freiburg, kam die Angelegenheit in Gang.[20] Am 2. Januar 1968 bezogen Friedrich Ahnefeld, zwei Schwestern und zwei Pfleger sowie eine MTA ein Kellerzimmer in der Frauenklinik und begannen mit dem Aufbau einer Anästhesieabteilung und der Intensivpflege. Ahnefeld fungierte auch als Verbindungsmann zur Universität, die Koordination lag bei einer im gleichen Jahr eingerichteten ständigen Kommission mit Vertretern der Universität, des BWK, des Kultusministeriums und des Verteidigungsministeriums. Im März 1968 zogen dann plötzlich dunkle Wolken über dem Unternehmen auf, als bekannt wurde, dass Franz-Josef Strauß die Verlegung des geplanten Krankenhauses nach München betrieb. Dies konnte durch die sofortige Intervention Heilmeyers bei Bundeskanzler Kiesinger nicht nur verhindert werden, das Bettenkontingent wurde auch noch von 400 auf 600 aufgestockt.

Dies ist nur ein Beispiel, wie Heilmeyers Persönlichkeit und seine weit reichenden Beziehungen dem Ulmer Universitätsprojekt von Nutzen waren. In einem 1971 zwischen dem Land und dem Bund abgeschlossenen Vertrag verpflichtete sich das Land zur Kostenübernahme für die Räume, die der Lehre dienten. Alle Lehr- und Forschungseinrichtungen der Universität standen der Bundeswehr zur Verfügung, habilitierte Bundeswehrangehörige waren akademische Mitglieder der Ulmer Universität. Der beiderseitige Vorteil lag auf der Hand; die Bundeswehr profitierte von Lehre und Forschung, die Universität von der Krankenversorgung, vor allem in den Fächern Augenheilkunde, HNO, Dermatologie und Anästhesie. Im Jahr 1972 befanden sich etwa 60 Bundeswehrärzte in der Facharztausbildung. Damit war auch die im gleichen Jahr beginnende klinische Ausbildung der Ulmer Medizinstudenten sichergestellt.

Im Mai 1971 hatte ein erster Kontrakt zwischen der Bundeswehr und der Universität im Offizierscasino in der Karlstraße stattgefunden, und im November des gleichen Jahres begann Ahnefeld mit Hilfe der Bundeswehr den Aufbau eines Testrettungszentrums auf der Grundlage einer Rettungskette, die er bereits in Mainz entwickelt hatte. Nun reagierten die Studenten, die, obwohl es nur ein Angebot war, sich „gezwungen" sahen, an der „militärisch geführten Unfallrettung" teilzunehmen, während das Studentenparlament und die Fachschaftsversammlung die gesamte Kooperation ablehnten, die „ein weiterer Schritt zur Integration der Universität in die Bundeswehr" sei. Standen diese Stellungnahmen im ideologischen Zusammenhang mit der Ablehnung der Notstandsgesetze und der Rolle der Bundeswehr, betonten Rektor Baitsch und der Leiter des Rettungszentrums Ahnefeld die Notwendigkeit der Kooperation mit der Bundeswehr, die ihrerseits bei der Ausbildung von Sanitätsoffizieren auf die Universität angewiesen war. [21]

Ende 1967 hatten die Planungen für den Bau des Krankenhauses begonnen. Standort war der Obere Eselsberg, wo der Bund ein Grundstück von 29 Hektar bereithielt. Der Planungsauftrag wurde im Oktober 1971 erteilt, der Grundstein am 26. November 1974 gelegt. In den folgenden Jahren entstand ein achtgeschossiger Bau, der in seinem äußeren Erscheinungsbild als kompakter Klinikbau bis heute die Silhouette des Oberen Eselsberges in markanter Weise prägt. Im Innern war er modern und funktional ausgestattet, wobei vor allem das Kommunikationssystem mit den über Schienen laufenden Boxen ein Novum darstellte, das bis heute die Blicke auf sich zieht. Da in den 70er Jahren die Sorge vor einer atomaren Bedrohung noch recht virulent war, entstand auch ein atombombensicheres Krankenhaus unter Tage, das eintausend Menschen aufnehmen konnte, die dort zwei Wochen ohne Außenkontakt zubringen konnten.

Im Bundeswehrkrankenhaus Ulm standen seit Januar 1980 620 Betten zur Verfügung, von denen 150 zivil genutzt wurden. Für die klinische Ausbildung der Studenten wurden entsprechende Kapazitäten bereitgehalten, wobei die Ausbildung in Dermatologie, Mund- und Kieferchirurgie exklusiv im BWK erfolgte. Das BWK war bald sicht- und hörbar im Bewusstsein der Öffentlichkeit verankert. Dies hauptsächlich durch das Knattern des Hubschraubers und den auf gelben Grund prangenden Buchstaben SAR, Search and Rescue. Auch der neue Helikopter ist, über seine Hilfsfunktion hinaus, noch heute ein Symbol des modernen Rettungswesens und der Notfallmedizin. Untrennbar verbunden ist dies mit Friedrich Wilhelm Ahnefeld, der theoretisch und praktisch in Ulm das aufbaute, was heute weltweit praktiziert wird: Ein mit der Anästhesie verbundenes Hochleistungsrettungswesen.

Die Kooperation zwischen Universität und Bundeswehr wurde im Januar 1988 erneut bestätigt, als das BWK Aka

In winterlicher Pracht. Der prägnante moderne Funktionsbau des Bundeswehrkrankenhauses Ulm.

demisches Krankenhaus der Universität wurde. Damit konnten alle wissenschaftlichen Mitarbeiter des BWK im Verbund mit der Universität Forschungsarbeiten durchführen. Und für die Universität bedeutete es, dass sie bei Berufungen an das BWK beteiligt war. Bis Anfang der 90er Jahre erfolgte die Ausbildung der Ulmer Medizinstudenten in besonderen Fachabteilungen am BWK. Dies änderte sich, als an der Universität mit dem Ausbau der Zahnmedizin eine eigene Abteilung entstand, und mit der Eröffnung der Hautklinik im Söflinger Krankenhaus im Juli 2001 auch auf diesem Sektor die Eigenständigkeit erreicht war. Nach wie vor dient das Bundeswehrkrankenhaus der Ausbildung von Studierenden und der Fort- und Weiterbildung von Ärzten. Da von den 497 Krankenhausbetten 222 Betten zivilen Patienten zur Verfügung stehen, ist das BWK, wie vor 30 Jahren geplant, ein wichtiger Teil der Krankenversorgung. Unter Leitung von Generalärztin Erika Franke sind dort 611 militärische und 543 zivile Dienste tätig. Damit ist das BWK als eines der noch verbliebenen vier bundesweit tätigen Truppenkrankenhäuser nicht nur von medizinischer, sondern auch von wirtschaftlicher Bedeutung. [22] Derzeit ist die umfassende Sanierung des Hauses im Gange, die 2011 abgeschlossen sein wird.

Als im Mai 1992, vorwiegend Ulmer Sanitätssoldaten in Kambodscha ein Lazarett aufbauten, begann ein zweites Kapitel in der Geschichte des Bundeswehrkrankenhauses.

In zahlreichen Auslandseinsätzen betreuen seitdem Ulmer Ärzte und Sanitäter kranke und notleidende Menschen in Krisenregionen auf der ganzen Welt, und natürlich auch die Soldaten, die dort im Einsatz sind. So hat die Hilfe, die die Bundeswehr beim Aufbau der Krankenversorgung in Ulm und der Region geleistet hat und bis heute leistet, internationale Dimensionen erlangt.

Vom Chirurgisch-Orthopädischen-Rehabilitationskrankenhaus (COR) zu den Universitäts- und Rehabilitationskliniken Ulm (RKU)

Nachdem seit dem Rentengesetz von 1957 der Grundsatz gilt, dass Rehabilitationsmaßnahmen der Verrentung vorzuziehen sind, führte dies zur Planung und zum Bau von speziell dafür geeigneten Kliniken. In Ulm nahmen derartige Gedanken im Jahr 1967 Gestalt an. Neben dem seinerzeit herrschenden Mangel an Krankenhausbetten mussten Kranke und Behinderte lange auf Behandlung und anschließende berufliche Umschulungsmaßnahmen warten. Dazu kam, dass die Contergankinder eine ständige Mahnung zur Hilfeleistung waren. Im Jahr 1957 war das angeblich unschädliche Schlafmittel Contergan auf den Markt gekommen. Wie sich dann zum Leidwesen der Betroffenen herausstellte, kamen Kinder von Müttern, die während der Schwangerschaft das Medikament eingenommen hatten, mit schweren Missbildungen zur Welt. Von den europaweit etwa 10.000 Fällen waren allein in Deutschland 5.000 Kinder betroffen. Mitte der 60er Jahre gab es Überlegungen, in Ulm ein orthopädisches Behandlungszentrum für Contergankinder einzurichten, die aber keine konkreten Formen annahmen.

Die Pläne für ein Rehabilitationskrankenhaus gab man jedoch nicht auf, und so kam es auf Betreiben des Ulmer Chirurgen Franz Niedner 1968 zu Kontakten mit dem Berufsförderungswerk Heidelberg, heute: Stiftung Rehabilitation Heidelberg. Treibende Kräfte auf Seiten der Stadt waren Hans Lorenser und Gerhard Stuber, die zusammen mit einem Arbeitskreis, dem Vertreter öffentlicher und gesellschaftlicher Gruppen angehörten, das weitere Vorgehen besprachen. [23]
Am 13. Oktober 1970 kam es zur Gründung der Gesellschaft Reha, mit dem Ziel, ein Chirurgisch- Orthopädisches Rehabilitationskrankenhaus (COR) zu bauen, das nach den Vorstellungen der Universität aber außerhalb des Geländes auf dem Oberen Eselsberg entstehen sollte. Was die Finanzierung und den Bau des Krankenhauses betraf, kam es im Zuge der Aktivitäten für den Bau des Universitätsklinikums 1975 zu einem Tauziehen zwischen der Stadt und der Universität. Bei einem Vortrag vor

Die Anlage der Universitäts- und Rehabilitationskliniken Ulm auf dem Oberen Eselsberg.

der Scultetusgesellschaft warnte Lorenser davor, das COR für die Klinik zu opfern, da dies „ein nicht wieder gutzumachender sozialpolitischer Fehler" sei. Vom Sozialministerium unterstützt, konnte er sich mit seinem Vorschlag einer späteren Kooperation mit dem Universitätsklinikum durchsetzen. [24]

Damit nicht genug, gerieten die Gespräche seit 1972 in die Pflegesatzmühle des Krankenhausgesetzes. Denn nun ging es vornehmlich darum, wer die Pflegekosten übernehmen sollte. Kompliziert wurde die Angelegenheit noch dadurch, dass daran gedacht war, die Unfallchirurgie in der geplanten Klinik unterzubringen. Dies scheiterte dann daran, dass das Land die Kosten nicht übernehmen wollte. Von den anschließenden Verhandlungen über die Aufteilung der Pflegekosten können die langjährigen Geschäftsführer, Walter Ohm und Gerhard Stuber, noch heute ein Lied singen. Obwohl pausenlose Gespräche liefen, war angesichts der mangelhaften Finanzausstattung an einen Bau überhaupt nicht zu denken. Erst als die Landesversicherungsanstalt (LVA) dem Grundstock 10 Millionen DM zuführte, kam es 1979 mit der Festlegung der endgültigen Aufteilung zu konkreten Ergebnissen. Von den 224 Betten sollten 157 auf die Orthopädie und 67 auf die Neurologie entfallen. Getrennt davon, waren 100 Internatsbetten für Rehabilitationsmaßnahmen.

Der Baubeginn erfolgte noch im Jahr 1979 und zwar nun doch nahe der Universität, auf einem Grundstück in der Nähe des Bundeswehrkrankenhauses. [25] Am 12. Oktober 1984 wurde das nun so genannte Rehabilitationskrankenhaus (RKU) eröffnet. Ein moderner Funktionsbau, der mit seinen großen Entlüftungsrohren auf dem Dach ein wenig an eine Fabrikanlage erinnert. Mit seiner Fertigstellung erhöhte sich die Bettenzahl der Ulmer Kliniken auf 2.150, und das Behandlungsspektrum hatte sich beträchtlich erweitert. Der leitende Arzt der Neurologie, Hans Helmut Kornhuber, gehörte der Universität schon seit der Gründung an, der Leiter der Orthopädie Wolfhart Puhl, war mit einem Kooperationsvertrag der Universität verbunden, wie der Leiter der Anästhesie, Hans-Hinrich Mehrkens. Als im Jahr 1987 die Sana-Klinik AG den Anteil der Heidelberger Reha-Stiftung übernahm, gab Lorenser die Geschäftsführung an Horst Jeschke ab. Neben dem Bundeswehrkrankenhaus war das Rehabilitationskrankenhaus von Anfang an ein bedeutender Kooperationspartner der Universität in Forschung und Lehre, deren Ausbildungskapazitäten auf diese Weise gesichert wurden. Nach der Übernahme des Ulmer Anteils durch das Universitätsklinikum sind die Universitäts- und Rehabilitationskliniken (RKU) auch in die Organisation der Uniklinik eingebunden. Die Orthopädie, Leitung Heiko Reichel, und die Neurologie, Leitung Albert Ludolph, sind Universitätskliniken in der Trägerschaft des RKU. Daneben gibt es die Klinik für Anästhesiologie und Intensivmedizin sowie die Klinik für Physikalische und Rehabilitative Medizin. Ergänzt wird dies mit der Abteilung Berufliche Rehabilitation. Damit verfügt das RKU über einen geschlossenen Behandlungs- und Betreuungskreis von der universitären Akutmedizin bis zur beruflichen Wiedereingliederung.

Die gesellschaftlichen Aspekte der Medizin waren schon in der Gründungsdenkschrift 1965 als zukunftsweisende Aufgabe definiert worden. Und zwar im Zusammenhang mit der ebenfalls notwendigen Betreuung und Fürsorge für ältere Menschen. Nicht von ungefähr taucht in allen diesbezüglichen Planungen der Stadt Ulm das Krankenhaus am Safranberg als künftiges Krankenhaus für ältere Menschen auf.
Da nicht abzusehen war, wann die Universität das Gebäude endgültig räumen konnte, mussten andere Lösungen gesucht werden. So kam es zur Gründung des Geriatrischen Zentrums Ulm/Alb Donau. Dazu gehören unter anderem die Bethesda Geriatrische Klinik Ulm, das Universitätsklinikum Ulm, das RKU und die Stadt Ulm sowie der Alb-Donau-Kreis.
Also ein leistungsfähiges Netzwerk, das die medizinische Behandlung älterer Menschen sichert. Ein Schwerpunkt liegt auf der Fort- und Weiterbildung von Ärzten, die in der Altersmedizin tätig sind. In der Geriatrie und der Rehabilitation zeigt sich auch der soziale Aspekt der Medizin, der angesichts der demographischen Entwicklung immer wichtiger wird.

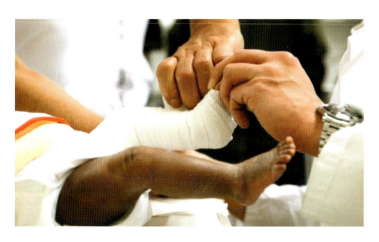

Helfende Hände. Angefangen von der Kinderorthopädie bis hin zu Rehabilitationsmaßnahmen ist die Klinik auf universitäre Akutmedizin ebenso spezialisiert wie auf Maßnahmen zur Wiedereingliederung in das Berufsleben.

Freundlich und einladend, das Foyer der Klinik Bethesda Geriatrische Klinik Ulm.

Begegnungen.
Philosophie, Kunst und Kultur

Ein Haus der Begegnung: Die Reisensburg

Schon in vorchristlicher Zeit war der Ort, wo heute die Reisensburg steht, ein Siedlungsgebiet. Später entstand dort eine wehrhafte Burganlage, die Ende des 17. Jahrhunderts im Stil der Renaissance ausgebaut wurde. Wie viele andere Burgen des schwäbisch-bayerischen Raums, war sie einem ständigen Besitzwechsel unterworfen, bis sie 1763 an die Freiherren von Eyb ging, mit denen die Zeit feudalherrschaftlichen Besitzes zu Ende ging. Heute wäre von der Anlage wohl nicht mehr viel übrig, wenn der junge Heilmeyer dort nicht manchmal seine Ferien verbracht hätte.

Die Erinnerung an diese Zeit bei den Günzburger Großeltern setzte sich in dem Gedanken fort, ein Gästehaus zu errichten, in dem sich die Vergangenheit einer sanierten Burganlage mit der Zukunft der zu gründenden Ulmer Universität verband. Als die Stadt Ulm einem Kauf nicht näher treten wollte, gründete der hartnäckige Heilmeyer mit Unterstützung von Politikern, Freunden und Förderern das Internationale Institut für wissenschaftliche Zusammenarbeit, das sich am 21. Juni 1966 konstituierte. Da ein rechtsfähiger Verein sieben Mitglieder haben musste, fanden sich um Heilmeyer folgende Gründungsmitglieder zusammen. Horst Linde, Leiter der Hochschulbauabteilung des Finanzministeriums in Stuttgart, Heinz Autenrieth, Leiter der Hochschulabteilung im württembergischen Kultusministerium, Theodor M. Fliedner, Gründungsprofessor, Friedrich Schneider, Generalsekretär des Wissenschaftsrats, Hermann Lang, Rechtsanwalt und der spätere bayerische Innenminister, Bruno Merk.[1] Insgesamt also eine bayerisch-schwäbische Mischung illustrer Persönlichkeiten aus Wissenschaft und Politik.

Schon am 14. Februar 1966 hatte der Freundeskreis die Reisensburg aus privater Hand erworben, sie vor dem Verfall bewahrt und eine ausgesprochen lebendige Zukunft eingeleitet. Vor allem der Besuch ausländischer Gastwissenschaftler bewog Heilmeyer, ein romantisch verklärtes Gästehaus mit einer besonderen Atmosphäre einzurichten. Dank der guten Verbindungen Heilmeyers und des Engagements aller Beteiligten, namentlich des späteren Günzburger Landrats Georg Simnacher, konnten die Umbauarbeiten bald beginnen und zwar auf Grund-

Niki de St. Phalles Muse und Dichter vor dem Hauptbau der Universität Ulm.

lage der Planungen von Ilse und Hans Walter Henrich. Schon in der ersten Bauphase entstanden moderne Konferenzräume, Speise- und Aufenthaltsräume, sowie eine kleine Bibliothek. Dies entsprach dem Nutzungskonzept, bei dem sich ein stilvoller Aufenthalt mit wissenschaftlicher Arbeit verbinden sollte.

Die Reisensburg. Schwäbisch-bayerische Akropolis. Seit 1969 Refugium und Begegnungsstätte für Wissenschaftler. Ein Ort der Inspiration, lebhafter Diskussionsrunden und Ausgangspunkt zahlreicher Forschungsprojekte. Kurz, ein geistiges Zentrum der Universität und der Scientific Community.

Dank der Unterstützung der Stiftung Volkswagenwerk konnte 1970 ein Gästehaus mit 32 Appartements fertig gestellt werden. All dies geschah schon unter Leitung von Theodor M. Fliedner, der dem verstorbenen Heilmeyer als Vorstand des Internationalen Instituts für wissenschaftliche Zusammenarbeit gefolgt war. Auch er verfügte in der wissenschaftlichen Welt über weit reichende Verbindungen, vor allem mit der World Health Organisation (WHO).

Er baute in der Folgezeit mit nimmermüdem Engagement und einer persönlichen Verpflichtung gegenüber Heilmeyers Werk die Reisensburg zu einem wissenschaftlichen Begegnungs- und Forschungszentrum par excellence aus. Sie wurde zum Ort von Symposien, Tagungen und Gesprächen mit hochkarätigen internationalen Forscherpersönlichkeiten, aber auch zum Gästehaus der Universität Ulm, das allen ihren Angehörigen freundliche Aufnahme gewährte und bis heute in der geradezu klösterlichen Abgeschiedenheit Ruhe und Gelegenheit zur Begegnung bietet. Ohne die Klausuren auf der Reisensburg hätte der Senat der Ulmer Universität schwerlich sein geschlossenes Konzept der Uni Ulm 2000 entwickeln können. Das Institut fungiert jedoch nicht nur als Gastgeber, es übernimmt auch eigenständige Forschungsarbeiten, wie 1980/81 den vom Bundesministerium für Forschung und Technologie erteilten Auftrag, neue therapeutische Konzeptionen bei verschiedenen Krankheitsbildern zu entwickeln.

Anlässlich des 20-jährigen Jubiläums des Instituts 1986 erinnerte Rektor Fliedner an die vielfältige und fruchtbare Tätigkeit der „invisible colleges", der Expertennetze, die an wechselnden Orten, so auch auf der Reisensburg, tagen und Problemlösungen erarbeiten. [2] Dazu erhielt die Tagungsstätte 1997 an Stelle eines baufälligen Gebäudeteils einen schönen Neubau mit weiteren 19 Zimmern, und die Wagenremise wurde zu einem Veranstaltungsraum umgebaut. Im gleichen Jahr wurde nach Abschluss eines Vertrags das Anwesen als unselbstständige Stiftung in das Körperschaftsvermögen der Universität Ulm überführt. Die Reisensburg wird demnach als Begegnungszentrum für Wissenschaft und Wirtschaft und als internationales Tagungszentrum weiterentwickelt. Dabei wird auch die Universität Augsburg mit einbezogen, zumal die Verbindungen nach Bayerisch-Schwaben und Augsburg ja nicht neu sind. So profitiert beispielsweise das Humboldt-Studienzentrum von der Philosophischen Fakultät der Universität Augsburg, und neuerdings wurde sogar ein Kooperationsvertrag zwischen den beiden Universitäten abgeschlossen. Der Verein Internationales Institut für Wissenschaftliche Zusammenarbeit, der unter Fliedners Leitung bestehen blieb, begrüßte die Schenkung an die Universität Ulm, in deren zukünftigem Konzept der Reisensburg neben ihren bisherigen Aufgaben mit Post-Graduate Kursen eine wichtige Rolle zugedacht ist.

Zum Zeitpunkt der Übergabe sah Landrat Georg Simnacher die Reisensburg zu Recht „auf dem schönsten Höhepunkt ihrer Architektur". [3] Der historische Burgfried ist dabei ein weithin sichtbares Zeichen für Heilmeyers „schwäbische Akropolis", die unter Federführung von Theodor Fliedner ein geistig-kulturelles Zentrum der weltweiten „Scientific Community" wurde. Mit wohltuend bayerisch-schwäbischem Einschlag.

Die Geisteswissenschaften

Während sich in der Zeit von 1984 bis 1989 der Aufbau der Wissenschaftsstadt vollzog, der Technologietransfer die Diskussion beherrschte, Lothar Späth sich vor Vorschlägen aus Ulm „nicht mehr retten konnte" [4] und die Delegationen und Festredner sich die Klinke in die Hand gaben und bald nicht mehr wussten, was sie sagen sollten, ging der normale Betrieb natürlich weiter. Und wenn auch nicht ganz so spektakulär, so vollzog sich eher im Stillen die Gründung des „Humboldt-

Studienzentrums". Dies gewann insofern an Gewicht, als ein Ausbau zur Volluniversität weder wünschenswert noch erreichbar war, und die Einrichtung der Lehrstühle für Technikfolgenabschätzung zwar geplant aber nicht sicher war.
So bot das Humboldt-Studienzentrum in Verbindung mit dem Studium Generale eine geisteswissenschaftliche Ergänzung zu den naturwissenschaftlichen und medizinischen Fächern.

Das Studium Generale und der Dies Academicus waren in der Nachkriegszeit an den deutschen Universitäten und Technischen Hochschulen zu den Institutionen geworden, die der Pflege fächerübergreifender Aspekte dienten.
Die Professoren und Dozenten sprachen zu Themen aller Art, vor allem im Bereich der Philosophie, Religion und Kunst.
Dies führte aus der Enge des eigenen Fachs und des universitären Alltags heraus und vereinigte Lehrende und Lernende zu dem, was Universität ausmachte: der zweckfreie Umgang mit Wissenschaft.

In dieser Tradition begann Hans Helmut Kornhuber 1977 mit der Organisation des Studium Generale an der Universität Ulm. Sein Ziel war die Förderung der Kreativität und der staatsbürgerlichen Bildung, die er, ganz konkret, gegen die Einflussnahme radikaler Kräfte stärken wollte. Nicht zuletzt wollte er Hilfen zur Lebensorientierung geben.
So lud er auswärtige Dozenten zu Vorträgen ein, die er teilweise selbst bezahlte. Die kleine Bibliothek stattete er mit eigenen Beständen aus und rief später zu Spenden für ihre Vergrößerung auf. Dank seiner Beziehungen gelang es ihm, hochkarätige Künstler und Wissenschaftler zu Vorträgen nach Ulm zu holen. So sorgten neben anderen Rolf Hochhuth oder John Eccles für interessante und spannende Abende. 1984 übergab Kornhuber die Leitung des Studium Generale an Klaus Spremann. Er, wie seine Nachfolger, führten die von Hans-Helmut Kornhuber begründete Tradition der Vorträge, Referate und Seminare fort und bauten sie in vielfältiger Weise aus. Das Studium Generale, das nicht zuletzt auch als wichtiges Bindeglied zur Stadt fungiert, ist bis heute ein Aktivposten der Universität und ihres Bildungsauftrags. [5]

Beim Dies Academicus, dem festlichen Jahrestag der Universität, findet man sich bei Vorträgen und im Gespräch zusammen. Antrittsvorlesungen, Vorträge bedeutender Persönlichkeiten und die Verleihung Akademischer Würden an Freunde und Förderer der Universität dokumentieren auch die Verbindung der Universität mit den Bürgern und gesellschaftlichen Vereinigungen der Stadt, die durch die Stiftung von Preisen die wissenschaftliche Forschung unterstützen. Neuerdings dient dieser Tag vornehmlich der Verleihung von Preisen, wie dem Landeslehrpreis, dem Frauenförderpreis oder der Würdigung der Kooperation zwischen Wirtschaft und Wissenschaft. Auf diese Weise werden herausragende Leistungen in jenen Bereichen anerkannt, die im universitären Leben eine bedeutende Rolle spielen.

Das Humboldt-Studienzentrum

Bekanntlich war schon in der Gründungsdenkschrift von der Einrichtung geisteswissenschaftlicher Studiengänge mit sieben Lehrstühlen die Rede. Da sich die lang gehegte Hoffnung auf Einrichtung dieser Lehrstühle nicht erfüllt hatte, galt es, auf andere Weise eine geisteswissenschaftliche Ergänzung der bestehenden Studiengänge zu schaffen.

Am 9. Juli 1983 fand die festliche Gründungsfeier des Humoldt-Studienzentums im Bibliothekssaal des Klosters Wiblingen statt.

Beim Dies Academicus 1986 schlugen dann „Geistesblitze" auf dem Oberen Eselsberg ein. Und zwar in Form eines provokativen und geistreichen Vortrags des Philosophen Odo Marquard, der bei zuviel Naturwissenschaft nicht als Erster den „Verlust der Lebenswelt" beklagte. [6]
Dem wirkte Rektor Fliedner entgegen, der die Universität nicht nur stärker mit der Wirtschaft verband, sondern auch mit der Philosophie, die er als unabdingbaren Teil ihres geistigen und gesellschaftlichen Auftrags sah. Auf Grund seiner Initiative und Unterstützung legten Richard Brunner, Klaus Giel und Peter Pauschinger am 29. April 1986 ein Memorandum zur Gründung eines Humboldt-Zentrums für Geisteswissenschaften vor.
In der Präambel wurden die Ziele des Zentrums umrissen, das als Ergänzung des naturwissenschaftlichen Fächerspektrums, aber auch als eigenständige Einrichtung bisher vernachlässigten

Die Gründungsväter des Humoldt-Studienzentrums, 1984.
Günther Bien, Peter Pauschinger, Peter Novak, Martin Bauer, Klaus Giel, Arno Baruzzi, Alois Halder, Otto-Peter Obermeier, Richard Brunner.

Fragen ethisch-philosophischer und erkenntnistheoretischer Problemstellungen nachgehen sollte. [7]

Der Vorstoß war erfolgreich, so dass gemäß dem Universitätsgesetz das Humboldt-Studienzentrum auf der Rechtsgrundlage einer Gemeinsamen Kommission eingerichtet werden konnte. Bis zum Erlass der Prüfungsordnung am 23. April 1983 herrschte in der „rechtsfreien" Anfangsphase eine geradezu begeisternde Aufbruchstimmung, die in der schönen Gründungsfeier am 9. Juli 1983 im Bibliothekssaal des Klosters Wiblingen ihren Ausdruck fand.

Die Villa Eberhardt: Markantes Baudenkmal des Historismus.
Einst Domizil der Fabrikantenfamilie Eberhardt ist es heute ein gastfreundliches Haus der Universität Ulm.

Die Leitung des Zentrums liegt bei einem Vorstand, dessen Mitglieder Professoren der Ulmer Universität sind. Erster, viele Jahre amtierender Sprecher war Peter Novak. Beratendes Organ ist ein wissenschaftlicher Beirat, dem zwölf renommierte Philosophieprofessoren angehören.

Die neue Einrichtung war von Anfang an auch im Sinne einer Akademie konzipiert, der sowohl ordentliche Professoren der Universität als auch korrespondierende Mitglieder angehören sollten. Wie es das Gründungskonzept der Universität Ulm vorsah, war auf diese Weise die interdisziplinäre Zusammenarbeit sichergestellt. Die ersten Vorlesungen und Seminare wurden von Lehrbeauftragten und Professoren der Universitäten Augsburg und Stuttgart gehalten, die Teil eines interessanten Verbundsystems dieser Universitäten waren.

Eine herausragende Rolle bei der Gründung spielte der „treu sorgende Hausvater" des Humboldt-Studienzentrums, Klaus Giel, seit 1984 engagierter Leiter des Seminars für Pädagogik, der die Visionen Fliedners realisierte und im Übrigen auch die erste Vorlesung hielt: „Ethische Entwürfe des 19. Jahrhunderts". [8]

Ein entscheidender Schritt beim Ausbau des Zentrums erfolgte im Januar 1990 mit der Errichtung einer Stiftungsprofessur. Seitdem kommen jährlich junge, engagierte Philosophiedozenten für einige Zeit nach Ulm und setzen thematische Schwerpunkte. Die Tätigkeit in Ulm ist aber auch karrierefördernd, denn viele von ihnen sind heute Lehrstuhlinhaber an bedeutenden philosophischen Fakultäten.

Mittlerweile ist das Zentrum in einigen Bereichen auch fester Bestandteil des Ausbildungsprogramms der Universität. So müssen beispielsweise Studierende der Elektrotechnik, der Informatik sowie der Wirtschaftsmathematik und der Wirtschaftsphysik durch den Besuch einer philosophischen oder sprachwissenschaftlichen Veranstaltung einen so genannten „Humboldtschein" erwerben. Darüber hinaus kann seit 1987 ein Begleitstudium absolviert werden, das nach erfolgreichem Abschluss als erster Teil eines später weitergeführten Philosophiestudiums anerkannt wird. Zweifellos ein Meilenstein in der Geschichte des Zentrums war die 2003 erfolgte Einrichtung eines Studiengangs Philosophie, der mit dem Grad des Bachelor abgeschlossen werden kann. Dieser neue Zweitstudiengang kam dank der Initiative und des Einsatzes von Rektor Hans Wolff zustande. Seitdem erfolgt auch die Berufung der Gastprofessoren auf drei Jahre.

Von Anfang an wurde, wie beim Studium Generale, der Kontakt mit einem interessierten Publikum in der Stadt gepflegt. Die ersten Vorträge fanden im Ochsenhäuser Hof statt, später im Stadthaus. Heute steht daneben mit der Villa Eberhardt ein schönes Domizil und ein Ort für gepflegte Gespräche zur Verfügung. Die Pflugfabrikanten Eberhardt hatten ihre Villa 1902/03 vom Architekturbüro Rank in München im altdeutschen Stil errichten lassen und hinterließen damit ein eindrucksvolles Baudenkmal der Gründerzeit. Schön restauriert, bietet es heute ein stilvolles Ambiente für Vorträge und Kolloquien.

Der wissenschaftliche Ertrag des Humboldt-Studienzentrums besteht nicht nur in der Vermittlung von Wissen, sondern auch in der Publikation von Vorträgen und den Ergebnissen von Symposien. Bemerkenswert ist die Verbindung mit der Museumsgesellschaft Ulm, die seit 1989, dem Jahr ihres 200-jährigen Jubiläums in unregelmäßiger Folge, einen mit 5.000 Euro dotierten Preis verleiht. Er geht an junge Wissenschaftler, die im Humboldt-Studienzentrum herausragende Arbeiten zu geisteswissenschaftlichen Themen vorlegen. Auch der so wichtige Sprachunterricht, zunächst in Chinesisch und Japanisch, fand hier eine Heimat. Seit 1992 wird in dem nun eigenständigen Zentrum für Sprachen und Philologie eine Vielzahl moderner Fremdsprachen angeboten, die für die internationale Ausrichtung der Universität unentbehrlich sind. Dies gilt für die Beherrschung der Landessprache wie für landeskundliche und kulturelle Aspekte.

Für alle Aktivitäten im Humboldt-Studienzentrum zeichnet seit vielen Jahren die Geschäftsführerin Renate Breuninger als engagierte Begleiterin und Moderatorin verantwortlich. Fazit: Im Jahr des 40-jährigen Bestehens der Universität kann das Humboldt-Studienzentrum auf 20 Jahre erfolgreiche Arbeit zurückblicken. Unvergessen bleiben dabei die erste Zeit mit dem jungen, brillanten Vittorio Hösle, dessen Karriere als renommierter Philosoph in Ulm begann, oder die Vorlesungen von Thomas Kesselring zu Fragen der Ökologie. In bescheidener Behausung und mit Stellen nicht gerade gesegnet, machte man aus der Not eine Tugend, denn von Anfang an herrschte eine einladende, ja geradezu familiäre Atmosphäre.
Dabei entfaltet das Humboldt-Studienzentrum eine äußerst lebendige Wirkung, gilt es doch als Einrichtung, die in der philosophischen Landschaft Deutschlands einzigartig ist. [9]
Mit der Öffnung der Universität für die Weiterbildung, gerade auch älterer Menschen, wachsen dem Zentrum neue Aufgaben im lokalen und regionalen Bereich zu.

Die frühen Jahre von Chor und Orchester.
Seit 30 Jahren leitet Universitätsmusikdirektor Albrecht Haupt mit nicht nachlassendem Engagement den Chor der Universität.

Das Musische Zentrum

Die Musen fanden sich mit Sang und Klang schon früh auf dem Oberen Eselsberg ein. Im Jahr 1972 gründeten Professoren und Studenten in einer konzertierten Aktion ein kleines Orchester, das am 8. Februar 1973 unter Leitung von Margarete Adler-Koerber im Wiblinger Bibliothekssaal seinen ersten öffentlichen Auftritt absolvierte. 1974 übernahm Klaus Müller-Nübling die Leitung, die er, zum Universitätsmusikdirektor avanciert, bis 1990 innehatte. In der Zeit entwickelte sich trotz der häufigen Wechsel ein Klangkörper, der mit seinen Konzerten im Ulmer Kornhaus zu einem gern gehörten Teil des Ulmer Kulturlebens wurde. Darauf konnte Michael Böttcher ab 1990 aufbauen. Er setzte die musikalische Tradition des Orchesters fort und nahm moderne Elemente auf. Unter Leitung von Burkhard Wolf führt das Universitätsorchester heute nicht nur große Orchesterwerke auf, es absolviert auch erfolgreiche Tourneen und steht mit anderen Universitätsorchestern in freundschaftlicher Verbindung.

Ein zweites musikalisches Ensemble der Universität ist seit Jahrzehnten mit einem Namen verbunden: Albrecht Haupt. Wer ihn und seine hohen Ansprüche kennt, wundert sich nicht, dass die Proben des Universitätschores ebenso anstrengend wie die Aufführungen erfolgreich sind. Ob große klassische

Das Universitätsorchester probt unter Leitung von Klaus Müller–Nübling.

oder moderne Chorwerke, die Zuhörer werden nie enttäuscht. Mit etwas Trauer und Wehmut musste der Chor seinen angestammten Probenraum im Ochsenhäuser Hof aufgeben, aber dies tut der weiteren erfolgreichen Arbeit sicher keinen Abbruch.

Als 1986 Theodor Fliedner die Parole ausgab „Die Musen müssen her", zielte das in eine andere, aber ebenso interessante Richtung. Im September 1988 legten Helmut Baitsch und Peter Novak eine Denkschrift vor: Die Universität Ulm braucht ein musisches Zentrum. [10] Unterstützt wurde der Plan von Caius Burri, Theodor Fliedner, Wilhelm von Wolff und Otto Steidle. Die angehängten Unterschriftenlisten belegten eindrucksvoll, wie stark die universitären Kreise im Blick auf

Seit 1993 arbeitet der
„Father for all" und das Multitalent
Fred Ayer als „artist in residence"
im Musischen Zentrum.
Inmitten des Wissenschaftsbetriebs
eine Oase für kreatives Arbeiten.

den ingenieurwissenschaftlichen Ausbau der Universität einen musisch geprägten Kontrapunkt setzen wollten.
Das war auch der Tenor eines Schreibens, das Kanzler Eberhardt am 9. November 1988 an das Staatsministerium richtete. Obwohl die darin enthaltenen räumlichen Nutzungsanforderungen äußerst bescheiden waren, gab es keine Zusage.
Da allen Beteiligten klar war, dass trotzdem gehandelt werden musste, galt es, ein Provisorium zu schaffen. Hilfe kam vom Universitätsbauamt, dessen Leiter Wilhelm von Wolff ein engagierter und phantasievoller Verfechter des musischen Zentrums war. Er ließ vier Holzhäuschen aus Oberschwaben nach Ulm holen, wo sie „ohne Schnörkeleien" aufgestellt wurden und „in schlichter Einfachheit" mithelfen sollten, die „innere Sehnsucht der Universitätsmenschen in ihrer zyklopischen Laborwelt nach Häuslichkeit zu stillen". [11]

Dieser geradezu philosophisch vorgetragene hohe Anspruch verband sich mit dem Wunsch von Helmut Baitsch, das Zentrum nicht von oben zu installieren, sondern es von unten wachsen zu lassen. So entstand im Kontrast zu den wuchtigen Universitätsbauten mit den vier um einen Platz angeordneten Holzhäuschen ein originelles kleines Quartier mit ganz eigener Atmosphäre. Im Atelier, das als Aktionsraum für Maler und Bildhauer diente, haust semesterweise ein Künstler, der die Besucher an seiner Arbeit teilhaben lässt. Von 1991 bis 1993 arbeitete dort Herbert Volz, dem dann Fred Ayer folgte, der seitdem als Multitalent und „artist in residence" in dem Atelier arbeitet und künstlerisch interessierte Adepten um sich versammelt. [12] Der Musikraum steht für Proben zur Verfügung, aber auch für experimentelle Musik und Performances. In der Werkstatt können unter anderem Musikinstrumente gebaut werden, während das Kulturbüro Aktivitäten jedweder Art, wie Führungen, Seminare etc. organisiert. So hatte man mit Kreativität, Engagement und Zielstrebigkeit aus der Not eine Tugend gemacht und mit dem hölzernen Provisorium ein sehr gefragtes soziokulturelles Zentrum geschaffen, das mit der Windharfe ein weithin sichtbares Kennzeichen erhielt.

Am 1. Juli 1991 wurde es mit einem Festakt eingeweiht. „Wir wollten bewusst Musen an die Uni holen, wo wir arbeiten, weil wir wie im Alltag manchmal eine kreative Pause brauchen", so Gabriele Sponholz vom Leitungsteam. [13]
In der Folgezeit diente es auch der Vorbereitung der jährlichen Musischen Tage, die im November 2000 im Stadthaus stattfanden. Ein Zeichen der Verbundenheit mit der Stadt und Ausdruck kreativen Studentenlebens.

Auf dem Kunstpfad

In der ersten Bauphase wurde das triste Grau des Betons, soweit möglich, farblich belebt. Die einzelnen Ebenen erhielten, auch zur Orientierung, einen unterschiedlichen farbigen Anstrich. Im nördlichen Eingangsbereich, der in eine kleine Cafeteria übergeht, sorgen die kinetischen Objekte von Adolf Luther für ein Lichtspiel besonderer Prägung. Andere prominente Orte, wie große Hörsäle oder Innenhöfe, erfuhren mit künstlerischen Mitteln eine Aufwertung. In diesen Jahren war der in unregelmäßigen Zeitabständen wachsende Campus immer wieder Baustelle, so dass eine durchgängige Gestaltung der Außenanlagen mit Großplastiken nicht möglich war.
Einen Anfang machte 1977 Max Bill mit seinen farbigen Stelen. Der Baumeister und Gründungsrektor der Hochschule für Gestaltung machte deren streng geometrisches und rationales Gestaltungskonzept auf dem Oberen Eselsberg in bleibender Weise sichtbar.

Mit dem Bau des Instituts für unfallchirurgische Forschung traten der fließende Übergang und die Gestaltung von Innen- und Außenraum in eine neue Phase. Die Verbindung von Wissenschaft, Kunst und Natur, in der Kurzform Wikuna nur unvollständig erfasst, war in ihrer zweckmäßigen wie ästhetischen Gesamtwirkung so überzeugend, dass Caius Burri zu dem Entschluss kam, den gesamten Campus mit Skulpturen moderner Künstler zu gestalten. Die Idee eines Kunstpfads war geboren.

Am 27. September 1990 wurde der Kunstpfad der Ulmer Universität eröffnet. Die künstlerischen Väter waren Caius Burri, links im Bild und, im Hintergrund, Karl-Heinz Reisert.

Die Realisierung erhielt einen unerwarteten Schub, als Lothar Späth in seiner Regierungserklärung vom 13. Dezember 1989 das künstlerische Schaffen quasi zum Staatszweck erhob. Schon zuvor hatten Lothar Späth und Ernst Ludwig ein Bekenntnis zur künstlerischen und kulturellen Gestaltung der technologiebetonten Wissenschaftsstadt Ulm abgelegt.
Was im fruchtbaren Augenblick und im Hochgefühl künftiger Erwartungen spontan geäußert wurde, führte auf bürokratisch-

kultureller Ebene zur Bildung einer Kunstkommission, die aus Vertretern des Wissenschaftsministeriums, der Universität und der Stadt bestand. [14]

Eine glückliche Fügung war, dass Caius Burri mit seiner Kunststiftung und Karl Heinz Reisert als Vorsitzender des Ulmer Kunstvereins mit nie nachlassendem Engagement das Projekt förderten. Besonders hilfreich waren natürlich ihre Verbindungen zu renommierten Künstlern, die mit ihren Großplastiken den Ulmer Kunstpfad gestalteten, der am 27. September 1990 von Rektor Fliedner offiziell eröffnet wurde. Der Lebensbaum weist den Weg in eine von Architektur, Kunst und Natur geprägte Landschaft, die mit Toren, Stelen und Objekten das Drinnen und Draußen verbindet. Dies zeigt der Bau der Medizinischen Klinik in beispielhafter Weise. Noch dem Bauprinzip der Gebäudekreuze folgend, öffnet sich der Bettentrakt in einladender Weise nach Süden. Mildere Architekturformen und eine von Herbert Volz entworfene farbige Innengestaltung schaffen eine gleichermaßen anregende wie beruhigende Atmosphäre.

Erich Hauser 10/87.
Hausers Stahlplastiken haben keine Namen. Sie erhalten die Bezeichnung des Entstehungsdatums.

Noch einen Schritt weiter ging man beim Bau der Uni West, als schon im Vorfeld hohe Summen investiert wurden, um ökologische, wirtschaftliche und gestalterische Zielsetzungen in einer Gesamtkonzeption zu verwirklichen. Wie die geradezu selbstverständlich wirkende Verbindung von Architektur und Landschaft zeigt, gelang dies in hervorragender Weise. Dies belegt auch die große Resonanz, die die Gesamtanlage in der Öffentlichkeit und in Fachkreisen fand. Im Westen findet der universitäre Campus mit den modernen Institutsbauten und den Bauten der Fachhochschule seine Fortsetzung und geht schließlich in das große Wohngebiet am Eselsberg über.

Klaus H. Hartmann
Pink Flamingo 1989

Bernhard Heiliger
Ulmer Tor 1989

Anspannung und
Aufbruch zu neuen Ufern

Die Universität in den 90er Jahren

Im Oktober 1990 konstituierte sich der Landesforschungsbeirat, der auch die Universität Ulm bat, ihre Perspektiven darzulegen. Die daraufhin verfasste Denkschrift über den Stand und die Perspektiven der Universität Ulm von 1991 und der Sachstandsbericht von 1995 markieren die Eckpunkte einer Entwicklungsphase, in der sich die Sorgen des universitären Alltags und die Planungen für die Zukunft widerspiegeln. [1]
Im Zuge der Neueinrichtung der Fakultäten für Ingenieurwissenschaften und Informatik tauchte im Herbst 1989 wieder einmal, allerdings ohne konkretes Ergebnis, der Gedanke einer geisteswissenschaftlichen Fakultät auf. Nach der Zusammenlegung der Fakultäten für Theoretische- und Klinische Medizin 1993 blieb es bei fünf Fakultäten. Eine wenig spektakuläre, aber umso nachhaltigere Veränderung vollzog sich jedoch im strukturellen Bereich der Universität durch die Neufassung der Verwaltungs- und Benutzungsordnung. 1989 hatte sich eine Gruppe von C2 und C3 Professoren zusammengefunden, die ihren Einflussbereich zu vergrößern suchte. Vor allem Werner Kratz und Joachim Voeller war es zu danken, dass die C2 und C3 Professoren nun, im Rahmen einer einvernehmlichen Lösung, bei der Zuweisung von Räumen und Finanzen ein Mitspracherecht in den Abteilungen erhielten und bei Neuberufungen beteiligt waren. 1998 wurde diese „angemessene Teilhabe" konkretisiert und ihnen ein zwar nicht hoher, aber immerhin fester Verfügungsbeitrag von jährlich 5.000 DM zugewiesen. Diese Entwicklung hing nicht zuletzt mit dem 1990 einsetzenden Generationswechsel zusammen, der sich auch in der Besetzung der universitären Gremien und Ämter zeigte. Vor allem stärkte er die kollegialen Bindungen auch über die Fakultätsgrenzen hinaus. [2]

Im Jahr 1990 begannen die Vorlesungen an der neu eingerichteten Fakultät für Informatik. Die Informatik, die bisher schon als Nebenfach studiert werden konnte, war mit dem Schwerpunkt auf algorithmischen Aspekten seit 1976 praktisch im Alleingang von Axel Schreiner aufgebaut worden. Daran und an die fröhliche Pionierzeit, die die kleine Truppe auch persönlich zusammenschweißte, erinnert das schmale Bändchen I-Mail, das zum 10-jährigen Jubiläum der Fakultät im Jahr 2000 erschien. Das Zusammengehörigkeitsgefühl ist

Die Universität West.
Die von Otto Steidle entworfene farbenfrohe Holzkonstruktion ist ein gelungener Kontrast zur Betonarchitektur des Zentralbaus.

geblieben, geändert haben sich die fachlichen Schwerpunkte in Richtung des weiten Feldes der Kommunikation und Telearbeit. In der Fülle der Verbindungen mit anderen Fächern, für die die Informatik quasi zur Basistechnologie geworden ist, sind die Studiengänge Medieninformatik und Neuroinformatik besonders bemerkenswert, zumal die Medieninformatik den dringend erwünschten Anteil weiblicher Studierender erhöht hat.

Die Raumnot der Informatik wurde durch einen Neubau im östlichen Teil der Universität nur wenig gemildert. Der links angeschlossene so genannte „Schnellbau Lehre" sorgte für etwas Entspannung im Hörsaalbereich.

Die von Anfang an erfreuliche Entwicklung der Studentenzahlen – sie stieg von 148 im Jahr 1990 auf 262 im Jahr 2003 – war angesichts der Arbeitsplatzproblematik vorübergehend etwas rückläufig, ist jetzt aber wieder stabil. Geblieben ist die wenig erfreuliche Raumnot, die auch nach dem Umzug in den Ostteil der Universität die Arbeit bis heute belastet. Neuerdings gehört auch das früher der Fakultät für Naturwissenschaften zugeordnete Institut für Pädagogik zur Fakultät für Informatik, um der Entwicklung zum Lernen mit neuen Medien Rechnung zu tragen. Unter Leitung von Albert Ziegler hat die wissenschaftliche Forschungsarbeit des Instituts 2006 große Anerkennung gefunden. Ziegler erhält von den Vereinigten Arabischen Emiraten, auf fünf Jahre verteilt, 20 Millionen Euro. Die Summe dient der Erstellung eines Masterplans für Begabtenförderung in den dortigen Staaten. Von der Einrichtung der Fakultäten für Informatik und Ingenieurwissenschaften profitierte auch die Fakultät für Mathematik, die zwei Lehrstühle für Numerik und Reine Mathematik erhielt. Mittlerweile waren auch alle sechs Abteilungen im Fach Elektrotechnik eingerichtet, die Energietechnik war teils der Chemie, teils der Elektrotechnik zugeordnet; auf Anregung des Senats wurde ein Zentrum für Energietechnik gebildet. Die Medizintechnik war einem Zentralinstitut für Biomedizinische Technik zugeordnet, das in der Folgezeit die Erwartungen allerdings nicht erfüllte und neu organisiert wurde.

Die Rektorwahl im Mai 1991 verlief nicht reibungslos. Sie musste nach Differenzen der Findungskommission mit dem Ministerium neu ausgeschrieben werden. Aus der schließlich auf zehn Bewerber angewachsenen Liste wurden vier Bewerber zur Wahl vorgeschlagen. Mit großer Mehrheit wählte der Senat schließlich den Leiter der Abteilung Angewandte Physik Wolfgang Pechhold, der mit seiner ausgleichenden, ja geradezu väterlichen Art vor allem bei den Studenten in hohem Ansehen stand.[3] Er folgte auf Theodor Fliedner, der eine zweite, doch recht stürmische Entwicklung der Universität eingeleitet hatte. In seiner achtjährigen Amtszeit, die von großem persönlichen Engagement geprägt war, hatte er als Gründungsprofessor nie die Botschaft der Reform vergessen. Aber auch nicht die der Tradition der universitas magistrorum et scholarium, die er in zeitgemäßer Weise weiterführte. Die Universität war aus dem Elfenbeinturm der reinen Forschung und Lehre herausgetreten und hatte sich in Bezug auf die Wirtschaft und die Stellung in der Region neu positioniert.

Unter Rektor Pechhold erwartete man nun eine Phase der inneren Konsolidierung. Im Großen und Ganzen hatte sich der Aufbau der neuen Studiengänge planmäßig vollzogen. In der Energietechnik waren noch nicht alle Lehrstühle besetzt, und die Medizintechnik arbeitete weniger effektiv als erwartet. Kontrovers waren auch die Planungen für die Technikfolgenforschung verlaufen. Für die Universität Ulm waren zwar im Rahmen eines landesweiten Netzwerks vier Lehrstühle vorgesehen, die das geisteswissenschaftliche Angebot verstärkt hätten, aber leider wandelte sich die Vorsehung nicht zur Realität. In der Ausbauphase hatte die Universität auf der einen Seite sicher größere Spielräume gewonnen, die sie etwa für die Umwidmung von Lehrstühlen nutzen konnte, auf der anderen Seite hatten die „alten" Fächer aber nur teilweise die erhoffte Erweiterung erfahren, was mit den Raumproblemen und den Stellenengpässen zusammenhing. So wurden Rektor und Kanzler nicht müde, beim Ministerium für Wissenschaft und Kunst, aber auch bei Minister von Trotha persönlich auf diese Probleme hinzuweisen und um Abhilfe zu bitten. Dies in einer Phase, in der durch den 1990 einsetzenden Aufbau Ost die finanziellen Spielräume des Landes noch enger wurden.

Im Juni 1991 hatte Ministerpräsident Teufel eine Arbeitsgruppe mit Vertretern der Universitäten und Ministerien eingesetzt, die sich mit der Entwicklung und den Perspektiven der Landesuniversitäten in den 90er Jahren befassen sollte.

Im November des gleichen Jahres kamen der Ministerpräsident und die Landesrektorenkonferenz zu einem Gespräch in Monrepos zusammen. Grundlage war der Bericht der Arbeitsgruppe, der keine besonders erfreulichen Aussichten eröffnete.
So erwiesen sich die Prognosen der 80er Jahre über sinkende Studentenzahlen als ebenso falsch wie die Öffnungsklausel von 1977, mit der die Regierungschefs in Bund und Ländern die Tore der Universitäten weit aufgemacht hatten. Aus der Hoffnung, zehn Jahre Überlast zu fahren und dann zu geordneteren Verhältnissen zurückzukehren, war die Gewissheit der Dauerlast geworden. In Baden-Württemberg waren von 1980 bis 1990 die Studentenzahlen von 102.124 auf 148.780 (+46%) gestiegen, die des wissenschaftlichen Personals nur von 6.727 auf 7.492 (+11%). Um die daraus resultierende Belastung für Lehrende und Lernende zu mildern, legte die Landesregierung ein Sofortprogramm von 750 Millionen DM für Grundausstattung und zusätzliche Personalstellen auf. Dies war auch deswegen dringend notwendig, da das Wissenschaftsministerium gleichzeitig die Verbesserung der Qualität der Lehre propagierte, wie einem ausführlichen Rundschreiben des Ministeriums zu entnehmen ist, und was auch in dem seit 1993 verliehenen Landeslehrpreis zum Ausdruck kommt. [4]

Unabhängig davon, waren studentische Aktionen wie „Prüf den Prof" ein Indiz für die Erkenntnis, auf dem Feld der Lehre etwas zu tun und dem Eindruck entgegenzutreten, die Professoren seien mit dem Ausfüllen von Anträgen für Drittmittel so stark beschäftigt, dass sie keine Zeit mehr für die Studenten hätten. Die Diskussionen über neue methodisch-didaktische Ansätze standen dabei in einem größeren Zusammenhang, der den sekundären und tertiären Bildungsbereich gleichermaßen umfasste. „Bildung per Mausklick" signalisierte die zunehmende Bedeutung der Medien im modernen Unterricht, wie die Gruppenarbeit das selbstbestimmte Lernen voranbringen sollte. Ohne im Gymnasium den Lehrervortrag oder an der Universität die große Vorlesung aufzugeben, rückte das Lernen in kleinen Einheiten, mit Lehrern als Moderatoren, in den Vordergrund. Dazu bedurfte es natürlich entsprechender Stellen im akademischen Mittelbau und einer guten räumlichen Ausstattung. Da es in Ulm, trotz zusätzlicher Finanzmittel, in einigen Abteilungen an beidem mangelte, musste das Ziel teilweise unter beträchtlichen Belastungen angesteuert werden.
Außer Frage steht, dass die Zielvorstellungen auch wesentlich von der mehr oder weniger ausgeprägten pädagogischen Fähigkeit des Lehrers abhängen. Natürlich sind gute Wissenschaftler nicht notwendigerweise auch gute Lehrer, aber eine methodisch-didaktische Vorgehensweise kann ein Stück weit erlernt werden. Die Studenten erwarten ganz einfach eine angemessene Vermittlung des Wissensstoffs und die Hinführung zu eigenständigem Lernen und Arbeiten.

In der Forschung erfolgte seit 1984 die gezielte Schwerpunktförderung, von der auch die Ulmer Universität profitierte. Neben der schon bestehenden Förderung von drei Projekten konnten 1992 fünf weitere Schwerpunkte, vornehmlich im Bereich Technologietransfer, eingerichtet werden. [5]
Im Oktober 1987 trat dann eine zweite Kommission Forschung Baden-Württemberg zusammen, die 1989 ihren Abschlussbericht vorlegte. Mit der Empfehlung des Leitbilds einer „differenzierten, effizienzorientierten Universität" verband sie die Notwendigkeit einer unverwechselbaren Profilbildung und, was die Wirtschaft betraf, eines wechselseitigen Technologietransfers. Dabei sollte die wissenschaftliche Forschung als „konstitutives Merkmal der modernen Universität" beibehalten werden. [6] Wies dieses Vokabular auf die unternehmerische Orientierung einer im Wettbewerb stehenden Universität hin, gewann in der Forschung, unter Nutzung der Synergieeffekte, die fächerübergreifende Vorgehensweise immer größere Bedeutung, was prinzipiell schon Teil des Gründungskonzepts der Ulmer Universität war. Verwirklicht war und ist dies in den Sonderforschungsbereichen, den Landesforschungsschwerpunkten, in der Einrichtung des Interdisziplinären Zentralinstituts für Klinische Forschung (iZKF) und der Einwerbung von Drittmitteln, mit denen nicht zuletzt die personellen Voraussetzungen für eine erfolgreiche wissenschaftliche Arbeit geschaffen werden. Die nach wie vor kontroversen Diskussionen im Blick auf die Aufgaben und Zielsetzungen der universitären Forschung zeigten sich auch beim Dies Academicus 1995, der im Zuge des Ausbaus der Wissenschaftsstadt dem Thema Wechselwirkung von Wirtschaft und Wissenschaft gewidmet war.

Während sich der ehemalige Leiter des AEG Forschungsinstituts, Stefan Maslowski, natürlich für eine industriebezogene Forschung aussprach, stellte der Nobelpreisträger Manfred Eigen den Wert der unbedingten Grundlagenforschung heraus. Eine vermittelnde Position nahmen der Stuttgarter Philosoph Jürgen Mittelstraß und der spätere Rektor der Universität Ulm, Karl Joachim Ebeling ein. [7] In Ulm spielte diese Frage deshalb eine große Rolle, weil der Technologietransfer und die Zusammenarbeit mit der Wirtschaft, und all ihrer Konsequenzen, zur Konzeption der Wissenschaftsstadt gehörten. Nicht umsonst hatten Rektor Pechhold und seine Prorektoren Aschoff und Hofer sofort nach Amtsantritt im Jahr 1991 darauf hingewiesen, dass die Ulmer Universität keine „Daimler Universität" sei. [8]

Neue Impulse für die Wissenschaftsstadt

„Wissenschaftsstadt Ulm - wohin?" fragte ein 1990 gebildeter Arbeitskreis, der gemeinsam mit der vh die Bereiche Ökologie, Rüstungsindustrie und Gentechnologie thematisierte.[9] Nachdem die Anfangseuphorie etwas nachgelassen hatte, waren aber auch andere Stimmen zu hören. Im Chor derer, die einen neuen Schub erwarteten, erzielte, wen sollte es wundern, der Jenoptikchef Lothar Späth die größte Öffentlichkeitswirkung. Als einer der Gründungsväter der Wissenschaftsstadt äußerte er sich im September 1994 und im Februar 1995 in zwei Interviews der Südwest-Presse.

„Reichen und Armen ein gemeiner Mann" zu sein, gelobt der neue Oberbürgermeister Ivo Gönner am Schwörmontag.
Der Schwur geht auf den Großen Schwörbrief von 1397 zurück, der die schweren Auseinandersetzungen zwischen Patriziat und Zünften in einer ausgleichenden Stadtverfassung aufhob.

In dem Gespräch bemängelte er den fehlenden intensiven Dialog zwischen Wissenschaft und Wirtschaft. Im Übrigen, so meinte er, müsse „eine neue Rakete gezündet" werden. Wer das allerdings tun sollte, sagte er nicht so genau. Auch der Präsident der IHK Ulm, Siegfried Weishaupt, mahnte Verbesserungen an. Er erwartete von der Universität vor allem, dass sie die Dinge in einer verständlicheren Sprache „griffiger" machte.[10] Dies war Ausdruck eines allgemeinen, immer wieder geäußerten Unbehagens über die schwierige Kommunikation zwischen der Welt der Wissenschaft und der Alltagswelt.

In diesem Zusammenhang hatte Rektor Fliedner schon 1986 die Abteilungsleiter gebeten, die regelmäßigen Forschungsberichte der Universität als „eine Art Visitenkarte" in einer „für den gebildeten Laien" verständlichen Sprache abzufassen, um so auch „der zunehmend wichtigen Erfordernis der Selbstdarstellung bestmöglich Rechnung zu tragen".[11]
Wie der Forschungsbericht von 1990 zeigt, fiel diese Anregung, was den deskriptiven Teil betrifft, auf fruchtbaren Boden.

Eine neue Entwicklung bahnte sich auch in der Stadt an. Dort hatte 1991 Ivo Gönner als neuer Oberbürgermeister die Nachfolge von Ernst Ludwig angetreten.
Er war der letzte Oberbürgermeister, der den Aufbau der Universität von Anfang an mit Herz und Verstand begleitet und einzelne Entwicklungsstufen entscheidend mitgeprägt hatte. Ivo Gönner gehörte einer jüngeren Generation an und hatte als Vorsitzender der sozialdemokratischen Gemeinderatsfraktion 1986 für die Gründung der Wissenschaftsstadt gesprochen, gleichzeitig aber, bei allem Respekt für die Bedeutung von Forschungsleistungen, auf die absolute Priorität der Schaffung neuer Arbeitsplätze hingewiesen. Trotz offenkundiger Erfolge war die Lage auf dem Arbeitsmarkt immer noch kritisch. Dazu kam, dass der Science Park I mit Anlaufschwierigkeiten zu kämpfen hatte, da bislang nicht alle Gewerbeflächen vermietet werden konnten. Als sich dann im Zuge eines bundesweiten Wettbewerbs die Chance bot, Ulm als Bioregion zu fördern, rief Gönner zur Innovationsoffensive auf und begab sich 1995 mit dem Ulmer Gemeinderat, Unternehmern und Wissenschaftlern nach Sonthofen in Klausur, wo die Zukunft der Stadt, in Sonderheit auch die der Wissenschaftsstadt, zur Diskussion stand.

Als sich die Hoffnungen nicht erfüllten, kam es im Juli 1997 zur Bildung eines Fördervereins Biotechnologie, der BioRegioUlm. Mitglieder sind die IHK Ulm, die Stadt und die Universität Ulm, die Landkreise Alb-Donau und Biberach sowie verschiedene Biotech-Unternehmen. Heute präsentiert sich die von der Schwäbischen Alb bis an den Bodensee reichende Bioregion im Bereich der Biotechnologie als eine der innovativsten und zukunftsträchtigsten Forschungs- und Unternehmenslandschaften, die in Europa einen Spitzenplatz einnimmt.

Im Zusammenhang mit den kritischen Fragen zur Zukunft der Wissenschaftsstadt kam natürlich auch die Rolle der Universität zur Sprache. In einem ausführlichen Schreiben an das Ministerium für Wissenschaft und Forschung vom 28. Oktober 1994 definierten Rektor und Kanzler die Rolle der Universität. Auch wenn sie Mängel in der Selbstdarstellung einräumten und auf die unterschiedlichen Zielsetzungen von Wissenschaft und Wirtschaft hinwiesen, die in den Forderungen nach längerfristiger Forschung einerseits und rascher Vermarktung andererseits bestanden, sahen sie die Universität regional gut positioniert. Größere Bedeutung maßen sie jedoch der internationalen Reputation bei, die für das „Ansehen und die Attraktivität der Wissenschaftsstadt" unabdingbar war.

Was die „sprunghaft zugenommenen" Kooperationsmaßnahmen mit der Wirtschaft betraf, hoben sie zu Recht hervor, dass die Verbindungen zur Großindustrie, auch wegen der persönlichen Kontakte, stärker als zum mittelständischen Gewerbe waren. Diesen Bereich sahen sie eher der Fachhochschule zugeordnet. [12]

Dass die Bedeutung der Wissenschaftsstadt und damit auch der Universität für Ulm und die Region außer Frage stand, belegt ein Gutachten, das 1990 von den Ländern Bayern und Baden-Württemberg in Auftrag gegeben worden war, um die Auswirkungen der Wissenschaftsstadt auf die Raum- und Wirtschaftsstruktur der Region zu untersuchen. [13] Im Oktober 1995 trafen sich Vertreter von Wissenschaft und Industrie aus ganz Deutschland in Ulm, im gleichen Jahr wurde an der Ulmer Universität zum ersten Mal der Kooperationspreis Wissenschaft-Wirtschaft an eine Arbeitsgruppe der Ingenieurwissenschaftlichen Fakultät und des DaimlerChrysler-Forschungszentrums vergeben, und 1996 sprach Ministerpräsident Erwin Teufel beim ersten Unternehmertag an der Universität über die zunehmende Bedeutung des Technologietransfers.
Die Synergieeffekte zeigten sich dabei nicht nur im praktischen Bereich, sondern auch in der Kommunikation der Akteure. Beispielhaft für die Fülle der Initiativen ist das Netzwerk Wissenschaft Wirtschaft (NEWI), ein Forum für all jene, die in Ulm und der Region mit Wissens-und Technologietransfer befasst sind und so den Standort aufwerten. [14] Ein Standort, der heute knapp 90.000 Arbeitsplätze aufweist, von denen über 70 Prozent auf den Dienstleistungssektor entfallen.
Mit 5.600 Beschäftigten sind dabei die Medizinische Fakultät und das Universitätsklinikum die größten Arbeitgeber der Stadt. Auch die Universität selbst ist als Arbeit- und Auftaggeber natürlich ein Wirtschaftsfaktor ersten Ranges. All dies zeigt, dass die Wissenschaftsstadt in all ihren Bereichen auf einem guten Weg war und ist, der sich natürlich nicht immer geradlinig nach oben bewegt, sondern auch einmal Kurven nehmen muss.
In Ulm zeigt sich eine gewisse Ungeduld mit der Entwicklung der Wissenschaftsstadt offenbar in einem Zehnjahresrhythmus, denn 2006 hörte man wieder einmal Klagen über den nachlassenden Schwung der Anfangsjahre und Aufrufe zu neuen Anstrengungen. Da durfte auch Lothar Späth nicht fehlen, der, in Anerkennung seiner großen Verdienste für die Stadt und die Universität, im gleichen Jahr die Ehrenbürgerwürde von Stadt und Universität erhielt. Angesichts des Erfolgs der Wissenschaftsstadt, riet er dieses Mal der Stadt „ihr Licht nicht unter den Scheffel zu stellen". [15]

Das tat sie im Jahr des 20-jährigen Bestehens der Wissenschaftsstadt 2006 sicher nicht. Eine Ausstellung in Verbindung mit einem umfangreichen Katalog sowie ein dreitägiges Symposium, bei dem alle aufgeboten waren, die in der Stadt und im Land Rang und Namen haben, bildeten den Rahmen für Erinnerungen und Ausblicke. Aber auch für eine nüchterne Standortbestimmung. Neben der Anerkennung für die große Bedeutung der Wissenschaftsstadt in der Innovationsregion Ulm ging, ohne die globale Dimension aus dem Auge zu verlieren, der Blick auch in die benachbarten Wirtschafts- und Wissenschaftsräume Karlsruhe, Stuttgart und München, die im Wesentlichen auf den gleichen Forschungsfeldern tätig sind und gegen die es sich zu behaupten gilt. [16]

**Veränderungen
in der Medizinischen Fakultät**

Auf dem Gebiet der Gesundheitsvorsorge stand, als weiterer Baustein des Klinikzentrums auf dem Oberen Eselsberg, der Bau der Strahlentherapie bevor. Wichtige Veränderungen vollzogen sich jedoch auf dem personellen und strukturellen Sektor. Mit dem Ausscheiden der älteren Professoren und dem beginnenden Generationswechsel stellte sich auch die Frage nach einer Neubewertung der Fachabteilungen und der einzuschlagenden Forschungsrichtung. Es war eine Ironie des Schicksals, dass sich ausgerechnet Ernst-Friedrich Pfeiffer, der einst die psychosomatische Abteilung aufs Korn genommen hatte, nun mit der Zusammenlegung seiner Abteilung mit der Gastroenterologie konfrontiert sah. Was er vehement ablehnte, war von der Fakultät beschlossen worden und führte dann

In der Anatomiesammlung.

in der Tat zum Zusammenschluss der Medizinischen Kliniken I und II. Nicht um, wie Pfeiffer nach altem Argumentationsmuster mutmaßte, die Bettenführung neu zu regeln, sondern die zukünftige Behandlungs- und Forschungsentwicklung zeitgemäß zu ordnen. [17] Künftig vertrat die Abteilung Innere Medizin I die Schwerpunkte Gastroenterologie und Endokrinologie, die Innere Medizin II die immer wichtiger werdenden Schwerpunkte Kardiologie und Angiologie, und die Innere Medizin III die Hämatologie und Onkologie.

Wenig später folgte nach der Emeritierung von Jörg Vollmar, der seit 1970 als renommierter Gefäßchirurg tätig war, die Neuordnung in der Chirurgie. Entgegen der von der Universitätsspitze erhofften Aufwertung der Herzchirurgie wurde auf Drängen der Fakultät wieder ein Gefäßchirurg berufen. Eine weitere, Aufsehen erregende Neustrukturierung erfolgte 1996, als trotz heftiger Proteste der niedergelassenen Ärzte und von Patienten die Abteilung Psychosomatik als Sektion zur Psychotherapie kam. Damit schien das eingetreten, was Uexküll immer vermeiden wollte, nämlich eine Medizin, die „streng getrennt ist in eine Medizin für Körper ohne Seelen, und eine Medizin für Seelen ohne Körper". [18] Doch dazu muss man wissen, dass seit Gründung der Universität die damals von Thure von Uexküll vertretene Psychosomatik und die von Helmut Thomä vertretene Psychotherapie von Anfang an in einem fruchtbaren Spannungsverhältnis standen, das heute in der Klinik für Psychosomatische Medizin und Psychotherapie mit ihren modernen Behandlungsmethoden aufgehoben ist.
Die Psychiatrie erhielt neben Günzburg und Weißenau in den 90er Jahren einen Standort in Ulm, und 2001 folgte die Klinik für Kinder- und Jugendpsychiatrie eingerichtet. Wie die Auslastung und die Entwicklung bis heute zeigen, entsprach dies einer dringenden Notwendigkeit. [19]

Als 1993 dann die Theoretische und Klinische Medizin zu einer Fakultät zusammengelegt wurden, sah die Landesregierung dies mit Wohlgefallen, da sie sich wirtschaftliche Vorteile versprach. Die von der kleineren Fakultät der Theoretischen Medizin befürchteten Nachteile sollten durch den Dekan und Prodekan, sowie eine neue Organisation ausgeräumt werden. Wenig begeistert von der Konzentration waren natürlich all jene, die ein zunehmend eigenständig organisiertes Klinikum befürchteten und um die Einheit der Universität besorgt waren.

Die Weichen dazu waren schon 1982 gestellt worden. Damals hatte der Mannheimer Betriebswirt Peter Eichhorn im Auftrag der Landesregierung ein Gutachten erstellt, in dem die Organisations- und Leitungsstrukturen der württembergischen Universitätskliniken am Beispiel der Universitätsklinik Freiburg kritisch geprüft wurden. Er schlug weniger staatliche Eingriffe und mehr Selbstständigkeit vor, sowie kleinere, effektivere Leitungsgremien. Allerdings sollte die Klinik in akademischen Angelegenheiten Teil der Universität bleiben.

Auf Grundlage der Klinikumsverordnung vom 27. November 1986 erfolgte dann die Neuordnung mit einer Stärkung der Klinikebene. Nach der Umwandlung der Abteilungen für Augenheilkunde und Hals-, Nasen-, Ohrenheilkunde in Kliniken, gab es in Ulm 14 klinische Einrichtungen. Wie schon 1982 vereinbart, wurde die Stelle der Zentraloberin aufgehoben. Im fünfköpfigen Vorstand wirkte die Leitende Pflegekraft nur noch mit beratender Stimme mit. Die ganze Angelegenheit war auch mit einer Neuordnung der Zuständigkeiten zwischen Klinik und Universität verbunden. Auch wenn über die Fakultät und die Zentralverwaltung Verbindungen bestanden, war die de jure noch unselbständige Anstalt unter ihrem Verwaltungsdirektor Albert Schira und dem seit 1987 amtierenden Klinkvorstand Friedrich Ahnefeld de facto autonom. [20]

So war es nur eine Frage der Zeit, bis der nächste Schritt erfolgte. Im August 1996 merkte Ministerpräsident Teufel kritisch an, dass Kliniken mit mehr als 800 Millionen Umsatz kein „Anhängsel" der Universität sein könnten. Obwohl sich der Senat gegen eine diesbezügliche gesetzliche Regelung aussprach, sah Rektor Wolff, wie andere Rektoren auch, den Zug bereits abgefahren. Mit dem Neugliederungsgesetz der Hochschulkliniken 1997 wurden die Universitätsklinika zu rechtlich selbstständigen Anstalten mit eigener Verwaltung. [21]
Dies führte zu kontroversen Reaktionen in der universitären Öffentlichkeit. Sahen die einen, vor allem Albert Schira, eine Stärkung der wirtschaftlichen Betriebsführung, die unter modernen Verwaltungs- und Dienstleistungskriterien unabdingbar war, bedauerten die anderen, wie Altrektor Fliedner oder Kanzler Eberhardt den Verlust der Einheit der Universität.

Dies war auch der Tenor einer Podiumsdiskussion, zu der die Jusos und die Fachschaft Medizin eingeladen hatten. Bei nüchterner Betrachtungsweise war die Entscheidung für klare Kompetenzen in der Wirtschafts- und Personalverwaltung richtig. Die vor allem von Albert Schira konsequent betriebene Konzentration der Kräfte stärkte in der Folgezeit das Universitätsklinikum weiter, das heute als profitables Dienstleistungsunternehmen arbeitet. An der Spitze steht ein fünfköpfiger Vorstand. Ihm gehören derzeit an: der Vorsitzende Reinhard Marre, sein Stellvertreter Guido Adler, der Dekan der medizinischen Fakultät Klaus-Michael Debatin, der Verwaltungsdirektor Rainer Schoppik und, seit 1995 wieder mit Sitz und Stimme, die Pflegedirektorin Anna Maria Eisenschink.
Die Befürchtung, dass Klinikum und Universität auseinanderwachsen, hat sich nicht bestätigt. Im Gegenteil hat sich die Zusammenarbeit in guter und konstruktiver Weise entwickelt, da man weniger auf die vage formulierten gesetzlichen Vorgaben der für einige Bereiche geltenden Einvernehmlichkeit achtet, als vielmehr dem Geist der Kooperation und der „Universität unter einem Dach" folgt. Welche Veränderungen sich im Klinikbereich in den vergangenen 40 Jahren vollzogen haben, sieht man unter anderem daran, dass die bis 1975 erzielte Verweildauer von 12,5 Tagen heute 8,5 Tage beträgt, und ein wach-

sender Prozentsatz der Behandlungen in den universitären Tageskliniken stattfindet.
Seit 1987 wurden die Kliniken auf dem Michelsberg umfassend saniert, modernisiert und baulich erweitert. Fachlich und wissenschaftlich genießen sie einen ausgezeichneten Ruf, die Universitätsklinik für Kinder- und Jugendmedizin ist heute das bundesweit größte Zentrum auf dem Gebiet der Immundefizienz und der Stammzelltherapie. Begleitend dazu entstanden auf Initiative des Förderkreises für Tumor- und leukämiekranke Kinder Eltern- und Gästehäuser, in denen Angehörige kranker Kinder wohnen können. Auch die übrigen klinischen Selbsthilfegruppen und Beratungsdienste haben modernere Formen angenommen. So wurde beispielsweise aus dem bisherigen Tumorzentrum das integrative Tumorzentrum, das seit März 2007 als Comprehensive Cancer Center Ulm (CCCU) arbeitet. Insgesamt ist das Universitätsklinikum mit seinen Fachkliniken ein Krankenhaus der Maximalversorgung, das einem großen Einzugsgebiet mit hoch spezialisierter universitärer Medizin und moderner Patientenversorgung und -betreuung dient. Anzumerken ist jedoch auch, dass Fragen der Wirtschaftlichkeit und gesellschaftspolitische Entwicklungen zunehmend an Bedeutung gewinnen und, mehr denn je, die Zusammenarbeit des Personals sowie die Behandlung und Pflege der Menschen in einer immer älter werdenden Gesellschaft beeinflussen. Zwischen der gesetzlich festgelegten Fallpauschale und den Erwartungen hilfsbedürftiger Patienten das richtige Maß zu finden, bleibt sicher eine große Herausforderung für alle Beteiligten.

Seit Beginn der 90er Jahre gab es jedoch nicht nur organisatorische Veränderungen. Der Generationswechsel in den Fakultäten, vor allem in der Medizinischen Fakultät, war von spektakulären Fortschritten in der Forschung begleitet. Etwa im molekularbiologischen und gentechnischen Bereich, der die künftige medizinische Forschung prägen sollte. Das Vordringen in immer kleinere Welten und deren Darstellung mit neuen bildgebenden Verfahren, die in allen Fächern stattfindende Miniaturisierung, die Nanotechnologie und Mikrochirurgie sowie die Radiologie und Strahlentherapie erforderten Spezialisierung und interdisziplinäres Arbeiten gleichermaßen. Eine wenig erfreuliche Begleiterscheinung in einigen Bereichen war die Verflechtung mit der medizintechnischen und pharmakologischen Industrie und das Entstehen einer Grauzone, in der es zu Abgrenzungsproblemen zwischen öffentlichen und privaten Interessen kam. So beherrschte beispielsweise der Herzklappenskandal, der auch die Ulmer Herzchirurgie tangierte, jahrelang die Schlagzeilen. Dabei ging es um die aggressiven Vertriebspraktiken der Industrie und persönliche Vorteilnahme einzelner Mediziner. Starke Belastungen für die Ulmer Medizin entstanden durch zwei Konfliktbereiche, die, trotz der negativen Außenwirkung, bewältigt wurden.

Turbulenzen

Seit 1988 leitet Andreas Hannekum die Sektion Herzchirurgie. Drei Jahre später kam als Nachfolger des renommierten Anästhesisten Friedrich Ahnefeld Michael Georgieff nach Ulm. Schon bald entstand ein Klima des Misstrauens und der Verdächtigungen, das 1994 zum Eklat führte, als Georgieff Hannekum fahrlässiges medizinisches Handeln mit Todesfolge vorwarf. In den nächsten Jahren waren nicht nur Gutachter und Gerichte beschäftigt, auch die Presse kommentierte die wenig erfreuliche Angelegenheit, die es bis zu einer, aus Ulmer Sicht, wenig erfreulichen Titelgeschichte im Spiegel brachte. [22]
Der Rektor und der Klinikvorstand stellten sich hinter Hannekum, der durch einen Gutachter entlastet wurde. Welche Konsequenzen dies für die innere Organisation hatte, zeigt sich daran, dass für die Herzchirurgie eine eigene Kardio-Anästhesie mit sechs Ärzten eingerichtet wurde.
Ihr Leiter gehört weiterhin zur Abteilung Anästhesie, ist aber an keine Weisung gebunden. Man war also bemüht, wenigstens die Arbeit in ruhigere Bahnen zu lenken. Diese Maßnahme war allerdings nur eine Seite der Lösung, schwerer zu bewältigen waren die persönlichen Belastungen und der damit verbundene Vertrauensverlust innerhalb der Klinik und bei den Patienten.

Eine große Belastung brachten auch die Vorgänge um Friedhelm Herrmann. Der Universität Ulm war viel daran gelegen, mit der Berufung von Spitzenforschern ihr Forschungspotential zu stärken und ihr Prestige zu heben. So registrierte man mit großer Freude die Zusage des renommierten Genforschers Friedhelm Herrmann, als Nachfolger des renommierten Hämatologen Heimpel nach Ulm zu kommen. Dort kündigte er umgehend an, mit seinen Forschungen in wenigen Jahren die Behandlungsmethoden zu revolutionieren. Dazu kam es dann allerdings nicht, denn als sich herausstellte, dass Hermann und eine Mitarbeiterin Forschungsergebnisse in großem Stil gefälscht hatten, löste er eine ganz andere Revolution aus. Sie versetzte nicht nur die Universität Ulm, sondern auch die ganze Scientific Community in gehörigen Aufruhr, ging es doch um den bis dahin größten Fälschungsskandal in der Krebsforschung und den redlichen und korrekten Umgang mit den Ergebnissen von immer spezielleren und schwerer überprüfbaren Forschungsvorhaben.

Herrmann wurde suspendiert und schließlich entlassen. Von Anfang an hatten dabei die Universität und die Landesregierung eng zusammengearbeitet. Um derartige Vorgänge künftig möglichst zu vermeiden, beschloss der Senat eine Satzung, die am 16. September 1999 in Kraft trat und der Sicherung ehrlicher und gut dokumentierter Forschung dient. Zusätzlich wurden eine Kommission Forschung in der Wissenschaft ins Leben gerufen und ein Ombudsmann bestellt.
Mit Helmut Baitsch kam der richtige Mann auf diese Stelle. Er hatte schon vorher, gemeinsam mit Gerlinde Sponholz, ein vorbildliches Unterrichtskonzept, Ethik in der Medizin, entwickelt.

In Verbindung mit dem Studiengang Communications Technology fand 1997 das First International Summer Camp statt, das sich erfolgreich weiterentwickelte.
Links im Bild der engagierte Leiter Hermann Schumacher.

Überlast sprach, die in einigen Abteilungen der naturwissenschaftlichen Fächer in der Lehre zu tragen waren.
Er konnte aber auch auf Erfolge verweisen, die trotz der bestehenden Probleme erzielt wurden. So etwa die Weiterentwicklung interdisziplinärer Forschungsvorhaben und die Stärkung des Technologietransfers. Dazu gehört auch die Gründung des von ihm geleiteten Instituts für Dynamische Materialprüfung. Sehr viel lag ihm am Ausbau der Fort- und Weiterbildung, die er als besonders wichtige Aufgabe der Universität ansah. So ist die Gründung des Zentrums für Allgemeine Wissenschaftliche Weiterbildung wesentlich seinem Engagement zu danken. [23]

Am 25. April 1995 stellten sich die beiden Bewerber für das Amt des Rektors, Hans Wolff und Wolfgang Witschel, im Großen Senat vor. Beide waren an der Universität bekannte renommierte Professoren, die sich für die Fortsetzung und die Intensivierung der Kontakte mit der Industrie aussprachen. Am 17. Mai 1995 wurde Wolff, der seit 1987 die Abteilung Stochastik leitete, mit der denkbar knappsten Mehrheit von einer Stimme zum neuen Rektor gewählt. Hatte Rektor Pechhold nach den bewegten Fliednerjahren sein Augenmerk auf die innere Konsolidierung gelegt, sah sich Wolff bei seinem Amtsantritt schon einigen Problemen gegenüber.

Wie tief der Schock saß, den diese Fälschungen auslösten, zeigen die nationalen und internationalen Symposien, die sich mit der Verantwortung des forschenden Wissenschaftlers befassten, sowie die Einrichtung einer Ethikkommission bei der DFG. Wenn dieser öffentlich geführte Diskurs auch sicher reinigende Wirkung hatte, konnte und kann weiterer Missbrauch nicht ausgeschlossen werden. Die Hoffnung vieler kranker Menschen auf Heilung einerseits, und das Streben nach Prestige und persönlicher Ehrgeiz andererseits bilden, trotz aller Kontrollen, immer noch ein wirksames Kräftefeld, wie der jüngste Fälschungsskandal um den südkoreanischen Stammzellenforscher Hwang Woo Suk zeigt. Die Skandale der 90er Jahre belasteten die Universität, aber der rasche und besonnene Umgang mit den Vorgängen, bei größtmöglicher Öffentlichkeit, belegen ein funktionierendes Krisenmanagement.

Ab 1994 sank in den naturwissenschaftlichen Fächern die Zahl der Erstsemester. Mit Ausnahme der Mathematik, wo der Diplomstudiengang konstant blieb, und dem NC-Fach Biologie gingen die Diplomstudiengänge stärker noch die Lehramtsstudiengänge, zurück. Im Fach Chemie auf unter 20 Anfänger für das Lehramt, in Physik auf sage und schreibe einen Bewerber im Jahr 2001. Dieser Einbruch, der in besonderer Weise die Jahre 1994 bis 1999 prägte, betraf auch die Ingenieurwissenschaftliche Fakultät mit nur noch 60 Anmeldungen im Jahr 1997. [24] Auch wenn in ganz Deutschland ein derartiger Rückgang zu beobachten war, traf er die kleine Universität Ulm mit ihren „harten" Fächern in besonderer Weise. Hintergrund waren die schlechten Berufsaussichten für Gymnasiallehrer, aber auch für Ingenieure. Begleitet war diese Entwicklung von einer dramatischen Verschlechterung der Landesfinanzen, die sogar eine Haushaltssperre notwendig machte. Die Minister Mayer-Vorfelder und von Trotha machten klar, dass der bisherige Finanzierungsstand nicht gehalten werden konnte und hielten die Landesrektorenkonferenz zu Sparmaßnahmen in Verbindung mit Strukturveränderungen an.
Im Zuge weiterer Gespräche kam dann ein möglicher Solidarpakt auf die Tagesordnung. Dies hieß, kurzfristig Hilfe durch das Land, langfristig Einsparungen durch die Universitäten. Der Solidarpakt wurde mit einer Laufzeit von zehn Jahren im Oktober 1996 geschlossen und brachte trotz aller Bedenken das erhoffte Maß an Planungssicherheit. Unter anderem galt der Etatansatz von 1997 bis 2001 unverändert. Neben jährlichen Zuschüssen konnte die Universität ein Drittel des eingesparten Geldes behalten. Dafür blieben an den Universitäten von 1997 bis 2001 jährlich 150 Stellen unbesetzt, von 2002 bis 2006

Forschung und Lehre im Wandel

Rektor Wolfgang Pechhold hat in seiner ruhigen und bedachten Art während seiner Amtszeit das Schiff auf Kurs gehalten. In seinen Rechenschaftsberichten wies er in wohldosierter Weise auf die Belastungen in Lehre und Forschung hin, die durch fehlende Finanzmittel von Bund und Land verursacht wurden. Es ließ schon aufhorchen, wenn er von den 80 Prozent

noch einmal 750 Stellen. Zur Planung und Steuerung der strukturellen Veränderungen hatten die Universitäten Pläne zu erstellen.[25]

Die Verwaltung und die Gremien der Ulmer Universität begrüßten diese Lösung, da sie doch auch Handlungsspielräume ließ. Die schmerzlichen Stelleneinsparungen konnten strukturell und zeitlich so erfolgen, dass es nicht allzu wehtat. Der Kürzungsplan in Ulm betraf dabei weniger Forschung und Lehre, als vielmehr die zentralen Einrichtungen, auf die 60 Prozent der 128 einzusparenden Stellen entfielen. Dazu nützte man die Vereinbarung zu einer weiteren, qualitätssichernden Maßnahme. Jede wissenschaftliche Einrichtung gab eine, die experimentellen Fächer eine halbe Stelle an einen zentralen Stellenpool ab, der auch der Steuerung der wegfallenden Stellen diente. Bei Wiederzuweisungen galten Leistungs- und Belastungskriterien, die der Verwaltungsrat 2001 in einem Punktesystem festlegte. Grundlage waren die akribisch ausgearbeiteten Vorschläge einer von ihm eingesetzten Arbeitsgruppe.[26] An der Universität Ulm gab es im Übrigen schon seit 1995 in beispielhafter Weise eine differenzierte Mittelzuweisung an die Abteilungen. Der Basisbetrag sank dabei von 90 Prozent (1995) auf 60 Prozent (1997). Die restlichen Mittel orientieren sich bis heute an Leistungs- und Belastungskriterien sowie innovativen Aktivitäten.[27]

Seit 1982 üben Kommissionen, Arbeitsgruppen und Lenkungsgremien einen starken, von staatlicher Seite forcierten, Einfluss auf die Entwicklung der Universitäten aus. Zunächst schlicht und einfach dadurch, dass jede staatliche Kommission eine universitäre nach sich zieht. Flankiert war das von Treffen der Ministerpräsidenten mit der Landesrektorenkonferenz. Bei den vier Tonbacher Gesprächen mit Lothar Späth zwischen 1986 und 1989 ging es um die forschungspolitische Zielsetzung des Industrielandes Baden-Württemberg, während es bei den Gesprächen in Monrepos (1991) und Maurach (1994) mit Erwin Teufel eher um die strukturellen Veränderungen der Universitäten ging. Genau mit diesem Problem befasste sich eine 1996 eingesetzte Hochschulstrukturkommission (HSK) die unter Leitung des Ministerialdirektors Rudolf Böhmler stand. Nach Prüfung aller Fächer, Drittmittel und Forschungsschwerpunkte sollte sie den Königsweg in die Zukunft weisen, niedergeschrieben in universitätsinternen Papieren und einem neuen Hochschulgesetz. Nach anfänglichen Irritationen kam es zwischen der Kommission und den Universitäten zu einer konstruktiven Zusammenarbeit.[28]

In Anknüpfung an die Generalpläne von 1965 und 1987 legte die an der Ulmer Universität gebildete Kommission im März 1997 ihren Perspektivplan vor. „Wo steht, wohin geht die Universität Ulm? Struktur- und Entwicklungslinien. Darauf basierte auch ihre Stellungnahme, die sie als Antwort auf die Empfehlungen der Hochschulstrukturkommission am 20. September 1997 abgab. Unter der Leitidee der Interdisziplinarität zog sie ein durchweg positive Bilanz aller Fächer und schlug moderatere Kürzungen als die Strukturkommission vor. Gleichzeitig sollten neue zukunftsträchtige Fächer durch Umwidmungen geschaffen und der interdisziplinäre Aspekt noch mehr gestärkt werden. Die beabsichtigte Schließung der Chemie wies die Universität „mit aller Entschiedenheit" zurück. Was die zur Disposition gestellten Lehramtsstudiengänge betraf, hieß es knapp, „Die Universität wird diesen Empfehlungen nicht folgen". All dies, wie die Ergebnisse einer Anhörung am 10. Februar 1998 flossen in den Schlussbericht ein, der für die Universität Ulm günstig ausfiel. Demnach blieb die Chemie genauso erhalten wie die Lehramtsstudiengänge, und was die Neustrukturierung anging, folgte die Kommission weitgehend den Ulmer Vorschlägen.[29]

Wolfgang Pechhold (rechts), Rektor der Universität von 1991 bis 1995 und sein Nachfolger Hans Wolff.

Bei der positiven Einschätzung spielte sicher das bislang knappe Fächerangebot eine Rolle, das nun um moderne Angebote erweitert werden konnte. Dazu kamen die gestiegenen Drittmitteleinnahmen, der Technologietransfer und die starke Position der Universität in der Region. Nicht zuletzt war es aber der klugen und überzeugenden Stellungnahme des Rektors und der Gremien zu danken, die den seinerzeit spürbaren Aufschwung geschickt zum weiteren Vorteil der Universität nützten. Vor diesem Hintergrund ist zu verstehen, dass Rektor Hans Wolff beim 30-jährigen Jubiläum 1997 auf der Pressebühne verkündete, „Die Universität steht gut da" und wenig später mit einem Blick hinter die Kulissen etwas dramatisch bemerkte, „Der Überlebenskampf hat begonnen".[30]

Der Appell von Rektor Wolff, das Profil zu schärfen und die Außenwirkung zu erhöhen, war mit der Schaffung neuer interessanter Studiengänge verbunden. So etwa die 1998 ohne zusätzliche Stellen eingerichtete Wirtschaftsphysik, der 2000/01 die Wirtschaftschemie folgte. Die integrativ angelegten Studiengänge bieten mit der Verbindung von Naturwissenschaft und Wirtschaft besonders gute Berufsaussichten. Die Ingenieurwissenschaften ließen sich mit dem englischsprachigen Fach Communications Technology in Form eines

Im Jahr 1998 wurde das interdisziplinäre Zentrum für Grundlagenforschung in Betrieb genommen. In dem architektonisch ansprechenden, modernen Funktionsbau erlauben die Laborräume eine flexible Gestaltung und können so von wechselnden Forschergruppen genutzt werden.

Graduiertenkollegs etwas ganz besonderes einfallen. Aufnahme finden je 25 deutsche und ausländische Studierende, die das Vordiplom oder den Bachelorabschluss haben und in Ulm ihren Abschluss machen wollen. Ein Modell, das großen Anklang findet. Dies sind nur einige Beispiele attraktiver Studiengänge, die das Ulmer Fächerspektrum erweitern.

Ein großer Coup gelang mit der erfolgreichen Bewerbung um ein interdisziplinäres Zentralinstitut für Klinische Forschung (iZKF). Im Jahr 1993 hatte das Bundesministerium für Bildung und Forschung ein Programm ausgeschrieben, das besonders auf Universitäten mit dem Schwerpunkt Medizin zugeschnitten war. Die Zusammenlegung der beiden Fakultäten für Theoretische und Klinische Medizin im gleichen Jahr, sowie die flexible und moderne Struktur des Ulmer Klinikums, hatten sicher mit dazu beigetragen, dass Ulm als einer von acht Standorten in Deutschland den Zuschlag erhielt. Damit verbunden war eine auf acht Jahren verteilte Anschubfinanzierung in Höhe von 13,7 Millionen DM. Die Medizinische Fakultät beteiligte sich mit der gleichen Summe. Der am 17. März 1998 eingeweihte moderne Funktionsbau befindet sich im östlichen Teil des Universitätsgeländes. Mit seinen standardisierten Laboreinrichtungen und der flexiblen Raumanordnung bildet er ein Forschungsgehäuse, das von verschiedenen Gruppen unter verschiedenen Aspekten zur Forschung genutzt werden kann. Die Forschungsschwerpunkte gelten Entzündungen, dem Bewegungsapparat, und mit der Hämatologie und Onkologie traditionellen Themen der Ulmer Universität.

War die Wahl des Standorts Ulm schon allein eine Auszeichnung, so war es für die Forschung an der Ulmer Universität mehr als das. Dreißig Jahre nach dem gescheiterten Plan des Klinischen Forschungszentrums und eines damit verbundenen Graduiertenkollegs ging mit dem Bau des Zentrums und der Ausweitung der Sonderforschungsbereiche ein lang gehegter Wunsch in Erfüllung. Zumal auch noch die Einrichtung weiterer Graduiertenkollegs bevorstand, an denen ausgesuchte Doktoranden ihre Forschungen in intensiv betreuten, kleinen Gruppen durchführen können. All dies verband sich zu einem bemerkenswerten Schub für die interdisziplinäre Forschung in Ulm, die 2003 durch ein von Vinzenz Hombach initiiertes neues lebenswissenschaftliches Forschungsnetz ZytoOrganoPoese noch verstärkt wurde.

Die „Zukunftsoffensive" des Landes Baden-Württemberg stellte dazu Fördermittel in Höhe von 11,5 Millionen Euro zur Verfügung, die beim Bau eines neuen Forschungsgebäudes Verwendung fanden. Für Forschungen im Bereich der Stammzellbiologie und – therapie sowie der Bioinformatik entstand ein neues Forschungszentrum, das architektonisch und funktional überzeugend, nicht nur Laboratorien zur flexiblen Nutzung enthält, sondern einen besonderen Kommunikationsbereich zum Gedankenaustausch aufweist. In diesem Zusammenhang gehen die Gedanken an die Gründungsprofessoren zurück, die seinerzeit schon den Wert des Gesprächs einkalkulierten, als sie davon ausgingen, dass „Kliniker und Physiker beim Mittagessen zusammensitzen und ihre wissenschaftlichen Pläne miteinander besprechen können". [31] Dies wird nun doch noch, sogar institutionalisiert, Wirklichkeit.

Im Frühjahr 1999 trat Rektor Wolff als einziger Kandidat zur Wiederwahl an. Mit Recht konnte er dann zu Beginn seiner zweiten Amtszeit von einer Wende an der Universität sprechen. Die Lehramtsstudiengänge als traditionelles Angebot der Universität und Zeichen ihrer regionalen Verwurzelung waren gesichert, neue Studiengänge waren dazu gekommen, das Profil konnte mit gezielten Berufungen geschärft werden und die Hochschulstrukturkommission hatte der Ulmer Universität ein gutes Zeugnis ausgestellt. Kein Wunder, dass Rektor Wolff, nicht ohne Stolz, von einer „vitalen, dynamischen und für die Zukunft gerüsteten" Universität sprach. [32]
Auch die Stimme des Rektors hatte am Gewicht gewonnen. Seit 1998 agierte er sehr erfolgreich als Vorsitzender der Landesrektorenkonferenz.

Jubiläen

Im Juli 1992 feierte die „kleine aber hoch spezialisierte" Universität eine Woche lang ihr 25-jähriges Bestehen. Eine damals durchgeführte Umfrage bei Vertretern des Ulmer öffentlichen Lebens ergab durchweg gute Noten. Oberbürgermeister Gönner sprach von einem „Glücksfall", und der einst so kritische Präsident der Tübinger Universität, Adolf Theiss, fand für die Wissenschaftsstadt lobende Worte.
Bei einer mit Gründungsmitgliedern gespickten Diskussionsrunde hörte man allerdings auch skeptische Töne. Und natürlich gab es auch einen kleinen Eklat, als sich während der Diskussion einige Studenten mit übergezogenen Maulkörben vor Filbinger aufbauten, um wieder einmal an die Aufhebung der Verfassten

Studentenschaft zu erinnern. Anschließend traf man sich dann zu einem klärenden Gespräch in kleiner Runde. Ansonsten erfuhr das Jubiläum nicht überall die erhoffte Resonanz. Der Tag der offenen Tür war mäßig besucht, wie der Festakt, bei „dem auch viele Stühle leer blieben". [33] Auch wenn die Zeitgenossen das Jubiläum nicht in allen Punkten als gelungen empfanden, lebt es bis heute in einmaliger und origineller Weise fort. Und zwar in Form einer Anekdotensammlung, zu der Rektor Pechhold Akteure der ersten Stunde angeregt hatte. Eine bunt gemischte Truppe aller Angehörigen der Universität schrieb persönliche Erinnerungen an Ereignisse und Begegnungen auf. Zusammengefasst ergeben sie eine heitere Präsentation der Gründungszeit. Hinter dem nostalgisch verklärten Zauber des Anfangs werden dabei jedoch die handfesten Probleme und Schwierigkeiten der Aufbaujahre sichtbar. Insoweit ist die Lektüre des Büchleins ebenso unterhaltend wie informativ. [34]

Die Feier des 30-jährigen Jubiläums der Universität im Jahr 1997 fiel in eine Zeit spürbaren Aufbruchs, der sich auch in der veröffentlichten Meinung widerspiegelt. Im Vergleich mit 1992 war geradezu ein Ruck festzustellen, wenn nun von „einem stolzen Tag" die Rede war, und die Universität als Wissenschaftsfaktor, Dienstleistungsunternehmen und Bereicherung für Ulm herausgestellt wurde. [35] In seiner Rede beim Festakt ließ Theodor M. Fliedner in festlicher und gemessener Weise die Geschichte der Universität Revue passieren und sprach mit tiefer Sympathie von den Reformgedanken, die die Gründungsväter geleitet hatten und die er immer noch für wertvoll hielt.
Trotz aller Einbußen und Rückschläge bezeichnete er die Universität als „unglaubliche Sensation". Der Blick in die Zukunft knüpfte an der Gründung der Wissenschaftsstadt an, deren Konzeption es ebenso zu erweitern gelte wie ihre regionale und globale Wirkung. Neben dem Lob für die Ulmer Universität und dem Hinweis auf das Engagement des Landes nützte Minister von Trotha die Gelegenheit zu einem Grundsatzreferat.
Wie schon an anderer Stelle, sprach er von den notwendigen Veränderungen in der Universitätslandschaft, die er durchaus auch mit der finanziellen Notlage des Landes in Verbindung sah. Als wichtige Elemente der universitären Zukunftssicherung nannte er unter anderem Wettbewerb, Qualitätsorientierung und Internationalität. [36]
Die lokalen Blätter warfen einen Blick in das bunte Universitätsleben und dokumentierten in Wort und Bild die Vielfalt auf dem universitären Campus. Dabei kamen auch all jene Beschäftigten zu Wort, die in der Verwaltung und in den zentralen Werkstätten und Einrichtungen für das reibungslose Funktionieren des alltäglichen Betriebs sorgen. [37]

Es war in der Tat ein gelungenes Jubiläum, das mit der der 600-jährigen Feier des Ulmer Schwörbriefs zusammenfiel. Auf diese Weise waren sich Stadt und Universität in der Erinnerung an zwei wichtige Dokumente verbunden. Der Blick ging jedoch nicht nur zurück, sondern auch nach vorn. Die Stadt hatte 1995 eine Zukunftsoffensive eingeleitet, in der natürlich auch der Universität eine gewichtige Rolle zufiel, die sie ihrerseits in dem 1997 veröffentlichten Sachstandsbericht definierte. Aufbruch war angesagt.
Dies in einer Zeit, in der Roman Herzog in seiner Berliner Rede gerade im Blick auf die Bildungspolitik größere Anstrengungen anmahnte. Mit den Eckpunkten der frühkindlichen Erziehung und der Erwachsenenbildung stand der primäre, sekundäre und tertiäre Bildungsbereich auf dem Prüfstand. Man fühlt sich unwillkürlich an die Zeit von 1964 erinnert, als Kultusminister Hahn in Baden-Württemberg großartige Reformpläne entwerfen ließ, in denen das Bildungswesen vom Kindergarten bis zur Universität zusammengefasst war. Auf Grund der Vereinbarungen mit der Hochschulstrukturkommission und eigener Initiativen galt es nun für die Universität, Lehre und Forschung mit gleicher Intensität zu fördern. Die Profilierung musste mit der Schwerpunktbildung bei einzelnen Fachrichtungen und der Einführung neuer Studiengänge erreicht werden. All dies spielte sich vor den Augen einer interessierten und vor allem kritischen Öffentlichkeit ab, die mit Rankinglisten über die Qualität der einzelnen Hochschulen informiert war. Neben der inneren Konsolidierung musste die Universität auch stärker international ausgerichtet werden.

Der Elfenbeinturm bekommt Farbe

Am 23. Oktober 1992 wurde der erste, am 2. Februar 1995 der zweite Bauabschnitt der neuen Uni West eingeweiht. In seinem Festvortrag stellte der ehemalige Leiter des Ulmer Universitätsbauamtes, Wilhelm von Wolff, die in Ulm seit 1953 entstandenen Hochschul- und Universitätsbauten in eine mehr oder weniger sichtbare Tradition des Bauhauses, die er auch in Verbindung mit den Architekten Bill, Behnisch, Henrich und Steidle sah. Großes Lob zollte er natürlich der von Otto Steidle entworfenen Uni West. [38] Von der Planung bis zur Fertigstellung waren nur wenige Jahre vergangen.

Vergangenheit und Zukunft. Während das Hauptwerk des Forts Oberer Eselsberg dem Bau der Versorgungsanlage weichen musste, blieb das Nebenwerk mit gut gepflegten Wallanlagen vollständig erhalten. Ist der Bau der Bundesfestung Ulm ein bemerkenswertes Beispiel für die Militärarchitektur des 19.Jahrhunderts, ist die Universität West ein ebenso bemerkenswertes Beispiel für die Hochschularchitektur des 20. Jahrhunderts. In unmittelbarer Nachbarschaft zueinander, wird dies durch die beiden Anlagen anschaulich belegt.

Im Februar 1988 hatte die Staatliche Bauverwaltung einen kooperativer Wettbewerb ausgelobt und sechs Architekten eingeladen. Während der Wettbewerbsfrist fanden drei offene Kolloquien statt, um eventuelle Fehlentwicklungen von vornherein auszuschließen. Thema des Wettbewerbs waren die Gestaltung der Gebäude der Ingenieurwissenschaften, die vom herkömmlichen Kreuztyp abweichen mussten, sowie die Bauten der Zentralbibliothek, der Klinikverwaltung, des Rechenzentrums und eines Studentenzentrums. Die größte Herausforderung war die Lokalisierung der Ingenieurwissenschaften in einem westlich gelegenen Waldstück sowie ihre Anbindung an die bestehende Universität durch eine funktionale und passende Gestaltung der Zwischenzone.

Das unter Leitung von Herbert Fecker tagende Preisgericht sprach am 1. Juli 1988 Otto Steidle aus München einstimmig den ersten Preis zu. Ihm gelang eine optimale Verbindung von Universität I und Universität II.
Er entwarf die Uni West, im Stil neuer Architekturkonzepte, sozusagen als Kontrastprogramm zu dem rational geplanten geschlossenen Betonkomplex des Hauptbaus und entwickelte eine organisch angelegte farbenfrohe hölzerne Fortsetzung. Die Durchschneidung des Waldes milderte er durch Begrünung der Dächer und Bepflanzung der Außenanlagen. Zusammen mit umfangreichen ökologischen Maßnahmen, die in dem von der Stadt Ulm und dem Land erstellten Bebauungsplan beispielhafte Berücksichtigung fanden, wird insgesamt ein natürlicher Eindruck der Gesamtanlage vermittelt. Nach dem Prinzip Arbeiten und Wohnen sollte man sich in den zwei- bis viergeschossigen „Reihenhäusern" (Otto Steidle) wohlfühlen.
Auch die Türme fungieren weniger als Elfenbeintürme der Wissenschaft, sondern eher als luftige Unterbrechungen der horizontalen Anlage, die Hörsäle, Praktikums- und Seminarräume enthält und, nach dem Vorbild im DaimlerChrysler Forschungszentrum, mit einem Reinraum zur Herstellung von Chips aufwartet, der seinesgleichen sucht.
Der Kontrast des farbenfrohen Gehäuses mit der Präzisionsarbeit, die in seinem Innern geleistet wird, trägt mit dazu bei, diese bemerkenswerte und inspirierende Bauanlage als besonders gelungen zu sehen.

**Weltweites Engagement.
Zum Beispiel China**

Seit ihre Gründung pflegt die Universität Ulm nationale und internationale Kontakte. Sie entstanden auf Grund persönlicher Beziehungen oder der wissenschaftlichen Zusammenarbeit in bestimmten Forschungsfeldern. Heute pflegt die Universität in Form von 95 Partnerschaftsabkommen mit Hochschulen in 20 europäischen Ländern wissenschaftliche und persönliche Kontakte auf internationaler Ebene.
Dazu kommen Austauschprogramme für Studierende, wie beispielsweise die seit 1986 laufende Zusammenarbeit der Abteilung Wirtschaftsmathematik mit der Universität Chicago und anderen Universitäten in den USA. Für die Studierenden gibt es heute weitere bilaterale Austauschprogramme mit Universitäten in anglo-amerkanischen Ländern. Etwa der Monash University in Melbourne. Im Zusammenhang mit der Europäisierung und Globalisierung gewinnen wirtschaftliche und politische Gründe eine stärkere Bedeutung. Mit einigen besonderen Aktivitäten, ja geradezu strategische Allianzen, ist auch die Universität Ulm in dieses Netzwerk eingebunden.

Die besten Absolventen des Studiengangs Communications Technology erhalten den Förderpreis der Landesentwicklungsgesellschaft. Die Preisträger 2005 waren Yang Yang, Duan Xueang, Qu Guangwen. Mit im Bild, von links, Rektor Karl Joachim Ebeling, Hermann Schumacher und Thomas Nünninghoff (LEG).

1980 traf eine Anmeldung zu einem Kurs über biomolekulare Elektronenmikroskopie an der Universität Ulm ein, zu dem Günther Klotz eingeladen hatte. Absender: Pang Qi-fang, Direktor eines Forschungsinstituts in Kunming, Provinz Yün-an. Auch wenn er den Kurs seinerzeit nicht besuchen konnte, kam er ein Jahr später für einige Zeit nach Ulm. Im gleichen Jahr erhielt Adolf Grünert eine Einladung an die Universität Wuhan, Hauptstadt der Provinz Hubei.
Große Bedeutung für die weitere Entwicklung hatten der langjährige Rektor der Universität, Professor Qui Fazu und der Senatsbeauftragte für Deutschland, Professor Wu Zhongbi. Aus diesen beiden Kontakten entwickelte sich ein größeres Unternehmen, als Lothar Späth um Vorschläge bat, wie das Land Baden-Württemberg beim Aufbau des Gesundheitswesens in dieser Provinz helfen könnte. 1986 fuhr daraufhin eine Gruppe Heidelberger und Ulmer Professoren nach Hubei und

schlug nach der Rückkehr sieben Projekte vor. Zwei von ihnen wurden im Department für Anästhesiologie an der Universität Ulm durchgeführt. Dort hatten schon vorher Mediziner aus China an Fortbildungen in der Notfallmedizin und Laboratoriumsdiagnostik teilgenommen. So gab es schon persönliche Beziehungen, als in Hubei ein aktives Rettungssystem nach dem Ulmer Rendezvoussystem aufgebaut und in Qianjiang ein Klinisches Laboratorium für Diagnostik eingerichtet wurde, das im Übrigen noch heute in Betrieb ist.

Auf Grund der Kontakte zwischen Baden-Württemberg und Wuhei kam es zu einem Kooperationsvertrag zwischen der Tongji Medizinischen Universität Wuhan und der Universität Ulm. Damals übertrug der Senat Adolf Grünert die Funktion eines Beauftragten für die Kontakte mit China. Er und Günther Klotz nahmen dann an der Tongji Universität für Medizin Aktivitäten in Forschung und Lehre auf. Dies in Zusammenarbeit mit der Universität Heidelberg, die seit Jahren eine Partnerschaft mit der Universität Tongji unterhält.

Auf dieser Grundlage entwickelten sich zahlreiche Verbindungen zwischen Ulm und einer Reihe chinesischer Universitäten, zu deren Kernelementen erfreulicherweise der studentische Austausch zwischen Deutschland und China gehört.

Eine besondere Rolle spielen das Humboldt-Studienzentrum und das Zentrum für Sprachen und Philologie. 1989 führte das Humboldt-Studienzentrum eine Vortragsreihe zur chinesischen Geschichte und Kultur durch, während das Sprachenzentrum schon frühzeitig Sprachkurse in Chinesisch anbot. Die schon traditionellen Beziehungen der Ulmer Universität mit chinesischen Universitäten erfuhren in den 90er Jahren eine Intensivierung, wobei China zunehmend als bedeutender Wirtschaftsfaktor ins Blickfeld gerät.

Im Anschluss an einen Kooperationsvertrag zwischen der Ulmer Universität mit dem Railway Medical College, kam es zu einem Abkommen mit der Southeast University, das die gegenseitige Anerkennung von Abschlüssen der beiden Universitäten regelt. Darüber hinaus ist mit dem englischsprachigen Angebot Communications Technology an der Ulmer Universität ein, gerade für ausländische Studenten, attraktiver Studiengang eingerichtet worden, der mit einem Intensivkurs in Chinesisch verbunden ist. Neben der Ausweitung der Aktivitäten im medizinischen Bereich bestehen gegenwärtig enge, vertraglich geregelte Kontakte mit der Shandong Universität in Jinan in den Ingenieurwissenschaften.

Im Augenblick besteht das Angebot zweier Gastprofessuren in Ulm für die Shandong University Jinan und die Southeast University Nanjing, und die Planungen des Doppelmasterprogramms mit der Southeast University sind abgeschlossen.[39] Neben der institutionalisierten, fachlichen Kooperation haben sich über die Jahre auch gute persönliche Kontakte entwickelt, die ja einem solchen Unternehmen erst die richtige Tiefe geben.

Von Ulm nach Kairo

Die Verbindungen der Ulmer Universität mit Kairo datieren in das Jahr 1981, als es unter wesentlicher Beteiligung von Ernst-Friedrich Pfeiffer zum Abschluss eines Kooperationsvertrags kam. Nach der Verlängerung des Vertrags 1992, nun unter Einschluss der Ingenieurwissenschaften, kam es seit 1994 zu einer Intensivierung der wissenschaftlichen und kulturellen Beziehungen. Im Jahr 1994 fand auch erstmals eine ägyptische Woche an der Ulmer Universität statt, die das Humboldt-Studienzentrum organisierte. Im Rahmen der internationalen Ausrichtung der Ulmer Universität und dem Wunsch nach einer strategischen Allianz im globalen Wettbewerb suchte man die Kooperation mit Kairo zu vertiefen. Eine Schlüsselrolle kam

Campus der German University in Cairo

dabei Ashraf Mansour zu, der in Ulm bei Professor Pechhold promoviert und sich bei ihm auch habilitiert hatte. Über die persönliche Bindung hinaus, war er von der Arbeitsatmosphäre in den Abteilungen Angewandte- und Experimentelle Physik so

angetan, dass der Plan reifte in Kairo eine ähnlich strukturierte Universität zu gründen. Rektor Wolff und damit auch die Universität unterstützten das Vorhaben und konnten auch die Universität Stuttgart zur Mitarbeit gewinnen, die sich in erfreulicher Weise an dem Projekt beteiligte. So kam es im Jahr 2001 zur Gründung der privaten German University in Cairo, deren Eröffnung 2003 einem Staatsakt gleichkam.
Neben Bundeskanzler Schröder und Ministerpräsident Teufel nahm auch Staatschef Mubarak an den Feierlichkeiten teil.
An der Universität in Kairo, die wesentlich mit Ulmer Hilfe aufgebaut wurde, werden unter anderem die Fächer Pharmazie/Biotechnologie, Materials Engineering, Information- and Media Engineering und Management angeboten.

Die Gründung erwies sich schon nach kurzer Zeit als großer Erfolg mit einer Ausstrahlung in den gesamten Mittleren Osten. Die Zahl der Erstsemester stieg von 900 (2003) auf 3.500 (2006), die aus 6.000 Bewerbern ausgewählt wurden. Dieses extreme Wachstum ist natürlich mit Herausforderungen und Problemen verbunden, vor allem was die Rekrutierung des wissenschaftlichen Personals betrifft.

Auf dem 560.000 Quadratmeter großen Campus wird nach wie vor gebaut; in unmittelbarer Nähe wird 2007 ein Industriepark für deutsche Firmen eröffnet. Wie in der Wissenschaftsstadt Ulm, soll zur wissenschaftlichen Arbeit an der Universität der Technologietransfer treten.

Neben den Kontakten mit China ist die Gründung der German University in Cairo ein besonders bemerkenswertes Beispiel für die internationalen Aktivitäten der Ulmer Universität, vor allem, wenn man daran denkt, dass die German University in Cairo mittlerweile an der Spitze der ausländischen Universitäten in Ägypten steht. Hans Wolff, der schon an der Gründung maßgeblich beteiligt war, blieb dem Projekt auch nach seiner Emeritierung verbunden. Er ist Vice-Chairman des Board of Trustee. [40]

Die Donau verbindet

Neben den Kooperationen, mit denen die Ulmer Universität in die weltweite Scientific Community eingebunden ist, gewinnt neuerdings die Verbindung mit den an der Donau gelegenen südosteuropäischen Staaten an Bedeutung.
Die Donau, die ja für Ulm seit jeher große Symbolkraft besitzt, hatte schon 1983 den von Rektor Bückmann initiierten Donaukonferenzen den Namen gegeben. Dieses mit großem Engagement betriebene Projekt diente der Öffnung Mitteleuropas ebenso, wie dem Aufbau vertrauensbildender Maßnahmen.
Ein thematischer Schwerpunkt war die Umweltproblematik, während im wissenschaftlichen Bereich für 1990 ein Symposion Molekularbiologie in Budapest geplant war.
Die Donaukonferenzen gerieten dann aber in die Wirren des Jugoslawienkrieges und konnten nicht mehr stattfinden. Seit einigen Jahren werden wieder kommunale Bande geknüpft, die mit der Gründung des Ulmer Donaubüros und einem großen Donaufest sinnfälligen Ausdruck finden. In die Reihe der Aktivitäten sind auch die Wissenschaftsstadt und damit die Universität eingebunden.

Im April 2005 war eine Delegation aus Novi Sad in Ulm, um gemeinsame Aktivitäten im Bereich regenerative Energien zu besprechen. Im Oktober des gleichen Jahres wurden dann 18 Hochschulen zu einer Konferenz mit dem Thema Erneuerbare Energien nach Ulm eingeladen.
Der wissenschaftliche Ertrag einer projektierten Donauhochschule wird also wesentlich auf dem Gebiet alternativer Energiegewinnung erwartet, aber natürlich auch durch die Zusammenarbeit der Universitäten, Fachhochschulen und einzelner Wissenschaftler auf anderen Gebieten. Die Universität Ulm kann dazu unter anderem Forschungsergebnisse des Zentrums für Energietechnik und des Zentrums für Sonnenenergie- und Wasserstoff-Forschung beisteuern, während die Universitätsklinik ganz konkret im Augenblick zwei Fortbildungsstipendien anbietet, die an eine Ärztin und einen Arzt aus Rumänien gingen.
Ein Treffen von Politikern und Persönlichkeiten der Anrainerstaaten in Brüssel 2006 zeigt die europäischen Dimensionen, in die ein derartiges „Donauprojekt" eingebunden ist. [41]

Unterzeichnung eines Kooperationsvertrags zwischen den Universitäten Ulm und Kairo durch Rektor Bückmann und Professor Hamdi am 17.12.1981.

Universität 2007

Das novellierte Universitätsgesetz

Oberstes Thema auf der Agenda war die Novellierung des Universitätsgesetzes, das die innere Organisation der Hochschulen nach unternehmerischen Gesichtspunkten gestalten und ihre Autonomie stärken sollte. Wie dies von der akribisch arbeitenden Ministerialbürokratie unter möglichst genauer Würdigung der Einzelfallgerechtigkeit in Paragraphen gefasst werden sollte, war ein spannendes Thema.
Zumal sich im Vorfeld an den ebenso detailverliebten Hochschulen eine muntere Kontroverse entwickelte. An der Ulmer Universität war nach eingehenden Diskussionen im Senat und in den Fakultäten eine umfangreiche Stellungnahme abgefasst worden, die im Jahr 1999 nach Stuttgart ging. In der Stellungnahme wurden die geplante Neustrukturierung und die größere Autonomie grundsätzlich begrüßt, den Ulmern ging jedoch der Entwurf nicht weit genug. Daneben schlugen sie eine Reihe von redaktionellen Änderungen vor. Zur Freude von Kanzler Eberhardt ging Einiges davon in das, natürlich nicht geänderte, Gesetz ein. Im November 1999 verabschiedet, trat es am 1. Januar 2000 in Kraft. In der langen Reihe der Universitätsgesetze und ihrer Novellierungen nimmt es schon deshalb einen besonderen Rang ein, weil mit dem neu geschaffenen Hochschulrat erstmals universitätsfremde Personen Aufsichts- und Kontrollfunktionen übernahmen.

Die auf Grundlage des Universitätsgesetzes neu gefasste Grundordnung trat am 19. September 2000 in Kraft, die erste Fortschreibung erfolgte 2002. Eine seinerzeit eingefügte Entwicklungsklausel und Übergansbestimmungen (§ 12) ließen weitere Veränderungen erwarten. An der Spitze der neu strukturierten Universität stand der Rektor, der mit drei Prorektoren und dem Kanzler das kollegial agierende Rektorat bildete. Den großen Senat und den Verwaltungsrat gab es nicht mehr, ihre Funktionen gingen teils an den Senat, teils an das Rektorat, das an Machtfülle gewann. Neu war der schon genannte Hochschulrat, dem sieben, von den einzelnen Gruppen gewählte Mitglieder angehörten.
Das Ministerium ernannte sechs auswärtige Mitglieder und zwar auf Vorschlag einer Senatskommission und des Wissenschaftsministeriums. Die traditionelle Ulmer Abteilungsstruktur mit den Sektionen blieb im Sinne der Gründungsdenkschrift erhalten. Doch während sie durch die Neufassung der Verwaltungs- und Benutzungsordnung von 1989 und 2000 eine

Studentinnen der Chemie an der Universität Ulm bei wissenschaftlichen Versuchen

demokratischere Form erhalten hatte, trat an der Universität das bisher eher basisorientierte Selbstverwaltungsprinzip gegenüber einer stärker hierarchisch ausgerichteten Leitungsstruktur zurück. In seiner Exegese des Gesetzes sah Rektor Wolff deshalb auch die Notwendigkeit, eine „Kultur der Partizipation" zu entwickeln, in der Rektor, Prorektoren und Dekane sozusagen als mitfühlende Moderatoren agierten. Weitere Zielsetzungen des Universitätsgesetzes waren die Stärkung des Leistungsprinzips durch Einführung einer dreijährigen Probezeit für neu ernannte Professoren und die Verkürzung der Studiendauer, durch die gesetzliche Verankerung der abgestuften Bachelor- und Mastersstudiengänge. [1] Damit folgte man der Konferenz von Bologna, die 1999 die internationale Vergleichbarkeit von Studienabschlüssen gefordert hatte.

Der Ochsenhäuser Hof in Ulm. Früher Pfleghof des Klosters Ochsenhausen, war er bis 2006 Sitz der Universitätsverwaltung und bot mit dem Heilmeyersaal einen schönen Raum für Vorträge und Symposien.

Insgesamt führte das neue Gesetz an der Ulmer Universität zu keinen großen Irritationen. Zum Erstaunen von Rektor Wolff erfolgte die Umsetzung quasi geräuschlos. Auch die Arbeit des Universitätsrats begann ohne Probleme. Dies hing sicher damit zusammen, dass mit Wolfgang Eychmüller ein Freund und engagierter Förderer der Ulmer Universität der erste Vorsitzende wurde. Der Umbau der Universität zu einem marktorientierten Dienstleistungszentrum rief jedoch die Landesvertretung Akademischer Mittelbau an den Universitäten Baden-Württembergs. (LAM-BW) auf den Plan. In einer ausführlichen Stellungnahme kritisierte er die betriebswirtschaftliche Orientierung der „Kultureinrichtung" Universität, die Schwächung der Selbstverwaltungsorgane bei gleichzeitiger Stärkung der Leitungsebene, die ausschließlich Professoren vorbehalten war, und Angehörige des Mittelbaus vom passiven Wahlrecht ausschloss. Seit 1972 der Versuch gescheitert war, die Grundordnung der Universität Ulm in diesem Punkt zu ändern, war das Thema einer angemessenen Teilhabe an Leitungsfunktionen nie von der Agenda des Ulmer akademischen Mittelbaus verschwunden, der auf diese Weise seine Arbeit anerkannt, wie seinen sozialen Status verbessert sehen wollte. [2]

Am 5. Mai 2005 trat das neue Landeshochschulgesetz in Kraft, am 10. Juli 2006 folgte die Grundordnung der Universität Ulm, die inhaltlich, terminologisch und in ihrem Aufbau von den früheren Grundordnungen abwich. Bereits in § 2 werden nun die Gliederung und die Einrichtungen der Universität genannt. Und zwar nicht mehr mit dem Hinweis auf das Abteilungsprinzip, sondern mit der lapidaren Bezeichnung als wissenschaftliche Einrichtungen, die einer oder mehreren Fakultäten oder dem Präsidium zugeordnet sind. Sie firmieren als Institute und tragen damit den Namen, den der Gründungsausschuss unter allen Umständen vermeiden wollte, da er ihn mit einer überholten Einrichtung verbunden sah. [3]

Schon im Strukturplan von 2004 war die Rede davon, dass im Zuge der Einsparungen „Abteilungsausstattungen zu überprüfen und Standards neu zu definieren" waren. Grundlage der Ausstattung war nun die Höhe der Einwerbung von Drittmitteln und die Zahl der Absolventen. Weiter sollten, was bisher nicht in allen Abteilungen geschehen war, die Nachwuchswissenschaftler besser gefördert werden. Der Vorstand des Unternehmens Universität führt die Bezeichnung Präsidium, dem der Präsident, der hauptamtliche Kanzler und drei nebenamtliche Vizepräsidenten angehören.
Der Aufsichtsrat hat den Namen Universitätsrat, dem nicht mehr 13, sondern neun Mitglieder angehören, fünf davon aus der Universität.

Vorsitzender, derzeit Klaus Bleyer, ist immer ein externes Mitglied. An der Universität gibt es vier Fakultäten: Die große Medizinische Fakultät, die mit dem selbstständigen Klinikum eine besondere Stellung hat, dann die Fakultäten für Naturwissenschaften, für Mathematik und Wirtschaftswissenschaften sowie die neu gebildete Fakultät für Ingenieurwissenschaften und Informatik. [4]
Wie schon zuvor, fiel auch bei der Formulierung dieser Grundordnung der Universitätsverwaltung eine gewichtige Rolle zu, die sie im Spannungsfeld staatlicher Auftragsverwaltung und universitärer Selbstverwaltung erfüllen musste.

Quod non est in actis non est in mundo oder: „Auf den Kanzler kommt es an."

Nach dem Prinzip des von Akten bestimmten Lebens trat die Universität Ulm am 4. Juli 1967 in die Welt, ihre Rechtsfähigkeit erlangte sie jedoch erst am 1. Januar 1978, ohne dass sie, wie die Universität Konstanz auch, Eingang in die Landesverfassung fand. Seit der Gründung der Medizinisch-Naturwissenschaftlichen Hochschule arbeitete die Verwaltung unter Leitung von Berthold Mondry in der Baracke beim Ulmer Bahnhof. Ende 1969 zog die kleine Mannschaft in den Ochsenhäuser Hof, wo sie nun in unmittelbarer Nähe der Dekanate residierte. Grundlage der Verwaltung war die Vorläufige Grundordnung vom 1. März 1966. Nach dem Prinzip der Einheitsverwaltung war der Rektor Leiter der akademischen und der staatlichen Verwaltung.

Unterstützt wurde er dabei von einem Leitenden Verwaltungsbeamten. Die Verwaltung selbst war in drei Bereiche eingeteilt: Verwaltungsdirektion, Technische und Betriebliche Direktion. Mit dem Wachstum der Universität auf dem Oberen Eselsberg vergrößerten sich die Aufgabenbereiche.
Die frühen Senatsprotokolle zeigen die vielfältigen Aufgaben, die vom Leitenden Verwaltungsbeamten zu erledigen waren, vor allem Personal- und Wirtschaftsangelegenheiten. Wie der Jubiläumsschrift von 1992 zu entnehmen ist, gab es in der Gründerzeit aber auch Glücksmomente, die später nie wieder kamen. So hatte Mondry 1968 einmal Mühe, das ihm zur Verfügung stehende Geld für Anschaffungen an den Mann zu bringen. Und dass selbst den Gründungsvätern Begriff und Inhalt ihrer Schöpfung nicht immer klar war, zeigt die Einrichtung einer Kommission, die eine Klärung der Begriffe Zentrum, Department, Sektion und Abteilung herbeiführen sollte. [5]

Der Leitende Verwaltungsbeamte Mondry wechselte bald nach Nordrhein-Westfalen; als sein Nachfolger zog Michael Machleidt auf, der die spannenden 70er Jahre als Chef der Ulmer Universitätsverwaltung begleitete. Er hatte klare Vorstellungen von der Verwaltung der Ulmer Universität, deren Gründungsdenkschrift er allerdings nach eigenem Bekunden nicht gelesen hatte. „Auf den Kanzler kommt es an", überschrieben die Hochschulnachrichten 1972 einen Bericht über eine Diskussionsrunde württembergischer Universitätskanzler. Obwohl Machleidt als Leitender Verwaltungsbeamter firmierte, füllte er durchaus den damals erhobenen Anspruch aus. Nämlich den wissenschaftlichen Betrieb durch eine weitgehende, effiziente Verwaltung von sachfremden Aufgaben zu entlasten und dabei nicht nur Service -, sondern auch Steuerungsfunktionen zu übernehmen. Nach einer Phase rein universitärer Selbstverwaltung sah er einen zunehmenden Einfluss außeruniversitärer Kräfte, vor allem der Ministerialbürokratie. Womit er natürlich Recht hatte. Jedenfalls bewog ihn dies, die an der Universität tätige Verwaltung über die bisherige Selbstverwaltung hinaus zu stärken und dafür die Zustimmung der Fakultäten zu gewinnen. Damit stieß er bei der Ulmer Professorenschaft auf wenig Gegenliebe. Gerfried Gebert veröffentlichte seinerzeit ein Plädoyer für die traditionelle Selbstverwaltung, und Ernst-Friedrich Pfeiffer sah schlicht einen Angriff auf sein Hoheitsgebiet und tat alles, um die Ausweitung der Kompetenzen der Universitätsverwaltung zu stoppen. Wenn man die weitere Entwicklung in den Blick nimmt, war Machleidt seiner Zeit voraus.
Er hatte nämlich schon damals vorgeschlagen, die Universität in einer Art Aktiengesellschaft mit einem Aufsichtsrat zu organisieren.[6]

In der täglichen Arbeit war die Verwaltung mit einer Flut von Vorgängen beschäftigt, die neben gewichtigeren Themen zu bewältigen war. Eine ständige Herausforderung war die juristische Begleitung und Kommentierung der von 1970 bis 1978 diskutierten Grundordnung. Ein Thema, das ebenfalls das ganze Jahrzehnt von 1970 bis 1980 in Anspruch nahm, war die Auseinandersetzung zwischen Stadt und Universitätsverwaltung bei der gemeinsamen Klinikverwaltung. Man sieht, dass die Universitätsverwaltung eine Reihe wichtiger Vorgänge zu bearbeiten hatte, und zum andern um ihre Positionierung im universitären Selbstverwaltungsgefüge rang. Michael Machleidt hatte gerade in diesem Bereich klare Zielsetzungen, die er wenig kompromissbereit vertrat. Im Übrigen hat er in diesen Jahren die junge Universität gut vertreten und viel zu ihrer Stabilisierung beigetragen.

Im Jahr 1979 verließ er Ulm, als sein Nachfolger kam Dietrich Eberhardt aus Stuttgart nach Ulm. Er hatte im Wissenschaftsministerium schon Erfahrungen sammeln können und trat nun in Ulm, freudig begrüßt, als erster Kanzler der Universität seinen Dienst an. Das ist tatsächlich so zu verstehen, denn er sah in der Dienstleistung für die Universität und ihre Angehörigen seine zentrale Aufgabe. Als er nach Ulm kam, stand die Übernahme der Städtischen Kliniken durch das Land bevor. Die entscheidenden Verhandlungen liefen seit 1979, so dass es

Michael Machleidt leitete die Universitätsverwaltung in dem spannenden Jahrzehnt von 1970 bis 1979.

Berthold Mondry im Gespräch mit Ludwig Heilmeyer und Theodor Pfizer.

Beschwingt.
Der erste Kanzler der Universität Dietrich Eberhardt, der von 1979 bis 2002 amtierte mit seiner Nachfolgerin Katrin Vernau, die schon 2005 nach Hamburg wechselte.

Seit 2005 leitet Dieter Kaufmann die Universitätsverwaltung.

Eberhardt zufiel, in der Endphase die finanzielle Abwicklung mit Bürgermeister Stuber vorzunehmen. Dies geschah mit gegenseitigem Respekt und Verständnis. Wichtig war vor allem, dass sie kleinliches, gegenseitiges Aufrechnen vermieden, so dass sich die gegenseitigen Forderungen, buchhalterisch korrekt, in harmonischer Weise aufhoben. [7]

Für die Universitätsverwaltung bedeutete die Übernahme der Kliniken einen wichtigen Einschnitt, denn das Universitätsklinikum firmierte als rechtlich unselbstständige Einrichtung der Universität mit einer eigenen Klinikverwaltung. Hier galt es nun, ein effektives Verwaltungsmodell mit dem Blick auf das Ganze zu finden, das den wirtschaftlichen Erfordernissen des Klinikbetriebs entsprach, aber auch die Position der Universität und ihrer Fakultäten im Auge behielt. Dabei war die Gefahr nicht von der Hand zu weisen, dass nun, nach dem glücklichen Ende der Doppelherrschaft von Stadt und Land neue Konfliktlinien zwischen zentraler Universitäts- und Klinikverwaltung entstanden. Um dies zu vermeiden, zog man klare Grenzen, bei gleichzeitiger Nutzung der Vorteile, die eine zentrale Verwaltung bot. Die weitere Entwicklung zeigt jedoch die immanent angelegte und politisch gewollte Verselbstständigung des Universitätsklinikums, die im Jahre 1997 mit allen Konsequenzen erfolgte.

Die 1984 einsetzende Aufbruchstimmung erfasste auch die Verwaltung, die dann mit dem Aufbau der Wissenschaftsstadt und dem Ausbau der Universität in neue Dimensionen wuchs. Im Jahr 1988 zählte die Verwaltung immerhin 80 Mitarbeiter und Mitarbeiterinnen. Dementsprechend hatte sich auch die Organisation von den anfänglichen Abteilungen über die Referate zu der modernen Gliederung in Dezernate und Stabsstellen entwickelt. In zunehmender Weise fielen der Verwaltung nun Dienstleistungsaufgaben zu, so dass man schon von einem Service-Unternehmen sprechen kann. Dabei kam ihr an der Seite des Rektors und der Gremien eine sowohl beratende als auch ausgleichende Rolle zu. Zum einen galt es, die zugewiesenen Finanzmittel und Personalstellen so zu verwenden, dass sie neue Perspektiven öffneten, zum anderen mussten Begehrlichkeiten zurückgewiesen und das große Ganze im Auge behalten werden.

Dies traf besonders auf die Jahre 1987 bis 1989 zu, als der Kanzler mit der guten Finanzausstattung eine apparative Aufrüstung durchführte, die allen Fakultäten zugute kam. Prekärer wurde es in den folgenden 90er Jahren, als im Zuge spärlicher fließender Mittel das Geschick des inneren Ausgleichs gefragt war und vornehmlich durch Umwidmung von Lehrstühlen Zeichen für die Zukunft gesetzt werden konnten. Überblickt man den Briefwechsel, den Rektor und Kanzler mit den Ministerien führten, oder die Vorbereitung ministerieller Besuche in Ulm, in denen die Desiderata genau aufgelistet waren, dann wirkt das wie ein ständiges Bitten um das, was der Universität eigentlich zustand. So etwa die 60 Stellen aus dem Erweiterungspaket von 1986, die zugesagt, aber Anfang der 90er Jahre noch nicht zugewiesen waren. Doch muss man zugestehen, dass sich das Land im Rahmen seiner finanziellen Möglichkeiten stets für die Ulmer Universität engagierte. Verständlicherweise gab es im Grenzbereich der universitären Autonomie und der staatlichen Eingriffsverwaltung immer wieder Konflikte, da beide Seiten versuchten, ihre jeweilige Position zu verteidigen oder gar ihren Einflussbereich zu vergrößern. In akademischen Angelegenheiten hatte die Universität jedoch weitgehend freie Hand und tendenziell lag der Landesregierung daran, die Autonomie der Universität zu stärken.

Wie es in Baden-Württemberg überhaupt gelang, eine Reihe von Zuständigkeiten an die Universität zu holen. In diesem Zusammenhang waren die regelmäßigen Treffen der Kanzler der baden-württembergischen Universitäten besonders hilfreich. Die dabei getroffenen Vereinbarungen und eine starke Zentralverwaltung, wie in Ulm, waren nicht nur ein starkes Bollwerk gegen die Ministerialbürokratie, sie schufen auch gute Rahmenbedingungen für Forschung und Lehre. So gab es durchaus Raum für kreative Entscheidungen, wie etwa für das 1995 eingeführte Bonussystem. Demnach erhielten die Abteilungen einen finanziellen Grundbetrag, der sich entsprechend der Leistung der Abteilung auf dem Gebiet von Lehre und Forschung, erhöhte. Obwohl noch 1997 die Kanzler der deutschen Universitäten sowohl Managementstrukturen als auch einen Hochschulrat ablehnten und für eine kollegiale Hochschulverwaltung votierten, ließ sich, wie die Hochschulgesetzgebung zeigt, eine derartige Entwicklung nicht aufhalten.

Im Jahr 2000 ging man in Ulm an die Modernisierung des Rechnungswesens, um eine bessere und schnellere Abwicklung und Kontrolle zu erreichen. Die Umstellungsphase verzögerte sich jedoch durch systembedingte Probleme und nicht vorhersehbare finanzielle Belastungen, so dass der Eindruck entstand, die Universität bewege sich finanziell am Rande der Zahlungsfähigkeit. Kanzler Eberhardt stellte in einem Schreiben an den Senat die veröffentlichten Zahlen richtig und wies auf die bereits eingeleiteten Sparmaßnahmen im Personalbereich hin. Rektor Wolff betonte, dass kein Geld unüberlegt ausgegeben worden sei und erinnerte an die Beteiligung der Universität in Höhe von über zwei Millionen DM beim Bau des neuen Hörsaals, der als „Schnellbau Lehre" die dringendsten Raumprobleme wenigstens teilweise löste. Belastend kam seinerzeit dazu, dass – statt erwarteter Zuschüsse aus Stuttgart – Kürzungen hingenommen werden mussten, da zu wenige Studenten ihren Abschluss gemacht hatten. [8]
Dies trübte natürlich den Abschied des verdienstvollen und engagierten Kanzlers Dietrich Eberhardt, der die Universität geschickt durch die wechselvolle Zeit von 1979 bis 2002 mitgesteuert hatte und dafür 2006 die Ehrenbürgerwürde der Universität erhielt. Seine Nachfolgerin, Katrin Vernau, amtierte nur zwei Jahre, bevor sie nach Hamburg ging. Seit 2005 leitet nun, nomen est omen, Kanzler Dieter Kaufmann die Universi-

tätsverwaltung. Mochte manches Mitglied der Universität die Verwaltung mit ihrem zentralen Zugriff als bürokratisches Hemmnis betrachten oder als machtbewusste Einrichtung empfinden, sie war und ist als administrative Lebensader der Universität und des Klinikums unverzichtbar. In ihrem Selbstverständnis hat sie sich von einer bürokratischen Selbstverständlichkeit zu einer service-betonten Notwendigkeit weiterentwickelt. Als Teil einer Universität im Wandel.

Das Kommunikations- und Informationszentrum

Als 2001 die neue Zentralbibliothek auf dem Oberen Eselsberg eingeweiht wurde, ging eine nachgerade unendliche Geschichte zu Ende. 35 Jahre hatte es gedauert, bis die zehn Kilometer Wegstrecke vom barocken Kloster Wiblingen zur farbigen „Bücherkiste" von Otto Steidle zurückgelegt waren. Bereits am 7. Dezember 1964 erfolgte die Einrichtung einer Arbeitsstelle zum Aufbau der Bibliothek einer Medizinisch-Naturwissenschaftlichen Hochschule erfolgt.
Ihr Leiter, Richard Polaczek, Arzt und Bibliothekar sowie Referent der Medizinalabteilung an der württembergischen Landesbibliothek, empfahl sich dem Gründungsrektor Heilmeyer durch das Versprechen, eine MEDLARS Abteilung einzurichten. Dahinter verbarg sich das Medical Literature Analysis and Retrieval System der National Library of Medicine in Bethlehem, USA.
Oder einfach die computerisierte Literaturrecherche. Polaczek wurde vom Gründungsausschuss als hervorragend geeignet apostrophiert, was auch in einem Sitzungsprotokoll mit dem handschriftliche Vermerk „Non plus ultra" seinen Niederschlag gefunden hat. [9] Als er sich in Ulm auf Quartiersuche machte, landete er schließlich im Kloster Wiblingen, das seinerzeit noch von vielen Flüchtlingsfamilien bewohnt war. Unter heute kaum noch vorstellbaren Bedingungen begann, nahe der wunderbaren barocken Klosterbibliothek, der Aufbau einer nach neuen Gesichtspunkten angelegten „eingleisigen" Zentralbibliothek. Mit dem damals noch nicht absehbaren Manko, dass die Zentrale jahrzehntelang über einen Autokurierdienst mit den einzelnen Bereichsbibliotheken verbunden war.

Polaczek war ein leidenschaftlicher Bibliothekar, der möglichst wenige Köche wollte, die ihm den Brei verdarben. So schrieb er 1965 an das Mitglied des Gründungsausschusses, Professor Haas: „Wenn die geringste Gefahr am Horizont auftaucht, dass meine Organisation, die ich sehr ehrgeizig, im Sinne einer vollendeten Dienstleistung, geplant habe, behindert wird, dann verliere ich meinen Wiener Charme".[10] Konkret lehnte er die Einrichtung einer Bibliothekskommission ab, die er letztlich aber nicht verhindern konnte. Beim Aufbau der Ulmer Bibliothek hatte er stets die elektronische Bibliothek der Zukunft vor Augen. Bevor 1971 der erste Computer auftauchte, wurde mit Lochstreifen gearbeitet, die dann als Eingabemedium für den Computer dienten. Richard Polaczek hatte schon 1965 einen Ruf an die John Hopkins University in Baltimore angenommen, wo er die Welsh Medical Library nach Ulmer Vorbild neu organisierte.

Es war nicht einfach, sich im Labyrinth des Provisoriums im Kloster Wiblingen zurechtzufinden.

In Ulm führte Margret Rehm die Arbeit in seinem Sinn weiter und setzte konsequent auf die elektronische Erfassung der Bestände und die Vernetzung mit anderen Einrichtungen. Es ist schon bemerkenswert, dass die Ulmer Universitätsbibliothek die erste in der Bundesrepublik Deutschland war, die seit Januar 1976 einen Online Zugriff auf die Datenbank DiMDr in Köln ermöglichte. Daneben lief, trotz finanzieller Engpässe, die Anschaffung von Büchern und Zeitschriften.
In ganz besonderer Weise präsentierte sich die Bibliothek mit einer Vielzahl von Ausstellungen und Vorträgen und bereicherte dadurch das universitäre Leben. Doch auch Konflikte blieben nicht aus, da die Rolle der Bereichsbibliotheken unterschiedlich gewertet wurde, Raumprobleme auftraten und persönliche Animositäten die Atmosphäre belasteten und Lösungen erschwerten.

1988 übernahm Siegfried Franke die Leitung der Bibliothek. Er hatte bis zu seinem Wechsel die Zentralbibliothek des Medizinischen Klinikums in Essen geleitet und setzte nun

in Ulm die Arbeit seiner Vorgänger zunächst in der Weise fort, dass er den 23. Raumbedarfsplan der Universitätsbibliothek erstellte. Dann erfolgte die Modernisierung des Betriebsablaufs mit einer EDV-Anlage und der Anschaffung von PCs. Lange vor anderen Universitäten testete man im Bereich Elektrotechnik erfolgreich die 24- Stunden- Öffnungszeit, konnte dies aber aus finanziellen Gründen nicht realisieren. Neben der Zentrale in Wiblingen, mit der gesamten Verwaltung, gab es sieben Bereichsbibliotheken, die den raschen Zugriff auf die benötigte wissenschaftliche Literatur ermöglichten. [11]

Der Neubau auf dem Oberen Eselsberg nahm dann fünf Bereichsbibliotheken auf. Otto Steidle, der schon die Uni West in farbenfroher Holzbauweise geplant hatte, setzte mit dem roten Kubus des Bibliotheksgebäudes einen vierkantigen Akzent in der universitären Mitte. Holz und Glas, vor allem aber die Innenhöfe, die für Licht und ökologisch wie ökonomisch für eine gute Klimatisierung sorgen, gestalten das Innere des Gebäudes, das durch die freundliche, von Büchern geprägte Atmosphäre und die gedämpfte Stille doch mehr wie eine Bibliothek als ein Kommunikationszentrum wirkt. Natürlich verweisen die Computer und die an jedem Arbeitsplatz befindlichen Anschlüsse für Laptops darauf, dass auch die Welt der Bücher online ist und neue Medien der Information und Kommunikation dienen. Schon Richard Polaczek und Karl Überla hatten die gemeinsamen Schnittstellen von Rechenzentrum und Bibiothotheksverwaltung genutzt, wobei anfänglich nur wenig leistungsfähige, ältere Rechnermodelle zum Einsatz kamen. Neben dem Rechenzentrum Wiblingen baute Hans-Peter Grossmann ab 1985 das Bereichszentrum Oberer Eselsberg für Forschung und Lehre auf und begann mit der Vernetzung der Campusanlage. Ein Prozess, der in der Folgezeit zu einer kontinuierlichen Verbesserung der Versorgung und der Einbindung in das internationale Netz führte. Schon 1987 sah Grossmann die Notwendigkeit, die Informationsversorgung und Kommunikation in einem Informations-und Kommunikationszentrum zusammenzuführen.
Als dann ab 1995 im Zusammenhang mit der virtuellen Hochschule die Informationstechnologie einen immer höheren Anteil an der akademischen Lehre und Forschung gewann, förderte dies neue Entwicklungsstrukturen und machte ein neues Dienstleistungsangebot erforderlich. Konkret führte dies in Ulm zur Bildung einer neuen Serviceorganisation, dem Kommunikations- und Informationszentrum KIZ, in dem seit 30. April 2002 die Zentralbibliothek, das Rechenzentrum und die anderen Einrichtungen, die mit Medien zu tun haben, in fünf Abteilungen zusammengefasst sind. Die Zusammenführung von Bibliothek und Rechenzentrum hätte dabei sicher auch den Beifall von Richard Polaczek gefunden, der anlässlich des 20-jährigen Jubiläums der Universitätsbibliothek schrieb: „Das Buch versinkt wie die Abendsonne im Spätherbst: ohne Geschrei, ohne Getöse, einfach so. Seine Freunde blicken noch einmal um, und dann sagt einer, sich in der Dämmerung nach Hause Wendenden: Das Buch ist tot, es lebe die Diskette". [12] Es ist tröstlich, dass jemand, der den Untergang des Buches in so poetischer Weise zitiert oder auch persifliert, in Muße vieler Bücher gelesen haben muss. Und ebenso tröstlich ist, dass, neben der unabdingbaren modernen Information und Kommunikation, in der schönen Universitätsbibliothek mehr Bücher als Disketten zu sehen sind.

Im Jahr 2001 verließ die Zentralbibliothek nach 35 Jahren ihr Domizil im barocken Kloster Wiblingen und bezog das von Otto Steidle entworfene neue Gebäude auf dem Oberen Eselsberg.

Vom Universitätsbauamt zum Amt für Vermögen und Bau

„Wenn einmal der Startschuss gefallen ist, Magnifizenz, dann geht es schnell". Die hoffnungsvolle Prognose, die Hans Walter Henrich bei der Einweihung des Universitätsbau-

Ein bizarres Schauspiel bot sich beim Abbruch des Forts Oberer Eselsberg, 1971. Vor der Sprengung spielte damals die Musikkapelle Blaustein, uniformiert als Ulmer Stadtsoldaten.

Der Fund eines vorgeschichtlichen Nashornknochens bei den Ausschachtungsarbeiten der Medizinischen Klinik war ein willkommener Anlass, das Richtfest 1982 entsprechend zu gestalten.

Der preisgekrönte Holzbungalow des Universitätsbauamts am Mähringer Weg.
Hans Walter Henrich war bis 1981 Leiter des Amtes. Mit seiner Person ist der Bau der Ulmer Universität untrennbar verbunden.

amts im November 1968 abgab, erfüllte sich leider nicht. Wie die Bibliothekskommission, gehörte auch das Universitätsbauamt zur Vorhut in Ulm. Der Leiter, Hans Walter Henrich, kam aus der Schule von Horst Linde und brachte so das nötige Rüstzeug für die Ulmer Großbaustelle mit. In einmaliger Weise entwarfen er und seine Mitarbeiter aus den bekannten Rastern und Parametern das Ulmer Gebäudekreuz mit seinen Festpunkten und Innenhöfen. Auch wenn der rechte Winkel dominiert und im Stil der Zeit eine weitläufige Betonkonstruktion entstand, kommt die Einbindung in den Wald und die umgebende Landschaft erst heute richtig zur Geltung, zumal die Universitätsbauten nicht über die Baumwipfel ragen. Es war eine muntere Truppe, die sich in Ulm zusammengefunden hatte und, wie Henrich bemerkte, „eine tolle Pionierzeit" erlebte. [13]
Trotz der schwierigen Planungsaufgabe und der Verzögerungen im Baufortschritt ließ sie keine Gelegenheit aus, zuweilen auch bizarre Schauspiele zu inszenieren.

Als 1970 die Entkernung des Forts Oberer Eselsberg bevorstand, eine Maßnahme, die für den Bau des Versorgungszentrums notwendig war und die vom Denkmalschutz nur widerstrebend gebilligt wurde, nahm vor der Sprengung die Blausteiner Musikkapelle, in Uniformen Ulmer Stadtsoldaten, am Ort des Geschehens Aufstellung. Obwohl diese Kostümierung in Bezug auf die Bundesfestung historisch nicht korrekt war, bleibt dies doch als besonderes Spektakel in Erinnerung. Nicht weniger in Erinnerung bleibt jedoch der Verlust des noch intakten, einmaligen Forts der Bundesfestung. In ähnlicher Weise diente der Fund eines vorgeschichtlichen Nashornknochens dazu, das Richtfest des Universitätsklinikums 1982 entsprechend zu gestalten. Herbert Fecker, von der württembergischen Bauverwaltung nahm dies seinerzeit zum Anlass, den Ulmer Kollegen die „Dickfelligkeit" des urtümlichen Nashorns zu wünschen. Die war sicher notwendig, wenn es um das Tagesgeschäft mit all seinen Schwierigkeiten ging. Bei den Planungs- und Bauarbeiten verlor das Bauamt nie das Ziel „Alles unter einem Dach" aus den Augen. Gleichzeitig ging es jedoch um eine architektonisch interessante, stilvolle Ergänzung des universitären Campus. Mit eigenen Entwürfen oder der Organisation und Betreuung von Wettbewerben. Dass dies erfolgreich gelang, belegen die vielen Auszeichnungen, die das Bauamt erhielt.

Das Universitätsbauamt war, angesichts der ursprünglich nur bis 1975 terminierten Bauphasen, provisorisch in einem einfachen, aber interessanten Holzbungalow untergebracht. Zwischenzeitlich erweitert, befindet es sich dort noch immer und beschäftigt sich nicht nur mit der baulichen Zukunft der Universität, sondern schon mit ihrer Vergangenheit, denn mittlerweile sind umfangreiche Sanierungsarbeiten der ersten Baustufen notwendig. Als Hans Walter Henrich im Januar 1986 in den Ruhestand ging, waren von den fünf vorgesehenen Baustufen A bis E nur A und B ganz, C nach Umplanungen teilweise fertig gestellt. Während seiner Amtszeit waren aber immerhin 760 Millionen DM verbaut worden.

Dabei war das Grundkonzept beibehalten worden, leitete aber, im Detail verfeinert, zu neuen Bauformen über. So fand seine Arbeit und die des Bauamtes hohes Lob und Anerkennung. Sein Nachfolger, Wilhelm von Wolff, der maßgeblich an den Planungen der Universität Konstanz beteiligt war, blieb leider nur kurze Zeit in Ulm, da er einen Ruf auf eine Professur an der TU Berlin annahm.

Die Leitung des nun so genannten Staatlichen Hoch- und Universitätsbauamtes übernahm Joachim Semmler, der seit 1968 in Ulm tätig war. Er begleitete den weiteren Ausbau der Universität und der Wissenschaftsstadt seit 1987 und befand sich, wie er in einem Vortrag bemerkte, seinerzeit in einer ähnlichen Stimmungslage wie in den Gründungsjahren zwanzig Jahre zuvor. Um sich ein Bild von der Größenordnung zu machen, was das Land in den Jahren 1987 bis 2004 für die Neubauten auf dem Oberen Eselsberg und die sukzessive Sanierung der Kliniken auf dem Michelsberg investierte, seien die 502 Millionen Euro reine Baukosten genannt.

Die größten Posten waren dabei die Universität West mit 151 Millionen Euro, die Kliniken insgesammt mit 200 Millionen und die Forschungsbereiche mit 40 Millionen Euro reine Baukosten. [14]

Die Leiter kommen und gehen, das Amt bleibt. Auch wenn es mittlerweile zum Staatlichen Vermögens- und Bauamt mutierte, ist es in seinem äußeren Erscheinungsbild wie mit seiner Mannschaft ein nicht wegzudenkender Teil der Baugeschichte der Ulmer Universität und moderner Architektur in Deutschland. Die Ulmer Architekten und Bauingenieure verstanden es nicht nur zu planen und zu bauen, sondern unter Einbeziehung aller Faktoren, zunehmend denen der Ökologie und Wirtschaftlichkeit, die Entwürfe ebenso modern wie zeitlos umzusetzen. Dies vor allem im Blick auf ihre Funktion im Gefüge von Forschung, Lehre und Krankenbetreuung.

So wie die Architektur einer Stadt Ausdruck ihrer sozialen und kulturellen Haltung ist, ist die Architektur der Universität Ausdruck ihrer fachlichen und geistigen Ordnung. Auch die früher eher der Orientierung dienende oder als schmuckendes Beiwerk gedachte Kunst am Bau oder im öffentlichen Raum, sah man dabei als wichtigen Teil des Ganzen.

Nicht zuletzt dank Karl-Heinz Reisert, Caius Burri und Joachim Semmler entstand auf dem Campus eine beispielhafte und eindrucksvolle Verbindung von Architektur, Kunst und Landschaft.

Die Universität in der Bildungslandschaft

Seit 1989 erfuhr die Universität Ulm nicht nur eine Erweiterung um eine ingenieurwissenschaftliche Fakultät und eine Spezialisierung im Bereich neuer Forschungsvorhaben, sie rückte auch zunehmend in den Fokus der gesamtgesellschaftlichen Entwicklung, vor allem auf dem Bildungssektor. Waren dabei ihre Aufgaben für Fort- und Weiterbildung im Universitätsgesetz festgeschrieben, musste sie an der Schnittstelle zum sekundären Bildungssektor mit eigenen Programmen tätig werden. Vor allem, als seit 1994 die Anmeldezahlen in den natur- und ingenieurwissenschaftlichen Fakultäten teilweise drastisch zurückgingen. Doch darüber hinaus ging es darum, die Kooperation zwischen Universität und Gymnasium zu verstärken, was auf vielfältige Weise geschah.

Seit 1994 gab es an den Gymnasien statt des Lehrplans einen Bildungsplan, der neue Formen der Wissensvermittlung, der Persönlichkeitsbildung und den Einsatz moderner Medien stärkte. Die Arbeit an der Reform der Oberstufe führte zu tiefgreifenden Änderungen, die zu Beginn des neuen Jahrtausends in Kraft traten. Stärkung der Allgemeinbildung, verpflichtender Besuch zweier naturwissenschaftlicher Fächer und mehr selbstständiges Arbeiten mit Referaten und Präsentationen bereiteten auf das Berufsleben ebenso vor, wie auf den Besuch der Universität, die man an den von der Kultusverwaltung landesweit eingeführten Studientagen kennen lernen konnte. Auch an den Universitäten arbeitete man mit neuen Unterrichtsformen und Medien an der Verbesserung der Lehre. Zeigten sich hier schon Verbindungen im didaktischen Vorgehen, diente das im Jahr 2000 eingeführte Praxissemester für Lehramtskandidaten einer engeren Verzahnung von Theorie und Praxis.

Der 2006 zwischen der Universität Ulm und der Pädagogischen Hochschule Schwäbisch Gmünd abgeschlossene Kooperationsvertrag sieht einen Austausch von Dozenten vor und bietet den jungen Leuten noch mehr Gelegenheit, sich frühzeitig auf die Unterrichtssituation einzustellen. Was die Kooperation auf Schülerebene angeht, führt die Ulmer Universität unter anderem seit vielen Jahren sehr erfolgreich den Tag der Mathematik durch, und mit attraktiven Angeboten wie dem seit 1998 durchgeführten Unicamp sollen in gelöster und kommunikativer Atmosphäre gezielt Mädchen für naturwissenschaftliche Themen interessiert werden. Nicht nur für die Universität Ulm. Denn auf die Frage an zwei Schülerinnen, wie ihnen das Programm gefallen habe, kam die vergnügte Antwort: „Och, ganz gut. Aber wir studieren sowieso in Regensburg". [15]

Seit 2004 verbindet das unter Leitung von Manfred Spitzer eingerichtete Transferzentrum für Neurowissenschaften und Lernen Schule und Universität in besonders bemerkenswerter Weise. Das Tätigkeitsfeld des Zentrums, in dem Wissenschaftler und Pädagogen versammelt sind, reicht vom Kindergarten bis zur beruflichen Weiterbildung.

Der Südeingang der Universität Ulm, der sich in die umgebende Landschaft öffnet.

Ziel ist es, die Erkenntnisse der neurobiologischen Grundlagen- und Lernforschung mit der Praxis zusammenzuführen und eventuell neue Lehr- und Lernmethoden zu entwickeln.

Das Jahrzehnt vor der Jahrtausendwende war allenthalben die Zeit der Aktionen, Visionen und Offensiven. Da mochte auch die Stadt Ulm nicht zurückstehen, die nach einer Klausurtagung des Gemeinderats im Jahr 2000 ihre Bildungsoffensive begann. Neben einem ambitionierten Schulbauprogramm gibt es seitdem eine Fülle von Projekten, die wissenschaftliches Denken, Kreativität, Eigeninitiative und Teamfähigkeit fördern sollen. Natürlich ist auch die Universität mit einer Reihe von Kooperationsprogrammen eingebunden. Beispielhaft sei nur das Projekt NUGI genannt, das als Netzwerk Universität, Gymnasium, Industrie schon an der Schule biologische Forschung anbietet und auf wechselseitige Begegnungen setzt. Ergänzt wird das Programm der Stadt mit einer Bildungsmesse, die mit thematischen Schwerpunkten unter Federführung der IHK Ulm alle zwei Jahre stattfindet.

Trotz teilweise zögerlicher Fortschritte zielt diese erfreuliche Aktion in die richtige Richtung. In den Kommissionen kommen sich die Vertreter der verschiedenen Bildungseinrichtungen näher, Hemmschwellen werden abgebaut und der Übergangsbereich Schule – Universität wird durch frühzeitige Informationen und Begegnungen transparent gemacht. Dies ganz im Sinne der Universität, die mit einer ganzheitlichen Zielsetzung bereits die Schüler und Schülerinnen einbinden will, die dann nach einem erfolgreichen Studium womöglich in einem Graduiertenkolleg landen. Allerdings gilt auch hier, dass Programme und Angebote noch so schön sein können, erfolgreich sind sie nur, wenn sie von aufgeschlossenen und engagierten Personen umgesetzt werden. Auch die neuerdings geführte Elitediskussion betrifft den sekundären und tertiären Bildungssektor gleichermaßen. In Schwäbisch Gmünd befindet sich seit drei Jahren ein Elitegymnasium. Und wenn sich die kleine Universität Ulm auch nicht am Eliteprogramm beteiligt hat, ist sie mit Exzellenzprogrammen und Postgraduierten – Kollegs in dem bundesweiten Wettbewerb vertreten.

Studieren in Ulm

Im Jahr 1997, dem dreißigsten Jahr ihres Bestehens, war die Zahl der Studierenden an der Ulmer Universität auf den Tiefpunkt von 4.856 gefallen. Herbe Verluste in den naturwissenschaftlichen Fächern schürten die Angst, die Lehramtsstudiengänge zu verlieren, die dann nach dem entsprechenden Votum der Hochschulstrukturkommission doch erhalten blieben. Mit einem leichten Zuwachs der Zahl der Erstsemester zeichnete sich im gleichen Jahr jedoch auch eine Trendwende ab. Ein Jahr später startete die Universität erstmals eine Werbekampagne in Gestalt eines bunten Flyers. Mit dem erklärten Ziel, mehr Studierende zu gewinnen, definierte sich die Universität damit als kundenorientiertes Dienstleistungsunternehmen, das in Konkurrenz mit anderen Universitäten stand. Im Rahmen dieser Kampagne gelang es der Fachschaft Mathematik, Unternehmen für die Finanzierung von Anzeigen zu gewinnen, mit denen sie in überregionalen Blättern für ein Mathematikstudium in Ulm warb, für das man sich nun auch im Sommersemester einschreiben konnte. Bei dieser Neuorientierung, die sich an allen deutschen Universitäten vollzog, kamen viele Strömungen zusammen, die gerade an einer kleinen Universität wie Ulm beispielhaft gezeigt werden können.

Für die Außenwirkung am wichtigsten war die Einrichtung neuer, attraktiver Studiengänge, die im besten Fall für ein Alleinstellungsmerkmal sorgen konnten. Der 1997 begonnenen Einführung neuer Studiengänge folgte im Jahr 2000 mit großem Erfolg das Fach Medieninformatik, das besonders auch Mädchen ansprach. Für den neuen Studiengang Molekulare Biologie gab es auf die 25 Plätze 249 Bewerber, und für das in Englisch unterrichtete Fach Finance standen 65 Bewerbern 15 Plätze zur Verfügung. Eine kluge und im Trend liegende Entscheidung war die Einführung von Studiengängen mit gestuften Abschlüssen, wie etwa in der Informatik, und der Aufbau des englischsprachigen Studiengangs Communications Technology. Ursprünglich dafür gedacht, ausländische Studierende nach Ulm zu holen, entwickelte er sich zu einer Einrichtung, die im In- und Ausland gleichermaßen Anklang findet. Neben interessanten Studiengängen sind auch die positiven Veränderungen in der Lehre zu erwähnen: Seminarunterricht, Praxisbezug und interaktives Lernen, wie in dem 1997 eingerichteten beispielhaften Projekt Docs`n Drugs. Ein sensibles und nicht unumstrittenes Thema ist die begleitende Evaluation der Dozenten durch die Studierenden. Doch bei aller Kritik ist sie ein Teil der angestrebten Transparenz im Umgang miteinander, die nach Einführung der Studiengebühren 2007 sicher eine neue Qualität bekommen wird.

Immer dann, wenn erwartet oder unerwartet die Zahl der Studierenden steigt, steigt auch der Stellenwert der Lehre, zumeist verbunden mit fehlenden Räumen und Personalstellen. Dies galt für die Jahre nach 1970, dann nach 1990 und steht jetzt, wieder nach 20 Jahren, für die Zeit nach 2010 in Aussicht. Welcher Stellenwert der Lehre, über landespolitische Maßnahmen und Programme hinaus, angesichts der weiter steigenden Zahl von Studierenden mittlerweile zukommt, zeigt die Verlautbarung des Wissenschaftsrats vom Februar 2007, in der er die Schaffung von Professorenstellen mit dem Schwerpunkt Lehre empfiehlt.

Blick in den Großen Hörsaal.

Diese Professoren sollen zwei Drittel ihrer Arbeitszeit, also 12 Wochenstunden, der Lehre und ein Drittel der Forschung widmen. Damit schlägt der Wissenschaftsrat eine andere Lösung vor als die geplante Einstellung von Lecturers, die der erwarteten Studentenflut Herr werden sollen. Was den Lecturer betrifft, wird es angesichts vertraglich begrenzter, finanziell nicht üppig dotierter Stellen ohnehin schwierig sein, geeignetes Personal zu finden. Wie zu erwarten, fand der Vorschlag unterschiedliche Resonanz. In Baden-Württemberg soll es allerdings derartige Stellen geben, ohne den genauen Anteil von Forschung und Lehre zu definieren. In jedem Fall ist es bedenkenswert, die Zahl der Juniorprofessoren im Hinblick auf eine verstärkte Lehrtätigkeit und eine sichere Anstellung zu erhöhen.[16]

dem schon erwähnten Unicamp gezielte Förderung für Mädchen in den naturwissenschaftlichen Fächern zu betreiben. Ganz einfach zu zeigen, dass ihnen das Wohl ihrer Studenten am Herzen liegt.

Mit besonderer Fürsorge werden nach wie vor die Erstsemester in Empfang genommen. Im Jahr 1983 überreichte Rektor Fliedner erstmals Tontäfelchen an die „Neuen" und begründete damit eine Tradition des Erinnerns an den ersten Universitätstag. Während er in seinen Begrüßungsreden dann die Gemeinschaft der Lehrenden und Lernenden beschwor, wies, in ideologisch noch aufgeladenen Zeiten, anschließend der oder die AStA-Vorsitzende in schöner Regelmäßigkeit auf

Erholsame Pause
auf dem Turm der Uni West.

Überblickt man die Entwicklung an der Ulmer Universität seit 1997, hat sich mit dem Bau von Lehr- und Verfügungsgebäuden sowie Forschungseinrichtungen doch etwas getan. Besonders bemerkenswert sind jedoch die neuen Studiengänge und Kursangebote, sowie das persönliche Engagement all der Professoren und Dozenten, die sich mit neuen Ideen und studentennahem Auftreten für ihre Universität einsetzten. Dies prägt die Universität bis heute und zeigt sich unter anderem auch durch ihre Angebote, in den Semesterferien Studenten zu betreuen, fachspezifische Einführungskurse anzubieten und mit

die natürliche Konfliktlage zwischen diesen beiden Gruppen hin. Mit diesem Ritual ist es vorbei, aber natürlich gibt es noch die traditionelle Begrüßung durch den Rektor, der in wohlgesetzten Worten die Neuen aufmunternd begrüßt, und den anschließenden Willkommensgruß des AStA– Vorstands.

Nach dem Motto: „Aller Anfang ist schwer, in Ulm ist er leichter" startet jedes Jahr auf dem Münsterplatz die Rallye der fächerübergreifenden Erstsemestereinführung (Fuese). [17] Auch der AStA, die einzelnen Fachschaften und die an der Ulmer

Universität vertretenen politischen Hochschulgruppen präsentieren sich natürlich den Neuankömmlingen. Dies mit einem gewandelten Selbstverständnis. Die „Meinungskämpfe haben wir hinter uns", hieß es im Jahr 2000. Ergebnis einer Entwicklung, die 1992 begann. Während sich damals der UStA extrem radikalisierte und wenig später auflöste, fand sich mit Vertretern aller Gruppierungen ein Runder Tisch zusammen, der sich in konstruktiv- kritischer Weise mit der Wiederbelebung der Verfassten Studentenschaft beschäftigte. Obwohl auch Rektor und Kanzler dem erarbeiteten „Ulmer Modell" zustimmten, lehnte Minister von Trotha eine politische Lösung ab. In den folgenden Jahren suchte man dann nach Mitteln und Wegen, um das Projekt ohne Zustimmung der Landesregierung zu verwirklichen.

Nach Klärung der organisatorischen Fragen fand 1998 eine Urabstimmung statt, bei der sich die Studierenden mit überwältigender Mehrheit für die Einrichtung einer Studentenvertretung (Stuve) aussprachen. Neben anderen war der langjährige AStA Vorsitzende Bernhard Witt von der Juso-Hochschulgruppe in diesen Jahren engagiert tätig. Dem pragmatischen Vorgehen aller Verantwortlichen ist es zu danken, dass 1996 der Arbeitskreis „Lebensraum Universität" alltägliche Probleme zu lösen suchte, die Zusammenarbeit mit der Verwaltung gut war, und dass, vor allem, an der Universität Ulm eine Studentenvertretung besteht, die für die Interessen der Studierenden eintritt und gemeinsam mit den politischen Gruppen die Wahlen in den AStA und die Gremien koordiniert. Neben den Fachschaftsvertretungen, mit so freundlichen Namen wie Bunte Spritze oder Kunterbunt, gibt es natürlich auch noch die politischen Gruppierungen: Im Augenblick die Juso- Hochschulgruppe, den RCDS, die unigrünen und den Sozialliberalen Hochschulbund.

Bei den Studierenden außerordentlich beliebt ist das Semesterticket, das der AStA initiierte und das die Studentenvertretung zu einem Erfolgsmodell machte.
Damit kann man preiswert die öffentlichen Verkehrsmittel benützen, zu bestimmten Zeiten sogar kostenlos. Auf der Tagesordnung steht natürlich auch die 2007 erfolgte Einführung der Studiengebühren, doch Streiks, wie an anderen Universitäten, sind in Ulm nicht geplant, was ein Stück weit auch dem offenen Umgang der Verwaltung mit der Studentenschaft zu danken ist. [18]

Doch für alle Studierenden gilt: Ist man einmal in Ulm, kommt dazu hin noch in einem der Studentenwohnheime unter oder wohnt zu Hause, stellt sich geradezu bürgerliche Zufriedenheit ein. Dies ergab beispielsweise 2005 die 17. Sozialerhebung des Deutschen Studentenwerks, die den Ulmer Studierenden, egal ob an der FH Ulm und Neu-Ulm oder an der Uni, Fleiß und Zielstrebigkeit attestierte, was zu einer vergleichsweise kurzen Studiendauer führte. [19] Im Ergebnis war das Studium kostengünstiger als in anderen Städten, und das soziale Umfeld, wie die Betreuung durch Professoren, Dozenten und Assistenten wurden als wohltuend empfunden.
Dazu kamen Vergünstigungen wie das Semesterticket oder die guten Angebote der Mensa. Vorteile einer kleinen Universität, deren Studenten zu 70 Prozent aus der Region und angrenzenden Gebieten kommen und von denen etwa ein Drittel zu Hause wohnt. Von den Studierenden, die stärker als früher einzelne Universitäten im Blick auf das äußere und innere Erscheinungsbild vergleichen, entscheiden sich schließlich doch viele für Ulm.

Obwohl die Universität Ulm die einzige Hochschule des Landes ohne eigene Halle und Sportanlagen auf dem Campus war, gab es eine Menge sportlicher Aktivitäten.
Seit 1979 organisiert und koordiniert Alwin Erlewein das sportliche Geschehen. In einem offenen Brief legte er 1980 der Landesregierung die Notlage dar und bat, auch zur Abwendung eines Imageschadens, um rasche Abhilfe.

Doch auch wenn es entsprechende Bemühungen gab, war die Universität noch zwei Jahrzehnte auf die Nutzung von Sportstätten und Hallen im gesamten Stadtgebiet angewiesen. Was im Übrigen den Leistungen der Aktiven keinen Abbruch tat. Als sich der von der Stadt geplante Bau einer Großsporthalle 1998 zerschlug, fanden sich die Vereine von Jungingen, Mähringen und Lehr und die Universität zusammen.

Nicht zuletzt dank eines ausgeklügelten Finanzierungsplans der Universitätsverwaltung konnte die Halle Nord nach einem Entwurf des Architekturbüros Auer und Weber (Stuttgart/ München) gebaut und ab 2003 genutzt werden. Ein Jahr zuvor hatte die Universität späte Genugtuung erfahren. Ihr langjähriges Eintreten für einen campusnahen Hochschulsport und ihr Anteil an der Realisierung der Halle Nord wurden mit der Auszeichnung als Hochschule des Jahres honoriert.

Impressionen aus Ulm
In dem seit 1545 belegten Ulmer Fischerstechen lebt die reichsstädtische Tradition in anschaulicher Weise fort. Bis heute bietet das volkstümliche Wasserturnier auch jede Menge Spass und spannende Unterhaltung.

Zehntausende von Zuschauern säumen die Ufer der Donau, wenn sich am Schwörmontag beim „Nabada" der phantasievoll gestaltete Wasserfestzug flussabwärts bewegt. Im Kielwasser die zu allem entschlossenen Ulmer und ihre Gäste: auf dem Weg zum großen abschließenden Volksfest in der Friedrichsau, dem El Dorado Ulmer Festesfreude.

In der Adventszeit verwandelt sich der Münsterplatz in den stimmungsvollen Ulmer Weihnachtsmarkt. Eine Attraktion für Besucher aus Nah und Fern.

Bietet das Fischerviertel eine geradezu romantische Atmosphäre, präsentiert sich die Neue Mitte als Beispiel für das moderne Ulm. Von renommierten Architekten entworfen, verbinden sich dabei Alt und Neu in überzeugender Weise.

Natürlich ist die Donau auch Schauplatz sportlicher Wettkämpfe.

Das Roxy ist eine feste Größe im Ulmer Kulturleben. Ein Treffpunkt für jugendliche und jung gebliebene Besucher von Konzerten und anderen Events.

Auf Initiative von Albrecht Haupt kam es 2003 zu gemeinsamen Auftritten der Universitätschöre Ulm und Leipzig. Im Congress Centrum Ulm und im Gewandhaus Leipzig wurde mit großem Erfolg Orffs Carmina Burana geboten.

Das Ulmer Universitätsorchester hat sich unter Leitung von Burkhard Wolf zu einem Klangkörper par excellence entwickelt.

Dies, obwohl die in die Jahre gekommene massive Innenarchitektur des Kerngebäudes nicht unbedingt heitere Gefühle weckt. [20]

Verständlicherweise vernahm Rektor Karl-Joachim Ebeling die frohe Botschaft der Erhebung mit Wohlgefallen. Zumal sich die so genannten „weichen" Faktoren, die das studentische Leben angenehm und abwechslungsreich machen, mit den im fachlichen Bereich erfreulichen Ergebnissen der vom Centrum für Hochschulentwicklung (CHE) veröffentlichten Rankinglisten verbanden. In all diesen Erhebungen liegt die Universität Ulm gerade bei der anspruchsvollen, fachlich und persönlich ausgewogenen, Betreuung der Studierenden im Spitzenbereich. Ein Potenzial, das es in Richtung eines Alleinstellungsmerkmals zu pflegen gilt.

Zur Sicherung des studentischen Lebens trägt nicht zuletzt auch das Studentenwerk bei, das als einzige Hinterlassenschaft der Gesamthochschuleuphorie der frühen 1970er Jahre übrig geblieben ist. Denn getreu den damaligen Absichten vertritt das Studentenwerk Ulm alle Hochschulen Ostwürttembergs bis hin zur FH Biberach und grenzüberschreitend, die FH Neu-Ulm. All dies zunächst auf Grundlage einer Rechtsverordnung vom 1. Juni 1972. Seit dem 1975 erlassenen Studentenwerkgesetz ist das Studentenwerk eine Anstalt des Öffentlichen Rechts. Aus Protest gegen diese geplante Umwandlung vom eingetragenen Verein in eine Anstalt des Öffentlichen Rechts, mit größeren staatlichen Zugriffsmöglichkeiten, waren schon ein Jahr zuvor Vorstand und Kuratorium zurückgetreten. Immer dabei Günter Skrezba, der die wechselvolle Geschichte mitgemacht hat, und heute an der Spitze von 177 Mitarbeitern über Wohl und Wehe der Studenten an sechs Hochschulen bestimmt. Dies eher zum Wohl, wenn man an die Führung der Mensen denkt oder an die Leitung der Wohnheime und die Auszahlung der BAFöG-Gelder. [21]

Ein besonderes Kapitel ist die Mensa der Ulmer Universität, die im Ulmer Stil, 20 Jahre als Provisorium betrieben wurde, bevor sie 1989 einen nun allerdings schön gestalteten Bau beziehen konnte, der dem Universitätskomplex eine aufgelockerte Südseite bescherte. Obwohl sie leider nicht größer ist als die alte Mensa, erfreut sie sich großer Beliebtheit.

Liest man den Aufgaben- und Angebotskatalog, den das Studentenwerk zu verwalten und zu bieten hat, ist das eine eindrucksvolle Lektüre. Zumal man weiß, dass all dies in Anspruch genommen wird. Wie die Universität, pflegt auch das Studentenwerk nicht nur heimisches Terrain, sondern ist über die Ebenen der Europäischen Union hinaus, auch im mittel- und osteuropäischen Raum tätig. Dies in Form von Kooperationen oder Partnerschaften. Immer mit dem Ziel, das Leben der Studierenden zu erleichtern. Studieren in Ulm heißt also, von all dem zu profitieren, was die Universität und die Stadt im Allgemeinen und Besonderen zu bieten haben. Neben der überschaubaren Universität, ihrem intellektuellen Anspruch und der guten Gemeinschaft von Lehrenden und Lernenden gehören dazu die reizvolle Landschaft, die vor den Toren der Universität beginnt, ein städtisches Leben von erfreulicher Vielfalt und die unverwechselbare Atmosphäre Ulms, die sich im historischen Fischerviertel ebenso zeigt, wie in der modernen Gestaltung der Neuen Mitte.

Was die Universität betrifft, hat Rektor Hans Wolff die so wichtigen Jahre von 1995 bis 2003 nicht nur begleitet, sondern wesentlich mitgeprägt. In seine Amtszeit fiel das Epochenjahr 1997, das ein Jubiläum, die Selbstständigkeit des Klinikums, den Solidarpakt und die Wende in der Zahl der Anmeldungen brachte. Die Zahl der Studenten stieg von 4.500 auf 6.500, die der möglichen Studienabschlüsse von 13 auf 35. Hinter diesen nüchternen Zahlen verbirgt sich ein tief greifender Wandel, der nicht für jede Abteilung erfreulich war. Die im Zuge des Solidarpakts erfolgende Neustrukturierung brachte, natürlich nicht nur in Ulm, auch schmerzliche Eingriffe. So wurden Abteilungen in Sektionen umgewandelt und verstärkt Lehrstühle umgewidmet.

Die Kulturanthropologie verschwand ganz, wie 2005 auch das Institut für Arbeits-Umwelt-, und Sozialmedizin. Im Blickpunkt standen nun das Profil der Fakultät und neue, als zukunftsträchtig angesehene wissenschaftliche Schwerpunkte. Neue Schwerpunkte setzte auch das im Jahr 2000 in Kraft getretene Universitätsgesetz, das die Organisation und das Selbstverständnis der Universität massiv veränderte. Als Vorsitzender der Landesrektorenkonferenz hatte Wolff diese Entwicklung aktiv und hautnah erlebt und aktiv mitgestaltet.

In Ulm, wo er sich unter anderem über den Bau von Forschungsinstituten und der Sporthalle Nord freuen konnte, verband der joviale Rektor Wolff die Pflichten und Freuden des Amtes zum Wohl der Universität und stärkte, dem Prinzip der „offenen Tür" folgend, erfolgreich den partnerschaftlichen Umgang von Lehrenden und Lernenden. „Wolffs Revier" erstreckte sich bekanntlich weit über die Grenzen der Universität hinaus und reichte schließlich bis nach Kairo. Doch in der Nähe profitieren die Stadt und die Region von den gesetzlich verankerten Fort- und Weiterbildungsprogrammen der Universität.
Während sich die 1997 gegründete Akademie für Wissenschaft, Wirtschaft und Technik mit gezielten wissenschaftlichen Weiterbildungsprogrammen an Absolventen der Universität richtet, gibt es auch Programme, die einen anderen, ebenso bildungsbetonten wie gesellschaftsrelevanten, Ansatz verfolgen.

Ältere Semester: Das ZAWiW

Was sich wie ein exotischer Tiername anhört, ist in Wirklichkeit das Zentrum für Allgemeine Wissenschaftliche Weiterbildung, und in dieser Funktion ein ausgesprochenes Erfolgsmodell der Ulmer Universität. Seit Mitte der 80er Jahre nahm bundesweit das universitäre Bildungsangebot für Senioren zu. 1986 richtete der Kleine Senat eine Arbeitsgruppe Seniorenstudium ein, der Carmen Stadelhofer, Helmut Baitsch und Klaus Giel angehörten. In einem im Frühjahr 1987 vorgelegten Memorandum wiesen sie auf die strukturellen und demographischen Veränderungen hin, die über die schon bestehenden Möglichkeiten hinaus, neue Formen des Studiums im Alter nötig machten. [22] Auf dem Feld der Weiterbildung bestand in Ulm die besondere Herausforderung darin, eine vornehmlich geistes- und sozialwissenschaftlich interessierte Hörerschaft an die „harten" naturwissenschaftlichen Fächer heranzuführen und deren Nutzen deutlich zu machen.

Wie immer, wenn es um die Zusammenführung von geistes- und naturwissenschaftlichen Themen ging, waren Klaus Giel und Helmut Baitsch hilfreich zur Stelle. Als dann Rektor Pechhold das Projekt der Weiterbildung älterer Menschen unterstützte und Kanzler Eberhardt eine Anschubfinanzierung gewährte, stand dem Experiment nichts mehr im Wege. Zumal das Studium Generale mit Vorträgen und Kursen eine solide Grundlage geschaffen hatte und auch das Humboldt-Studienzentrum gerne ältere Semester als Hörer begrüßte.
So konnte die engagierte Initiatorin, Carmen Stadelhofer, im Frühjahr 1992 zu einer Akademie einladen, die auf unerwartet hohe Resonanz stieß. Nicht zuletzt dank der beteiligten Professoren, die es verstanden, ihr Fachwissen in allgemein verständlicher Form zu bieten, wurde die Veranstaltung ein voller Erfolg. Bis heute werden die Frühjahrs- und Herbstakademien als themenbezogene Kompaktangebote durchgeführt, verbunden mit einem interessanten Kulturprogramm und diversen Arbeitsgruppen. Dieses in Deutschland einmalige Modell lockt Hörer aus Nah und Fern nach Ulm.
Durch die Einbindung in eine homogene Gruppe erleben sie ein soziales Miteinander, hören nicht nur passiv zu, sondern arbeiten aktiv mit. Aus diesem Modell erwuchs, mit wissenschaftlicher Zielsetzung, das Programm des forschenden Lernens.
Unter fachkundiger Leitung finden sich interessierte Teilnehmer zusammen, die vornehmlich auf dem Gebiet der Lokalgeschichte aber auch in anderen Themenbereichen Forschungsarbeit leisten, die dann mit Veröffentlichungen dokumentiert wird.
Eine ganze Reihe von Beiträgen zeigt den Erfolg und das Engagement dieser Arbeitskreise. [23]

Im Sinn der angewandten Forschung führt das Zentrum zahlreiche Forschungsprojekte auf nationaler und internationaler Ebene durch. Erklärtes Ziel ist die Konzeption innovativer Methoden in der Erwachsenen- und Seniorenbildung und ihre Erprobung. Ein großes und erfolgreiches Projekt war

Knapp 1.000 interessierte Teilnehmerinnen und Teilnehmer kann der Rektor an den Eröffnungsveranstaltungen der Frühjahrs- und Herbstakademien an der Universität Ulm begrüßen.

beispielsweise die Erschließung des Internets für ältere Menschen, um sie so mit neuen technischen Entwicklungen vertraut zu machen und sie vor sozialer Vereinsamung zu bewahren. Das laufende Projekt, Dialog von Alt und Jung, wurde um ein Pilotprojekt, das Summer-Science Camp 2006, erweitert. Dabei lernten Schülerinnen und Schüler der fünften und sechsten Klassen, von Senioren betreut und von Wissenschaftlern unterrichtet, spielerisch die Welt der Wissenschaft kennen. Durch die Einbindung der Senioren weicht das Projekt von den auch an anderen Universitäten angebotenen Vorlesungen für Kinder ab.

Mit ihren Angeboten im Bereich Weiter- und Fortbildung erfüllt die Universität nicht nur ihre gesetzliche Aufgabe, sie liegt auch in einem bundesweiten gesellschaftlichen Trend, das dritte Lebensalter sinnvoll zu gestalten. Während noch vor einiger Zeit kritische Töne zu hören waren, dass ältere Hörer in Vorlesungen und Seminaren ordentlich Studierenden die Plätze streitig machen, ist neuerdings wenig davon zu hören. Der in Ulm eingeschlagene Weg des Kompaktangebots in Form der Frühjahrs- und Herbstakademien sowie das damit verbundene Forschende Lernen hat sich als ausgesprochen glücklich erwiesen, auch wenn das Projekt vom Ministerium anfänglich nur für fünf Jahre genehmigt wurde. Aus den 120 Teilnehmern 1992 sind 850 im Jahr 2005 geworden. Die Mehrzahl aus Ulm und der Region, zwei Drittel davon weiblich. [24] Das Zentrum für Allgemeine Wissenschaftliche Weiterbildung trägt also auch dazu bei, dass die Universität in ihrer lokalen und regionalen Verankerung gestärkt wird. Dies ist das Verdienst einer engagierten Mannschaft sowie des derzeit amtierenden Sprechers des Vorstands, Otmar Marti, und seinen Vorgängern. Sie wurden im Einzelfall, wie beispielsweise Reinhardt Rüdel, gar „vom Saulus zum Paulus". [25]

Gleichstellung der Frauen

Ein bewegendes Thema der vergangenen Jahrzehnte ist die Gleichstellung von Mann und Frau, das in Bezug auf den Anteil von Studentinnen und Professorinnen auch das akademische Leben tangiert. Es ist nicht zuletzt ein Verdienst der 68er Bewegung, dass sie meist mit spontanen Aktionen die Frauenrechtsfrage in das öffentliche Bewusstsein gehoben hat. In diesem Geist hieß es noch 1993 an der Ulmer Universität: „Die Frauen schweigen nicht mehr". [26] Ihre Stimme hatte vor allem deswegen Gewicht bekommen, weil auf der politischen Ebene entsprechende gesetzliche Regelungen getroffen wurden. Seit dem Universitätsgesetz vom 12. Mai 1992 ist das Thema

Frauen -und Gleichstellungsbeauftragte in immer stärkerer Konkretisierung Gegenstand der Gesetzgebung. Im administrativen Bereich erhielten die Universitäten im November 1988 in einem Erlass des Ministeriums für Wissenschaft und Kunst Hinweise und Empfehlungen zur praktischen Umsetzung der Frauenförderung.

Als im Januar 1989 Ilse Hesse ihr Amt als Frauenbeauftragte des wissenschaftlichen Personals der Ulmer Universität antrat, gab es 154 Professoren und nur sechs Professorinnen und keine einzige Abteilungsleiterin.
Um hier gezielt Abhilfe zu schaffen, verabschiedete der Große Senat am 8. Juni 1991 die Grundsätze zur Förderung von Frauen in Forschung und Lehre und benannte eine Frau für das Berufungskollegium. Bei ihrem Ausscheiden aus dem Amt, 1994, bescheinigte Ilse Hesse der Universität Ulm „ein frauenfreundliches Klima". und sah „die Türen aufgestoßen". [27] Ein Jahr später erhielt die Universität Ulm, wenn auch nur vorübergehend, mit Helga Wagner die erste hauptamtliche Frauenbeauftragte. Diese fortschrittliche Entwicklung war allerdings aus der Not geboren, denn die Bereitschaft der Wissenschaftlerinnen dieses Amt zu übernehmen, hielt sich in Grenzen. Anders als ihre Vorgängerin, zog sie 1994 indes keine positive Bilanz ihrer Tätigkeit. Wenigstens hielten sich nach ihrem Bekunden Enttäuschung und Zufriedenheit die Waage.

Seit 1995 bahnte sich in der Gleichstellungspolitik weltweit ein Paradigmenwechsel an. Er beruhte auf dem Prinzip des Gender Mainstreaming, einem Begriff, der über den biologischen Unterschied von Mann und Frau hinaus, die unterschiedlichen gesellschaftlichen Einflüsse und Lebensbedingungen umfasst. Demnach sollten bei allen Entscheidungen und Maßnahmen diese Kriterien von Anfang an berücksichtigt werden. Seit 1992 finden sich in den Universitätsgesetzen, zuletzt dem Landeshochschulgesetz von 2005, immer genauere Bestimmungen über die Gleichberechtigung von Männern und Frauen. Neuerdings sind Gleichstellungspläne erforderlich, die als Teil der Struktur- und Entwicklungspläne, für fünf Jahre aufzustellen sind. [28] Die Frauenförderung gehört auch zu den Leistungskriterien, die bei der universitären Mittelvergabe gelten. An der Universität Ulm wird dieser Aspekt bei der Mittelzuweisung an die Abteilungen schon seit 1996 berücksichtigt. Auch auf einer anderen Ebene wird die Gleichstellung stärker herausgehoben. So erhielten beim Dies Academicus 1999 vier junge Wissenschaftlerinnen erstmals einen Frauenförderpreis. Diese seitdem vergebene Auszeichnung ist natürlich auch als Anreiz gedacht, den Anteil der Frauen in der Wissenschaft zu erhöhen. Angesichts der Tatsache, dass Männer nach wie vor den überwiegenden Anteil des wissenschaftlichen Personals stellen, wird neuerdings wieder die Forderung nach einer Quotenregelung erhoben. Der gesamte Maßnahmenkatalog zeigt, wie schwer man sich tut, in der Frage der Gleichstellung den richtigen Weg zu gehen. Wie verschiedene nationale und internationale Erhebungen zeigen, ist es nach wie vor ein Geflecht von persönlichen und gesellschaftlichen Einstellungen und Haltungen, das eine objektive Steuerung erschwert. So ist es mit Gleichstellungsplänen alleine nicht getan.
Die Weichen müssen schon früh gestellt werden. Am Anfang steht die Förderung und Betreuung der Studentinnen, deren Anteil mit knapp 43 Prozent an der Universität Ulm erfreulich hoch ist. Entscheidend ist dann die Beratung über eine eventuell geplante wissenschaftliche Laufbahn und die Schaffung von Rahmenbedingungen, die von der Kinderbetreuung über Teilzeitangebote bis hin zu Rückkehrprogrammen nach einer Mutterschaftspause Voraussetzungen für eine wissenschaftliche Karriere schaffen. Es muss ein Anliegen der Gesellschaft sein, Männern und Frauen die ihnen angemessene Chance zu geben. Dabei kommt den Gleichstellungsbeauftragten natürlich eine wichtige Rolle zu, denn sie können schon im Vorfeld von Entscheidungen für sachgerechte Lösungen tätig werden.

In diesem Sinn ist auch die Beauftragte für die Gleichstellung von Frau und Mann, Ulrike Gerischer, tätig. Neben einem umfassenden Informationsrecht hat sie Sitz und Stimme im Senat und kann an den Sitzungen der universitären Gremien beratend teilnehmen. Sie leitet die Gleichstellungskommission, der die drei Stellvertreterinnen, sowie die Beauftragten der einzelnen Fakultäten und der Studentinnen angehören. Besonderes Gewicht hat ihre Mitwirkung in der Berufungskommission. Zu dem Ulmer Förderprogramm gehören unter anderem Mentorinnen für Studentinnen und Stipendien für den Wiedereinstieg von Wissenschaftlerinnen.
Besonders erfreulich ist, dass derzeit eine Einrichtung für die Kinderbetreuung entsteht, die vom Klinikum und der Universität getragen wird. [29] Wie viel immer noch zu tun bleibt, wird daran deutlich, dass sich die Zahl der Professorinnen an der Ulmer Universität von 1989 bis 2004 zwar von sechs auf zwölf verdoppelt hat, der Frauenanteil aber unverändert sechs Prozent beträgt. Im Vergleich dazu liegt der Bundesdurchschnitt bei 13 Prozent.

Diskussionsveranstaltung im Oktober 1989 mit Sozialministerin Barbara Schäfer. Neben ihr die Frauenbeauftragte im wissenschaftlichen Bereich Ilse Hesse.

Bei der Sitzung der Universitätsgesellschaft am 9. Mai 1973 wurde Theodor Pfizer zum Vorsitzenden gewählt. Links neben ihm Helmut Baitsch, rechts Alfred Rietzsch und Felix Herriger.

Ein treuer Begleiter.
Die Universitätsgesellschaft Ulm

Wie eingangs dargestellt, fand sich im Juli 1960 ein Kreis Ulmer Bürger zusammen, der sich für die Errichtung einer Universität in Ulm einsetzte. Am 12. Januar 1962 gab er sich mit einer Satzung einen festeren organisatorischen Rahmen und agierte nun als Arbeitskreis Universität Ulm. Vorsitzender war Theodor Pfizer, seine Stellvertreter waren Ulrich Mann, Josef Hengartner und Helmut Hauser.

Am 23. Januar 1962 konstituierte sich ein größerer Kreis von Förderern im Kuratorium zur Gründung einer Universität in Ulm. Nachdem es nicht zuletzt dem engagierten Einsatz dieser Gremien zu danken war, dass Ulm, neben Konstanz, Sitz einer Hochschule wurde, änderte man die Satzung und den Vereinsnamen. Seit 16. Februar 1966 gab es die Gesellschaft der Freunde und Förderer der Medizinisch-Naturwissenschaftlichen Hochschule Ulm, in der Arbeitskreis und Kuratorium aufgingen. Im November 1966 wurde der stellvertretende Vorstandsvorsitzende der Telefunken AG, Felix Herriger, zum Vorsitzenden gewählt. Stellvertreter war Oberbürgermeister Theodor Pfizer, Schriftführer der Hauptgeschäftsführer der IHK, Alfred Rietzsch, und Schatzmeister der Unternehmer Hermann Eiselen. Damit waren Verwaltung, Industrie und die Kammern durch führende Persönlichkeiten vertreten.

Deutlich wird vor allem die Verbindung zur Telefunken AG, die mit ihrem bekannten Forschungsinstitut eine gewichtige Argumentationshilfe beim Einsatz für die Ulmer Universität geboten hatte.

Seit 30. Oktober 1967 gibt es, nach einer Satzungs- und Namensänderung, die Ulmer Universitätsgesellschaft, deren Vorsitz Theodor Pfizer am 9. Mai 1973 übernahm. Gemeinsam mit Felix Herringer hat er in der Folgezeit die Gesellschaft organisatorisch und ideell gefestigt und diese nachhaltig geprägt. Waren in den Aufbaujahren die Freunde und Förderer unermüdlich, zuweilen auch agitatorisch tätig, galt es, nach Erreichen des großen Ziels, die Verbindungen zur Ulmer Bürgerschaft zu vertiefen und die junge Universität mit Rat und Tat zu unterstützen. Zu diesem Zweck hatte man schon frühzeitig einen Bewilligungsausschuss, einen Ausschuss für Öffentlichkeitsarbeit und Mitgliederwerbung sowie einen Ausschuss für ärztliche Angelegenheiten eingerichtet. Letzterer diente der Einbindung der Ärzte in Ulm und der Region.[30]

Ein beispielhaftes Projekt jener Jahre war die Herausgabe des Ulmer Forums. Diese graphisch interessant gestaltete Publikation ist heute ein wichtiges Dokument der Stadt- und Universitätsgeschichte. Im Vorwort zur ersten Ausgabe 1967 hat Theodor Pfizer auf die Zielsetzungen des Ulmer Forums hingewiesen, das er als „Symbiose zwischen der Stadt und der Medizinisch-Naturwissenschaftlichen Hochschule" sah. Es sollte der Information dienen, aber auch der kritischen Auseinandersetzung mit wissenschaftlichen und gesellschaftlichen Fragestellungen. Bis 1982 hat die Ulmer Universitätsgesellschaft das Erscheinen dieser wichtigen Publikation durch ihre finanzielle Beiträge gesichert. Als verantwortlicher Redakteur hat sich Gerhard Kaiser bleibende Verdienste erworben.

Darüber hinaus setzte sich die Gesellschaft für eine stärkere mediale Präsenz von Stadt und Universität ein. Ihrem Engagement war es zu danken, dass der Süddeutsche Rundfunk sein erstes auswärtiges Studio in Ulm einrichtete.

Von Anfang an sprang die Universitätsgesellschaft überall da mit finanziellen Hilfen ein, wo keine Etatmittel zur Verfügung standen. 1970 unterstützte sie etwa eine Behandlungs- und Forschergruppe, die zur Beherrschung einer Immuninsuffizienz bei den Rohrer-Zwillingen das so genannte „Life Island" einsetzte. Schon früh flossen Zuwendungen für wissenschaftliche Veranstaltungen auf der Reisensburg, oder es wurden Reisebeihilfen gewährt. Immer dann, wenn rasche und unbürokratische Hilfe vonnöten war, war die Universitätsgesellschaft hilfreich zur Stelle. Die finanzielle Grundlage bildeten zweckgebundene Spenden und die Mitgliedsbeiträge. 1981 zählte die Gesellschaft 670 Mitglieder und hatte in den 17 Jahren ihres Bestehens 1,4 Millionen DM Einnahmen zu verzeichnen, von den 1,2 Millionen ausgegeben worden waren. Am 23. Oktober 1981 fanden Neuwahlen statt, bei denen Staatssekretär Ernst Ludwig, Förderer der Universität der ersten Stunde, zum Vorsitzenden gewählt wurde.

Als zweiter Vorsitzender amtierte der Vorstandsvorsitzende der Wieland-Werke, Wolfgang Eychmüller. Diese Wahl war insoweit eine Zäsur, als Pfizer und Herriger ihre Ämter abgaben, wobei sie spontan zu Ehrenvorsitzenden ernannt wurden. Der Dank galt aber auch allen anderen engagierten Mitgliedern im Vorstand und Beirat, die damals ausschieden. Als 1984 Ernst Ludwig sein Amt als Oberbürgermeister antrat, übernahm Wolfgang Eychmüller den Vorsitz. Wie bisher, gehörten, ohne Wahl, der Rektor der Universität und der Oberbürgermeister dem Vorstand an. Da der zu bewältigende Aufgabenkreis immer größer wurde, rückte Klaus Mangold von der IHK als Geschäftsführer in den Vorstand ein.

Der Vorstand der Ulmer Universitätsgesellschaft, 2007. Neben dem Vorsitzenden Hans Hengartner von rechts: Karl Joachim Ebeling, Manfred Oster, Dietrich Engmann, Otto Sälzle, Dieter Kaufmann, Götz Hartung und Harald Kroener.

Am 18. Dezember 1978 wurden erstmals die Promotionspreise der Universitätsgesellschaft Ulm vergeben. Preisträger waren der Physiker Walter Eckhardt (rechts) und der Mediziner Ernst Tönnesmann.

Zu diesem Zeitpunkt lief die kontinuierliche Förderung verschiedener Aktivitäten. Chor und Orchester erhielten Zuschüsse, junge Wissenschaftler Reisestipendien oder Anschubfinanzierungen für besondere Projekte. Seit 1978 wird ein Promotionsförderpreis vergeben, der ebenfalls der Nachwuchsförderung dient. Besondere Zuneigung und Hilfe erfährt seit 1987 das Humboldt-Studienzentrum, das die geisteswissenschaftliche Seite der Universität abdeckt.

Auch im gesellschaftlichen Leben der Universität setzte die Universitätsgesellschaft farbige und attraktive Akzente. Erster Höhepunkt war der Universitätsball 1968 im Saal des Oberberghofs, der einen solchen Anklang fand, dass man vielen Interessierten Absagen erteilen musste. Rektor Heilmeyer eröffnete damals den Ball mit einer launigen Ansprache, anschließend erlebten die Gäste einen vergnügten Abend mit Tanz und Unterhaltung. Die festlichen Bälle, die in den folgenden Jahren in größeren Sälen stattfanden, gibt es heute nicht mehr. In einer Zeit gesellschaftlichen Wandels und veränderter individueller Wertvorstellungen gehören sie als schöne Erinnerung der „Welt von Gestern" an.

Auch die Universitätsgesellschaft setzte unter der Vorstandschaft von Ernst Ludwig, seit 1992, und Hans Hengartner, seit 2001, auf eine behutsame Neuorientierung. Doch zunächst flossen beträchtliche Mittel in die Sanierung der Villa Eberhardt, in der vor allem auch Veranstaltungen des Humboldt-Studienzentrums stattfinden. Unter anderem die von der Gesellschaft seit dem Jahr 2000 mitfinanzierten Ulmer Kolloquien. Ein Forum, bei dem sich Philosophie, Medizin und Naturwissenschaften im Dialog zusammenfinden. Schließlich warb die Gesellschaft über 2,6 Millionen DM ein, mit denen 1997 in der Abteilung Wirtschaftswissenschaften der Ludwig-Erhard -Stiftungslehrstuhl eingerichtet werden konnte. Neuerdings richtet sich der Blick stärker in die Zukunft. Ohne die bisherige Förderung aufzugeben, sollen die Corporate Identity und das Marketing der Universität mit Hilfe der Gesellschaft verbessert werden. Großes Interesse gilt dabei den Alumni, die als Ehemalige „ihrer" Universität verbunden bleiben und sie im ideellen wie materiellen Sinn stärken sollen.

Als 1975 in der krisenhaften Zeit nach dem Rücktritt von Rektor Baitsch die Lage angespannt war, schrieb Theodor Pfizer: „Die Universitätsgesellschaft muss der feste Kern einer schützenden Gemeinde der Universität sein". [31] Mit veränderten Vorzeichen gilt das auch heute noch.

Blick in die Lithographie
des Mikroelektronikums

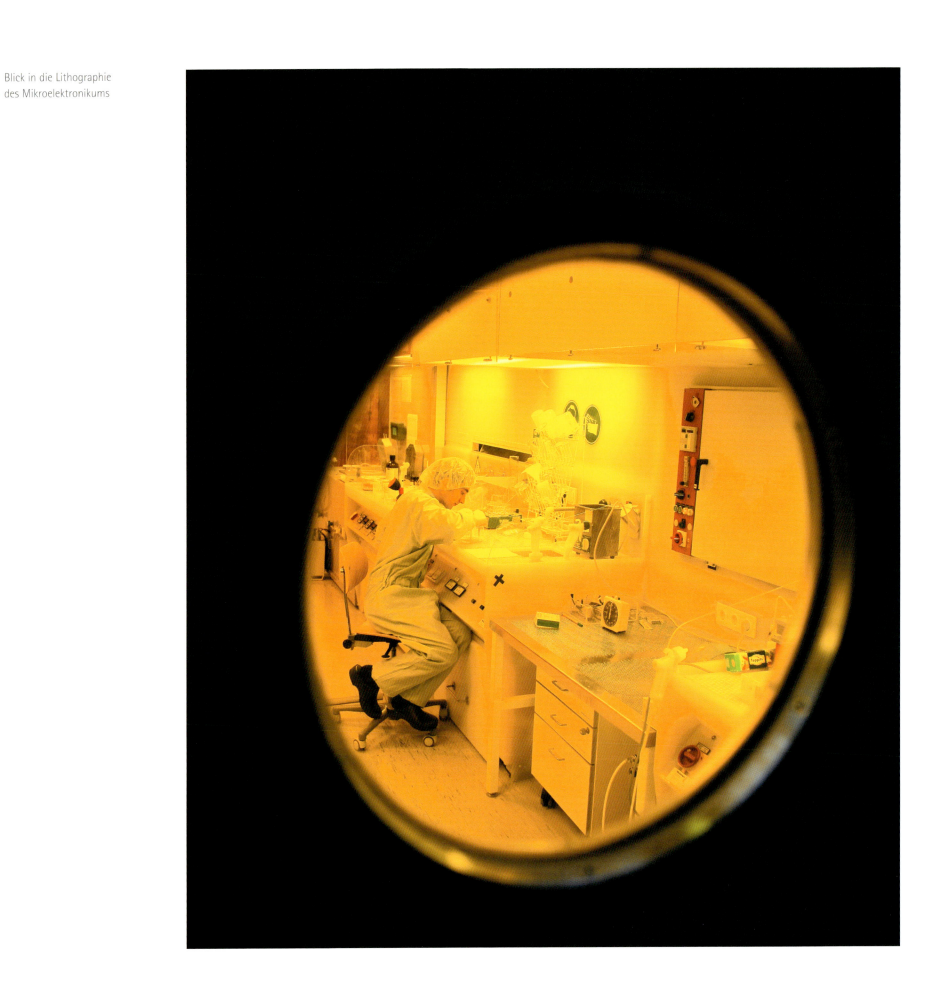

Forschung
an der Universität Ulm

Prestige und Außenwirkung einer Universität sind nicht zuletzt mit ihren Forschungserfolgen verbunden. War es früher die universal gebildete Forscherpersönlichkeit, die einen wissenschaftlichen Entwicklungsprozess in Gang setzte, sind es heute hoch spezialisierte Forscher, die alleine oder in der Gruppe mit immer feineren Methoden und Geräten den Geheimnissen der kleinen und großen Welt auf der Spur sind. Geleitet von der zweckfreien Suche nach Erkenntnis oder dem Ziel der wirtschaftlichen Nutzung ihrer Forschungsergebnisse.

Wird in den regelmäßig erscheinenden Forschungsberichten der Universität die Arbeit der einzelnen Abteilungen im Detail dokumentiert, soll im Folgenden anhand einiger Forschungsschwerpunkte das besondere Profil der Universität Ulm im größeren Zusammenhang gezeigt werden. [32]

Wurden die ersten Forschungsvorhaben noch aus Etatmitteln bezahlt, bewarb sich die Universität schon bald erfolgreich um Sonderforschungsbereiche, deren Einführung in die wissenschaftliche Welt wesentlich dem späteren Rektor der Universität Ulm, Helmut Baitsch, zu danken ist. Nach einem strengen Auswahlverfahren werden die Vorhaben von der Deutschen Forschungsgemeinschaft über einen Zeitraum von etwa zehn Jahren finanziert. Mit den Schwerpunkten Hämatologie, Endokrinologie und Psychosomatik entsprachen sie der führenden Rolle der Medizin und deren Forschungsarbeit, die sich speziell auf die Leukämie, den Diabetes und psychosomatische Therapiemöglichkeiten konzentrierte.

Die damalige Grundlagenforschung und ihre klinische Anwendung, verbunden mit Namen wie Theodor M. Fliedner, Hermann Heimpel, Enno Kleihauer, Ernst-Friedrich Pfeiffer und Thure von

Experimentieren
im Mikroelektronikum

Uexküll, begründeten den nationalen und internationalen Ruf der Universität Ulm und stehen am Anfang einer bis heute reichenden Traditionslinie. Da in den Sonderforschungsbereichen mehrere Fächer verbunden waren, boten sie auch einen gewissen Ausgleich für das geplante, aber nicht eingerichtete, Zentrum für Grundlagenforschung.

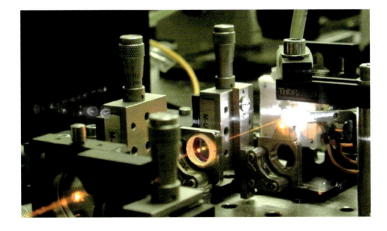

Im naturwissenschaftlichen Bereich legte die Abteilung Experimentelle Physik den Grundstein für die Polymerforschung, die in der Folgezeit große Bedeutung gewann.
In dieser ersten Phase, die bis 1983 reichte, dominierten zwar die Theoretische und Klinische Medizin, der hohe Standard der Forschungsarbeit in allen Fakultäten zeigte sich aber auch an der beeindruckenden Zahl der Veröffentlichungen und an den vielen Rufen, die Ulmer Wissenschaftler auf Lehrstühle anderer Universitäten erhielten.

Eine zweite Phase begann mit dem Aufbau der Wissenschaftsstadt und der Einrichtung der Fakultäten für Ingenieurwissenschaften und Informatik. Damit erweiterte sich das Fächerspektrum, und unter dem Stichwort Technologietransfer trat die anwendungsorientierte Forschung schließlich gleichberechtigt neben die Grundlagenforschung.
Die erfolgreiche Bewerbung um den 1986 angemeldeten Sonderforschungsbereich Molekulare und kolloidale Organisation von Oligomeren und Polymeren, zeigt zum einen die gestiegene Bedeutung der Naturwissenschaften und zum anderen die Anknüpfung an einen etablierten Forschungsschwerpunkt.
Seit 1989 kam es jedoch nicht nur zu einer verstärkten Kooperation zwischen Industrie und Forschung, sondern auch zu Innovationsschüben in der Forschung, die sich unter anderem in den Bereichen Biochemie, Stammzellforschung, Signalverarbeitung und Nanotechnologie vollzogen. Dies hatte natürlich auch einen weltweiten wissenschaftlichen und technologischen Wettbewerb zur Folge, in dem sich die einzelnen Universitäten durch eine starke Profilierung in Verbindung mit Alleinstellungsmerkmalen zu behaupten suchen.

„Die Wissenschaften vom Leben gelten nicht mehr als gesonderter, geheimnisumwitterter Bereich, sondern bilden zusammen mit allen anderen Naturwissenschaften ein untrennbares Ganzes". Damit verband Raymond Appleyard in seinem Festvortrag bei der Gründungsfeier für die Ulmer Universität am 25. Februar 1967 die Notwendigkeit der Erforschung der Blutstammzellen und die zunehmende Bedeutung der regenerativen Medizin. Als Organisationsform der Spitzenforschung sah er neben großen Forschungszentren kleine, multidisziplinäre Forschergruppen in wissenschaftlichen Instituten. Auch wenn Ulm keine Max-Planck- und Frauenhofer-Institute aufweisen kann, gibt es eine zwar kleine, aber hoch spezialisierte Universität und Forschungsinstitute, wo das verwirklicht ist, was sich Appleyard vor vierzig Jahren, „dem Geist der Gründer getreu", erhoffte. [33]

Um eine starke Medizin etablierte sich in Verbindung mit benachbarten Fächern zwanglos der Bereich Lebenswissenschaften, an dem, mit dem Schwerpunkt Medizin, heute über 30 Abteilungen und Institute beteiligt sind.
Im Zentrum des Forschungsinteresses steht die Regenerative Medizin, die auf die Ergebnisse der Stammzellforschung mit all ihren therapeutischen Möglichkeiten und die Kooperation mit verschiedenen Kompetenzzentren setzt.

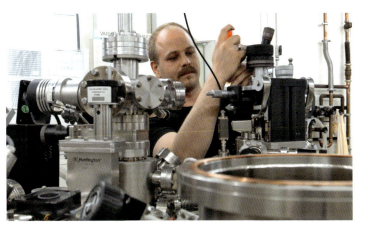

Dazu gehören die Forschergruppen der Neurowissenschaften, die in den vergangenen Jahren immer mehr an Bedeutung gewonnen haben, vor allem aber auch der SFB 497 „Signale und Signalverarbeitung bei der zellulären Differenzierung", der von Walter Knöchel betreut wird. Der SFB 518, von Guido Adler vertreten, knüpft an die bedeutende Pankreasforschung in Ulm an, die im chirurgischen Bereich durch Hans-Günther Beger internationale Bedeutung gewonnen hat, während der SFB 451, Sprecher Vinzenz Hombach, mit der Erforschung der Krankheiten des kardiovaskulären Systems befasst ist. Ein weiterer Schwerpunkt neben den Lebenswissenschaften ist die Kommunikationstechnologie, die auf die Synergieeffekte baut, die sich im Zusammenwirken von Informatik, Ingenieur- und Naturwissen-

Institut für Optoelektronik. Versuchsanordnung zur Gewinnung von orangefarbenem Laserlicht. Beispielsweise als kompakte und preiswerte Lichtquelle in Projektionsdisplays.

Versuchsaufbau zur Nanoforschung in der Physik.

In der Welt der Moleküle.

schaften, neuerdings der Quanteninformationstechnologie ergeben. Im Transregio SFB 6024: Quantenkontrolle in maßgeschneiderter Materie ist die Ulmer Quantenphysik, Sprecher: Wolfgang Schleich, mit Forschergruppen der Universitäten Stuttgart und Tübingen verbunden. Ebenfalls in neue Dimensionen stößt der SFB 569 vor, der von Paul Ziemann vertreten wird. Sein Forschungsgebiet ist die Strukturbildung und Funktion organisch-anorganischer Nanosysteme.

Neben diesen Forschungsschwerpunkten arbeiten Wissenschaftler und Abteilungen der Universität Ulm in elf Landesforschungsschwerpunkten, sind an zahlreichen nationalen und internationalen Forschungsverbünden beteiligt und in Kooperationen eingebunden. Die Alexander-von-Humboldt Stiftung ermöglicht den Aufenthalt zahlreicher ausländischer Wissenschaftler an der Ulmer Universität.

Immer mit dem Ziel, die Spezialisierung ebenso zu fördern wie das gemeinsame Arbeiten. Seit 1998 auch in dem interdisziplinären Zentrum für Klinische Grundlagenforschung und seit 2006 im Zentrum für biochemische und biomedizinische Grundlagenforschung. Beide Forschungsgebäude verleihen der modernen wissenschaftlichen Arbeit sichtbaren Ausdruck. Exzellente Forschung verdient aber auch, öffentlich anerkannt und gewürdigt zu werden. Eine Reihe Ulmer Wissenschaftler hat renommierte Preise, so zum Beispiel den Philipp-Morris-, den Max-Planck-, den René-Descartes- oder den Leibniz-Preis erhalten.

Seit 25 Jahren werden regelmäßig, vorwiegend an junge Wissenschaftler, der Adolf-Merckle-Forschungspreis und der Wissenschaftspreis der Stadt Ulm vergeben.

Am Schwörmontag 2006 erhielt Konstanze Döhner den Wissenschaftspreis der Stadt Ulm für ihre herausragenden Leistungen auf dem Gebiet der Leukämieforschung.

Guido Adler, Vizepräsident der Universität Ulm (Mitte) und die beiden Preisträger der Deutschen Krebsgesellschaft 2005 Richard Hautmann (links) und Thomas Wirth. Der Urologe Richard Hautmann hatte sich schon 1986 mit der von ihm entwickelten „Hautmannblase" einen Namen gemacht.
Aus körpereigenem Material geformt, ist sie heute als Ersatzblase weltweit Operationsstandard.
Der Leiter des Instituts für Physiologische Chemie, Thomas Wirth, forscht im Bereich der Signalübertragung in Zellen. Dies sowohl im Hinblick auf ihre Funktion für die normale Zellentwicklung, als auch ihre Bedeutung für die Tumorentstehung.

Einen besonderen Stellenwert nimmt die Förderung junger Nachwuchswissenschaftler ein, die in vier Graduiertenkollegs als Postdoktoranden oder Stipendiaten mit der nötigen Freiheit und im kollegialen Gespräch zu interessanten Themen wissenschaftlich arbeiten können. Mit einem der Graduiertenkollegs steht die Universität Ulm in der Endrunde der Exzellenzinitiative. Eine weitere Möglichkeit bieten die Juniorprofessuren, die, nicht unumstritten, eine zeitlich begrenzte, aber doch chancenreiche Tätigkeit ermöglichen.

Zur Spitzenforschung bedarf es kluger und origineller Köpfe, der nötigen Frustrationstoleranz beim Ausfüllen der Anträge für Drittmittel, ohne die heute nichts mehr geht, und der Gabe, Forschung effektiv zu organisieren.
Zur Spitzenforschung gehören aber auch eine entsprechende Ausstattung, eine kollegial geprägte Arbeitsatmosphäre Freiräume für die individuelle, kreative Forschungsarbeit, und, mehr denn je, der redliche Umgang mit den Forschungsergebnissen. An der Universität Ulm, die räumliche Nähe und ein überschaubares Fächerspektrum bietet, kann man all dies erfolgreich pflegen, zumal mit einer gezielten Berufungspolitik die interessanten Fächerkombinationen gestärkt werden.

Der Dies Academicus an der Universität und die Schwörfeier der Stadt Ulm bieten dafür den festlichen Rahmen: Für die ehrenvolle persönliche Auszeichnung ebenso, wie für die Reputation der Universität. Zur Verankerung der Universität in der Bürgerschaft und Gesellschaft gehört aber auch, dass Persönlichkeiten, die sich um die Universität verdient gemacht haben, am Jahrestag die Universitätsmedaille oder die Würde eines Ehrensenators erhalten.

Beim Dies Academicus 2006 wurde zum 25. Mal der Merckle-Forschungspreis verliehen. Die Familien Merckle im Kreis von Präsident und Dekanen der Universität sowie den Preisträgern.

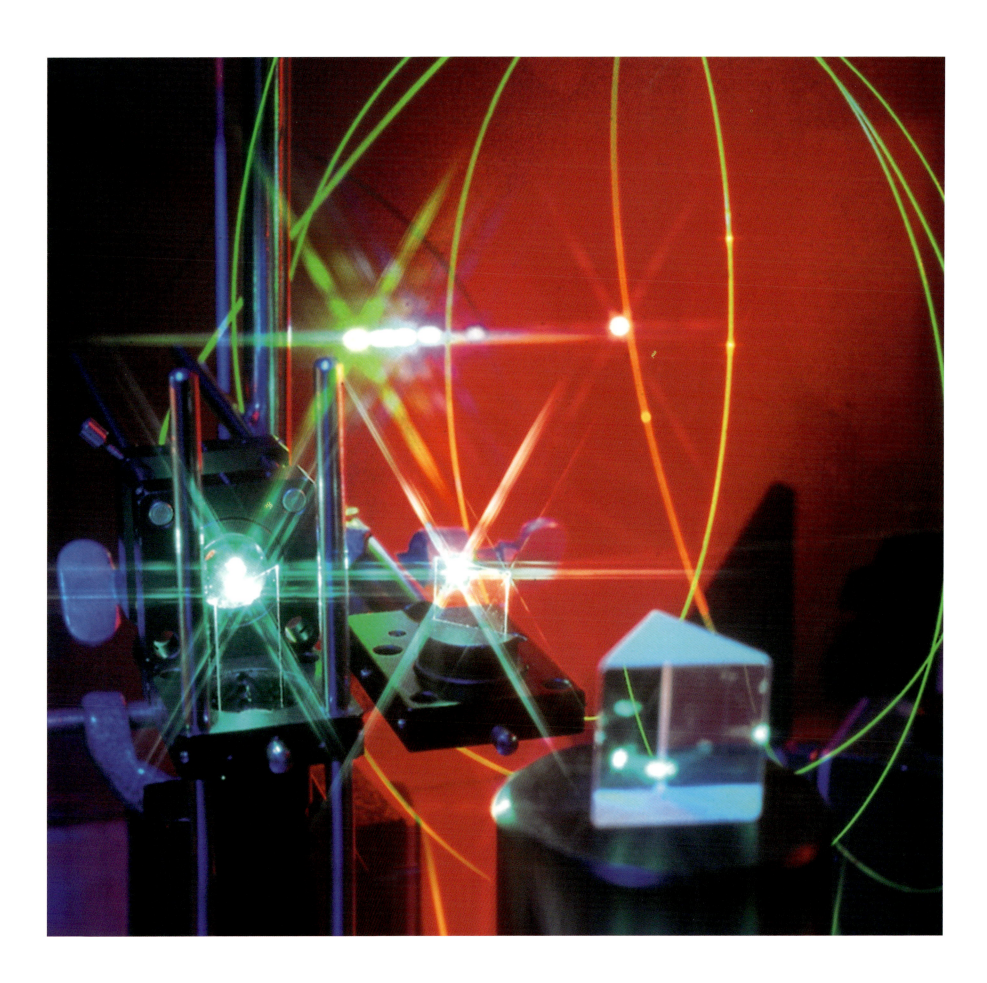

Neue Horizonte

Seit 1. Oktober 2003 amtiert Karl Joachim Ebeling als Rektor, seit 1.Oktober 2006 als Präsident der Ulmer Universität. Der renommierte Optoelektroniker und Leibnizpreisträger Ebeling war während des Rektorats Wolff fünfeinhalb Jahre Prorektor, bevor er als Leiter der zentralen Forschungsabteilung zu Infineon wechselte. Nicht zuletzt die Erfahrung als Prorektor erleichterte es ihm, die Wahl zum Rektor der Ulmer Universität anzunehmen. In seiner Antrittsrede entwarf er das Bild einer Universität, die mit neuen Organisationsstrukturen und Forschungsschwerpunkten den Herausforderungen der Zukunft bei der Zusammenführung von Wissenschaft und Wirtschaft begegnen müsse. Damit verbunden sah er die Stärkung der Qualität, unter anderem durch die Berufung der „besten Köpfe", intensive Kontakte zur Industrie und die weitere Internationalisierung von Studiengängen.[1] Mit ihm amtieren derzeit die Viezepräsidenten Guido Adler, Peter Dürre und Ulrich Stadtmüller.

Licht- und Farbenspiel mit dem Laser

Nach zwei Amtsperioden von 1995 bis 2003 übergibt Rektor Hans Wolff (rechts) das Amt an seinen Nachfolger Karl Joachim Ebeling. Im Hintergrund der Freund und Förderer der Universität Wolfgang Eychmüller.

Unser Blick in die Zukunft beginnt jedoch mit einem Blick in die Vergangenheit. Im Jahr 1966 schlug der Wissenschaftsrat ein sechssemestriges, berufsbefähigendes Grundstudium vor, dem sich ein viersemestriges, forschungsorientiertes Studium anschließen sollte. Im Hinblick darauf und auf die Pläne der Kultusministerkonferenz und der Westdeutschen Rektorenkonferenz nahm der Ulmer Gründungsausschuss diese Vorschläge schon 1965 in seinen Bericht auf.[2]
Auch der vom baden-württembergischen Kultusminister Hahn in Auftrag gegebene, so genannte „Dahrendorfplan" sah 1968 ein Kurzstudium von sechs Semestern vor, das die Studenten

damals vehement ablehnten. All dies mündete in das Reformvorhaben der Gesamthochschulplanungen, das von 1970, ideologisch aufgeladen und kontrovers diskutiert, bis zum stillen Ende 1975 die Szene beherrschte.

Das muss man sich ins Gedächtnis rufen, wenn es um den 1999 von 28 Staaten unterschriebenen Vertrag von Bologna geht, der sich nun an der nüchternen Weltsicht und nicht an der romantischen Weltanschauung orientiert. Ein Vertrag, der unter dem Zwang der Europäisierung und Globalisierung die Vereinheitlichung der Hochschulabschlüsse formulierte. Dies mit dem Ziel der Vergleichbarkeit und größerer Mobilität, aber auch der Begrenzung der Studienzeit, was von den heutigen, pragmatisch denkenden Studierenden weitgehend akzeptiert wird. Sie ziehen die Sicherheit eines zielgerichteten Ausbildungsstudiums der ohnehin eingeengten Freiheit des Studentenlebens vor.

In dem zweistufig angelegten Studium werden nicht mehr die belegten Semesterwochenstunden zugrunde gelegt, sondern wie in einem Unternehmen die tatsächlich aufgewendete Arbeitszeit. Die Benotung erfolgt mit so genannten Credits, die für den Besuch von Vorlesungen, Seminaren und die Anfertigung von Hausarbeiten oder Referaten in verschiedener Höhe vergeben werden. Pro Semester können 130 Credits erworben werden. Nach sechs Semestern wird der Grad des Bachelors, nach weiteren vier Semestern der des Masters erreicht. Dies ist mit einer Straffung und Modularisierung des Studiums verbunden, die eine konsequente Arbeitshaltung der Studierenden erfordert. Eine kürzere Studienzeit mit einem entsprechenden Abschluss weckt an den Universitäten natürlich auch Hoffnungen auf die Senkung der Abbrecherquote, die auch in Ulm bis 2003 recht hoch war. [3]

Kaum war der als Bolognaprozess bekannte Plan veröffentlicht, stieß er auf den erbitterten Widerstand der etablierten Fächer. Die akademische Welt geriet in Aufruhr, da sie ihre Bildungstradition und ihre gesellschaftliche Akzeptanz gefährdet sah. Neben den juristischen und geisteswissenschaftlichen Fakultäten, waren es besonders die Technischen Universitäten, die auf den hohen Wert der Diplomstudiengänge hinwiesen. Verbunden war dies mit Signalen aus der Wirtschaft, die ein Universitätsstudium von sechs Semestern für einen wenig aussagekräftigen Befähigungsnachweis hielten. Vorteile haben hier die ehemaligen Fachhochschulen, nun Hochschulen, die den Universitäten gleichgestellt, ebenfalls die Grade eines Bachelors und Masters vergeben. Ihre Abschlüsse befähigten nämlich schon bisher in anerkannter Weise zum Beruf.

Im Zuge eines Anschlussprojekts bietet die Ingenieurwissenschaftliche Fakultät der Universität Ulm derzeit das Modell 7+4= 10 an. Studierende der Hochschule Ulm bekommen ein Semester angerechnet, wenn sie an der Universität ihren Master machen. Allerdings haben die Hochschulen mittlerweile selbst Masterstudiengänge eingerichtet, deren Ausweitung sukzessive erfolgt. Was in diesem Zusammenhang die akademische und gesellschaftliche Positionierung von Universität und Hochschule betrifft, ist es angesichts schwindender staatlicher Ressourcen, gemeinsamer Kontakte zur Wirtschaft und des zukünftigen Arbeitsmarkts sicher im Interesse der Studierenden, in bestimmten Bereichen Projekte und Abschlüsse gemeinsam anzugehen. So können fachlich gezielt Kräfte gebündelt werden, ohne dabei das eigene Profil aufzugeben.

Da im Jahr 2010 die Umstellung auf die Bachelor- und Masterstudiengänge vollzogen sein soll, hat sich eine Reihe von Hochschulen schon früh zum konstruktiven Umgang mit dem Unvermeidlichen entschlossen. Ihrem einstigen Ruf als Reformuniversität alle Ehren macht dabei die Universität Konstanz, wo die Umstellung weit fortgeschritten ist. Auch an der Universität Ulm nahm man das Vorhaben zügig in Angriff. Bei einigen Studiengängen, etwa in der Informatik, sind Bachelor- und Masterabschlüsse schon seit 1997 möglich. Obwohl Vorbehalte bestanden, sind die Vorbereitungen für die 2007/08 beginnende Umstellung auf Bachelor- und Masterstudiengänge abgeschlossen. Die Lehramtsstudiengänge folgen voraussichtlich ein Jahr später. Mit Beginn im Sommersemester 2007 sind bereits jetzt die Mathematik und Wirtschaftsmathematik akkreditiert. Das heißt, sie haben ein Genehmigungsverfahren durchlaufen, bei dem die Einhaltung von Mindeststandards überprüft wird. Diese Überprüfung, die von einer unabhängigen Agentur alle fünf Jahre durchgeführt wird, gilt für alle Studiengänge. Auf europäischer Ebene erfolgt die Verrechnung mit dem European Credit Transfersystem (ECTS). Obwohl der Übergang vom Bachelor zum Master an bestimmte, nicht allzu strikte Vorgaben gebunden ist, geht man an der Ulmer Universität vom Master als Regelabschluss aus. [4]

Wie es allerdings um den Wert und die Akzeptanz des universitären Bachelor - Abschlusses in der Wirtschaft bestellt ist, bleibt abzuwarten. Dabei hängt gerade davon viel ab, denn der mittlerweile von 45 Staaten anerkannte Vertrag von Bologna dient vor allem einem europaweit anerkannten, zunehmend marktorientierten Studium. Verständlicherweise haben das aus Sicht der Kritiker auf numerische Vergleichbarkeit reduzierte Universitätsstudium und die Tendenz zur Vereinheitlichung zu heftigen Kommentaren, aber auch zugespitzter Polemik vor allem aus dem geisteswissenschaftlichen Lager geführt. [5]

Aber bei aller Kritik sollte man nicht nur ablehnen, sondern die im System liegenden Möglichkeiten positiv nützen, die Erfahrungen abwarten und die immer noch vielfältigen Angebote im tertiären Bildungssektor im Auge behalten.

Eine zweite entscheidende Weichenstellung für die Zukunft brachte zunächst die Novellierung des Universitätsgesetzes in Baden-Württemberg im Jahr 2000 und dann das Landeshochschulgesetz vom 5. Januar 2005, das nicht mehr zwischen den einzelnen Hochschulen differenziert. [6]

Die Kultusministerkonferenz und die Hochschulrektorenkonferenz diskutierten seit längerem die Einführung einer effizienteren Verwaltungsstruktur an den Hochschulen, da das Kollegialprinzip und die Rücksicht auf Gruppeninteressen die Entscheidungsfindung erschweren. Im Zuge der gesetzlichen Neuregelung in Baden-Württemberg blieb die Universität eine rechtsfähige Körperschaft des öffentlichen Rechts und zugleich eine staatliche Einrichtung. Ein echter Paradigmenwechsel war dann die Einrichtung eines Hochschulrats, der mehrheitlich aus universitätsfremden Mitgliedern besteht, und der die Funktion eines Aufsichtsrats hat. Gleichzeitig erfolgte eine Stärkung der Stellung des Rektorats und der Dekane.

Auch dies war von kritischen Kommentaren begleitet, vor allem was die unternehmensorientierten Elemente des neuen Hybridmodells betrifft, in dem sich Gedanken einer autonomen Universität mit denen einer modernisierten, aber immer noch beamtenrechtlich geprägten Gruppenuniversität verbinden.

Anders als früher spielen nun Zielvereinbarungen der einzelnen Gruppen eine zentrale Rolle. Die Steuerung erfolgt durch die Leitungsebene, bei der die gesetzlich verankerte Evaluation und die Strategieplanung liegt. [7]

Im Spannungsfeld von zentraler Entscheidungsbefugnis und kollegialer Teilhabe kommt es darauf an, wie die Leitungs- und Kontrollebene die Buchstaben des Gesetzes umsetzt.

Da wird man eben jene vernünftige Balance finden, die dem Wohl aller Beteiligten und dem der Universität nützt. So wie sie Rektor Wolff schon im Jahr 2000 als „Kultur der Partizipation" definiert hatte. Die in diesem Zusammenhang oft beschworene Autonomie der Universität, die meist in Verbindung mit knapper werdenden Ressourcen steht, bedeutet nicht notwendigerweise mehr Freiheit, da die Handlungsspielräume doch eingeengt sind. Dazu gehören eben die finanzielle Ausstattung, die von den Universitäten in regelmäßigen Abständen zu erstellenden Strategie- und Entwicklungspläne, und, im Sinn einer am Wettbewerb orientierten Differenzierung, weiterhin die Möglichkeit staatlicher Lenkung über eine leistungsbezogene Mittelzuweisung und die gezielte Förderung von Forschungsschwerpunkten. Am 2. März 2007 schloss die Landesregierung mit den Hochschulen den Solidarpakt II ab.

Auf Grundlage des Staatshaushaltsplans 2007, der zweckgebundenen Verwendung der Studiengebühren für Studium und Lehre und der Entwicklung interner Instrumentarien der Qualitätssicherung durch die Hochschulen soll er bis 2014 die nötige Planungssicherheit bringen.

Im Februar 2006 fand ein Kongress statt, den die Landesregierung als Auftaktveranstaltung zu dem Projekt Hochschule 2012 veranstaltete. Dann verlassen nämlich zwei Jahrgänge nach neunjähriger bzw. achtjähriger Schulzeit zeitgleich

Als Wilhelm von Wolff 1988 die vier Holzhäuschen aufstellen ließ, wollte er „die innere Sehnsucht der Universitätsmenschen in ihrer zyklopischen Laborwelt nach Häuslichkeit stillen".

Als Kontrapunkt zur wissenschaftlichen Arbeit, zu Wettbewerb und Leistung ist das Musische Zentrum bis heute ein Ort der Entschleunigung und Rekreation.

das Gymnasium. Mit der Folge eines weit höheren Zustroms an die Hochschulen. Experten rechnen mit einem zusätzlichen Bedarf von 16.000 Studienplätzen. Auch wenn die, immer mit Vorsicht zu genießenden, Prognosen danach einen Rückgang der Studentenzahlen erwarten lassen, muss natürlich ein Ausbau der Studienplätze erfolgen, mit dem das Land im Jahr 2007 beginnt. Dass dabei an den Universitäten und Hochschulen auch neue Studiengänge ins Auge gefasst werden, die den Anforderungen des Arbeitsmarktes entsprechen sollen, ist klar. Nicht so klar ist, welche Strukturen dieser Arbeitsmarkt haben und wie er sich weltweit verteilen wird. Folgt man dem Zukunftsatlas Prognos des Jahres 2004 [8], ergeben sich für die Region Ulm/Biberach vor allem im Biobereich und der Energietechnik, der Brennstoffzellentechnologie und dem weiten Feld der Kommunikation gute Entwicklungsmöglichkeiten. Auch hier gilt, dass man beim Blick in die Zukunft die Vergangenheit nicht vergessen sollte. Die traditionellen Industriezweige, mit dem starken Fahrzeugbau, bieten immer noch eine hohe Zahl von Arbeitsplätzen und profitieren von der Forschung in der Signalverarbeitung wie der Brennstoffzellentechnologie.

Dies führt zum dritten Bereich, der für die Universität und ihre regionale Einbindung von Bedeutung ist: die Konkretisierung der Zukunftsperspektiven.

Dazu legte eine Kommission der Universität Ulm 2004 ein Strategiepapier vor, [9] in dem sie die Leitlinien zur Forschung, Ausbildung und der strukturellen Umsetzung definierte. Bei gleicher Bedeutung von Grundlagenforschung und anwendungsorientierter Forschung steht die Medizin als Leitwissenschaft im Zentrum. Und zwar in engen Beziehungen zu einzelnen Bereichen der Natur- und Ingenieurwissenschaften, die im theoretisch –wissenschaftlichen Bereich als eigenständige Fachdisziplinen Forschungsschwerpunkte in der Informations- und Kommunikationstechnologie, der Quanteninformationsverarbeitung, der Nanoforschung und der mathematischen Grundlagenforschung haben. Im Jahr 2006 folgte ein Perspektivplan für die Entwicklung der Universität bis 2012. [10]

An Perspektiven und Strategien fehlt es also nicht. Wie sieht es mit der praktischen Umsetzung aus?
Seit Einführung der Wirtschaftsmathematik im Jahr 1977, strebt man zur Qualifizierung der Studenten und zur Zukunftssicherung der Ulmer Universität die Schaffung neuer Studiengänge an. Sozusagen ein Quantensprung war die Einrichtung der Ingenieurwissenschaftlichen Fakultät, über die neue, praxisorientierte Verbindungen zur Fachhochschule und zur Industrie laufen. In Verbindung mit der Informatik und den in Ulm ansässigen Unternehmen wie EADS oder Nokia soll in Zukunft die Kommunikationsforschung verstärkt werden.

Auch das 2006 unter Leitung von Karsten Urban eröffnete Zentrum für Wissenschaftliches Rechnen (UZWR) stärkt die Verbindungen mit der Industrie, vornehmlich in ihrer mittelständischen Ausprägung. Gleichzeitig ist das Institut, an dem Probleme der Praxis mit Hilfe von Computersimulationen gelöst werden, ein Musterbeispiel für interdisziplinäres Arbeiten.
Ein weiteres Vorhaben ist der Ausbau der Biotechnologie in Kooperation mit der Hochschule Biberach und, in Verbindung mit der Mathematik, die Erweiterung der quantitativen Wirtschaftswissenschaften, womöglich mit der Fachhochschule Neu-Ulm. All dies mit dem Ziel, bewährte Fachrichtungen nach modernen Gesichtspunkten auszubauen, sie mit Nachbardisziplinen zu vernetzen und die Kooperation mit anderen Hochschulen zu verstärken.

Seit der Einrichtung des Interdisziplinären Zentrums für Klinische Forschung 1998 ist mit dem Institut für Biochemische- und Biomedizinische Grundlagenforschung eine weitere zukunftsweisende Einrichtung entstanden. Dieses Institut bietet räumliche Einheiten für projektbezogene Drittmittelforschung im Bereich Lebenswissenschaften, vornehmlich der Stammzellforschung, konkret etwa dem 2003 in Ulm gebildeten Forschungsverbund Zyto-Organo-Poese. Die Einrichtung ähnlicher Institute in Freiburg und Heidelberg zeigt, dass nicht nur in Ulm die „Lebenswissenschaften als Schlüsseltechnologie des 21. Jahrhunderts" (Peter Frankenberg) gelten. Gleichwohl werden sie an der Universität Ulm mit ihrer medizinischen Tradition und dem großen Klinikum auch in Zukunft eine zentrale Rolle spielen.

In Fortsetzung der Ulmer Forschungsschwerpunkte wird dabei die Stoffwechsel- und Diabetesforschung eine herausgehobene Position einnehmen. Dabei sollen mehrere Abteilungen und Universitäten in einem Exzellenzcluster zusammenarbeiten, jenem Phänomen, das, semantisch stark aufgerüstet, neuerdings zum Vokabular modernen wirtschaftlichen Denkens und Handelns gehört.

Auch wenn Ulm eine junge Universität ist, die in unverwechselbarer Weise von der Verbindung der Medizin mit den Natur- und Ingenieurwissenschaften sowie der Informatik geprägt ist, ist sie Teil der gegenwärtig laufenden Diskussionen über das Selbstverständnis und die zukünftigen Aufgaben der Universitäten. Dabei geht es um das Spannungsfeld der Humboldtschen Bildungstradition und neuer Parameter wie Wettbewerb, Leistungsprinzip, Bologna-Prozess, Eliteuniversität und Ranking. Während der Mannheimer Germanist Jochen Hörisch in einem geistreichen Essay zur Rettung der Alma Mater aufruft, ist sie nach Meinung des Präsidenten der Bayerischen Akademie der Schönen Künste, Dieter Borchmeyer, bereits tot. [11]
Sicher ist, dass der von der Politik in Gang gesetzte Reformprozess eine Eigendynamik entwickelt, die stärker wirkt als jede gesetzliche Maßnahme und im gesamten Hochschulbereich praktisch kein Tabu mehr kennt. Angesichts der veränderten wirtschaftlichen, politischen und gesellschaftlichen Lage kann es aber im universitären Selbstverständnis um kein Entweder – Oder gehen, sondern um ein Sowohl – als – auch. Sicher wird man im Widerstreit der Meinungen auf der einen Seite die wirtschaftlichen Zwänge in Verbindung mit einer zeitgemäßen Ausbildung und auf der anderen Seite die Universität als Ort umfassender Bildung ins Feld führen. Nüchterne Zweckmäßigkeit aufwiegen gegen zweckfreies Denken und Handeln.
Dies ist in der langen Geschichte der Universität nichts Neues. Auch als nach dem Zweiten Weltkrieg die entstehende Mittelstandsgesellschaft den wirtschaftlichen Wohlstand zur Richtschnur ihres Handelns machte, blieb die Tradition des Bildungsbürgertums, wenigstens als Anspruch, erhalten.
Karl Jaspers und Hermann Heimpel haben sich ohne Natur und Geist zu trennen zur Universität alter Prägung bekannt, die vornehmlich in den geisteswissenschaftlichen Fakultäten ihre Heimat fand, während die aus ihr herausgewachsenen Natur- und Erfahrungswissenschaften eine eher nüchterne Weltsicht pflegten. In der Medizin, die schon vor Humboldts Zeit, auf die berufliche Ausbildung zielte, verband sich eine humanistische Bildungstradition mit naturwissenschaftlichen Erkenntnissen. In diesem Sinn sollte 1967 nach einem durchdachten, alle modernen natur- und sozialwissenschaftlichen sowie medizinischen Erkenntnisse zusammenführenden Entwurf Tradition und Reform verbindend die Medizinisch-Naturwissenschaftliche Hochschule Ulm entstehen.

Ein ehrgeiziges Unternehmen, das durch sieben Lehrstühle für „die sog. Geisteswissenschaften", wie es in der Gründungsdenkschrift hieß, im Humboldt'schen Sinn geadelt werden sollte. Verbunden war damit auch die Hoffnung, als Alma Mater Ulmensis dereinst doch noch eine Volluniversität zu werden. Bekanntlich kam es dazu nicht. Neben den naturwissenschaftlichen Fächern fand die Universität ihren Schwerpunkt in einer großen, fachlich differenzierten Medizinischen Fakultät mit einem rechtlich selbstständigen, leistungsfähigen Klinikum. Zum zweiten Schwerpunkt entwickelte sich das zukunftsweisende Projekt Wissenschaftsstadt, bei dem die Universität sowohl mit ihrer Grundlagenforschung wie der an der Anwendung orientierten Forschung, vor allem mit der Fakultät für Ingenieurwissenschaften und Informatik, eine zentrale Rolle spielt.

Die Geisteswissenschaften haben seit 1986 in kleinem, aber wirkungsvollem Maßstab im Humboldt-Studienzentrum eine Heimat gefunden, während das Zentrum für Sprachen und Philologie das Erlernen von Fremdsprachen und das Kennenlernen der jeweiligen Kulturräume ermöglicht. Gerade diese beiden Bereiche gilt es zu stärken. Als komplementäres Angebot zu den naturwissenschaftlichen Fächern, als Ermunterung zur Beschäftigung mit wissenschaftstheoretischen und ethischen Problemen, zur umfassenden Persönlichkeitsbildung, und vielleicht in Erinnerung an die ersten Studenten, die 1969 nach Ulm kamen und sofort das Fehlen geistesgeschichtlicher Fächer bedauerten.

In den vergangenen vierzig Jahren ist die Universität Ulm in ihrer ideellen und materiellen Ausprägung zu einem Teil der Stadt geworden Dies spiegelt sich in den Jahresberichten der Rektoren, in besonders anschaulicher Weise aber in den Schwörreden der Oberbürgermeister wider. Galt es anfänglich noch in buchstäblich beschwörender Weise die Universität der Bürgerschaft nahezubringen, machte dies seit 1972 einer eher nüchternen, regelmäßigen Berichterstattung über das Klinikum und die Universität Platz. Seit 1984 rückten unter wirtschaftlichen und politischen Aspekten Stadt und Universität beim Aufbau der Wissenschaftsstadt und einer gemeinsamen Zukunft zusammen. Heute ist diese, von Stadt und Universität gleichermaßen forcierte, erfolgreiche Entwicklung zur Normalität geworden und ist einer der gewiss bedeutenden Aktivposten des vielfältigen städtischen Lebens, das jedes Jahr Gegenstand der Schwörrede ist. Wenn man im Jubiläumsjahr die Universität Ulm mit ihren 7.200 Studierenden in den Blick nimmt, wird man, neben ihrer wechselvollen und spannenden Geschichte, auch die unvermeidlichen Rankinglisten Revue passieren lassen und dabei feststellen, dass die kleine medizinisch- natur- und ingenieurwissenschaftlich geprägte Ulmer Universität eine bemerkenswert gute Position einnimmt.

Auch wenn sie mit ihren Bewerbungen um die Förderung eines Exzellenzclusters und eines Graduiertenkollegs nur mit letzterem in die Endrunde kam, weist der eingeschlagene Weg in die richtige Richtung. Im Sinne der zeitgemäß gefassten Ulmer Reformideen, der notwendigen Kooperation von Wirtschaft und Wissenschaft und der internationalen Vernetzung pflegt die Universität einen hohen Standard in der medizinischen-, ingenieur- und naturwissenschaftlichen Forschung (Sciendo) und einer ebenso effizienten wie mitfühlenden Krankenversorgung und- betreuung. (Curando). Schließlich erfüllt sie mit der Weitergabe von Wissen, Methoden und Werten den hohen Anspruch universitärer Lehre (Docendo).

Anders als 1768 müssen die Ulmer Studenten nicht mehr die Stadt verlassen, um ihr Examen abzulegen. Heute finden sie an ihrer Universität attraktive Studienangebote, die sie in vielfältiger Weise auf den Beruf vorbereiten. Im fachlichen Bereich ebenso wie im Erlebnis einer moderner gewordenen akademischen Gemeinschaft.

Die Medizinisch-Naturwissenschaftliche Hochschule Ulm ist einst vornehmlich für einen hochschulfreien Raum geplant und gebaut worden. Als Universität „unter einem Dach" sind ihre Protagonisten mit dem Anspruch angetreten, die räumliche und geistige Flexibilität im wissenschaftlichen Denken und Handeln zur ihrer Richtschnur zu machen. Auch wenn, wie immer, nicht alle Wünsche in Erfüllung gingen und Ideen meist nicht in reiner Form umgesetzt werden, zieht sich der Gedanke der „Universität unter einem Dach" auch als Synonym einer fächerübergreifenden Gemeinsamkeit, wie ein roter Faden durch ihre Geschichte. So hat sie in den vierzig Jahren ihres Bestehens die Erwartungen nicht nur erfüllt, sie ist zu einem medizinischen, wissenschaftlichen und kulturellen Zentrum geworden: mit ebenso großer Ausstrahlungs- wie Anziehungskraft. Eine kleine, aber feine Universität, die als Teil der internationalen wissenschaftlichen Welt im geographischen und geistigen Mittelpunkt der Region steht. Gerüstet für eine gute und erfolgreiche Zukunft.

Abkürzungen

NUZ Neu-Ulmer Zeitung
StA Stadtarchiv
SDZ Schwäbische Donauzeitung
SZ Schwäbische Zeitung
SWP Südwest - Presse
UF Ulmer Forum
uui uni ulm intern

Anmerkungen

Vom Gymnasium Academicum zur Universität

1) Kurt Hawlitschek, Mathematik hat in Ulm eine reiche Tradition, in: Ulmer Forum, 37, 1976, S. 52-56.
2) Einstein und Ulm. Hrsgb. Hans-Eugen Specker, Forschungen zur Geschichte der Stadt Ulm. Reihe Dokumentation, Band 1, Ulm 1979.
3) Barbara Schüler, Von der Weißen Rose zur Eule der Weisheit. Die Anfänge der Ulmer Volkshochschule, Ulm 1996.
4) Otl Aicher zum 75. Geburtstag. HfG Archiv Ulm. Dokumentation 6, Ulm 1997.
5) Ulm. Die Moral der Gegenstände. Hochschule für Gestaltung 1953-1968, Hrsgb: Herbert Lindinger, Berlin 1987, S. 41.
6) Zit. Ulm. Die Moral. S. 220; Gerhard Kaiser hat die Endphase der HfG dokumentiert. UF, 5,1968, S. 3ff.
7) Zit. UF, 5, 1968, S.3.
8) uui, 99, 1982, S. 15/16.
9) StA Ulm, 3/0/1, Universität, Nr. 23.
10) Dazu und zum Folgenden. Albert Haug, fH Ulm. 25 Jahre Ingenieure aus Ulm, 1985; Gespräch mit Albert Haug am 21.11.2006; Informationsbroschüren der fh Ulm.
11) Barbara Schäuffelen, Sag niemals nie!, Hrsgb: Ulmer Universitätsgesellschaft, Ulm, 2003.
12) Protokoll des Landtags Baden-Württemberg, 9.12.1959.
13) StA Ulm, Gemeinderatsprotokoll, 2.12.1960.
14) Universitätsplan Ulm, 1961.
15) Denkschriften zur Universitätsgründung. Analyse und Vergleich der Denkschriften der Städte Ulm, Konstanz, Trier, Passau, Bamberg, Wolfgang Böhm, Peter Dietze, Uwe Schüler, in: Texte und Daten zur Hochschulplanung G/1, SFB 63, Hochschulbau Stuttgart, 1973.
16) SDZ, 2.6.1961.
17) StA Ulm, 310/1, Universität 23, Briefwechsel 16.6.1961 bis 23.2.1962.
18) Schäuffelen, S. 38ff.
19) Protokoll des Landtags Baden-Württemberg, 30.5.1963.
20) Otto Rundel, Kurt Georg Kiesinger, Stuttgart, 2006; Wilhelm Hoffmann, Theodor Pfizer. Lebenswege und Amtsführung, in: Tradition und Wagnis. Forschungen zur Geschichte der Stadt Ulm, Bd. 12, 1974, S. 9-23.
21) StA Ulm, OB Pfizer, Persönlicher Briefwechsel; So der von Pfizer nach Ulm berufene Museumsdirektor Pée, UF, 22/23, 1972, S. 79.
22) Hans Stallmann, Euphorische Jahre. Gründung und Aufbau der Ruhruniversität Bochum, Essen, 2004, S. 105 und 115.
23) Universität Ulm, Tonutti-Archiv, Studienplanung 15.11.1964 bis 28.2.1965.
24) Universität Ulm, Tonutti-Archiv, Gründung, Nr. 3.
25) Thure von Uexküll, Vier Thesen für die Reform in Ulm, in: UF, 3, 1967, S. 25.
26) 8. Sitzung in Hemmenhofen 2./3. März 1965; Universität Ulm, Tonutti-Archiv, Sitzung des Gründungsausschusses am 25.6.1966. Staudinger war Direktor des Physiologisch-Chemischen Instituts der Universität Gießen, Rudolf Thauer, Direktor des Physiologischen Instituts im Kerckhoff-Herzforschungszentrum der Max-Planck-Gesellschaft in Bad Nauheim.
27) Universität Ulm. Tonutti-Archiv, Ergebnisse, 15.11.1964 bis 31.5.1965 und Theodor M. Fliedner, privat.
28) UF, 3, 1967, S. 14.

29) Bericht des Gründungsausschusses über eine Medizinisch Naturwissenschaftliche Hochschule in Ulm, Ulm, 1965. Die Universität Konstanz. Bericht des Gründungsausschusses, 1965.
30) Friedrich Ahnefeld, Das Bundeswehrkrankenhaus Ulm - wie es wurde, was es ist. Masch. Schriftl. Manuskript eines privaten Vortrags, Gespräch mit Willi E. Adam am 1.6.2006.
31) Michael Machleidt, Das Ulmer Pool-System, in: uui, Oktober, 1973; Gespräch mit Jürgen Gschwend am 27.7.2006.
32) Universität Ulm, Tonutti-Archiv, 7./8. Sitzung des Gründungsausschusses vom 1.10.1965; UF, 8, 1968, S. 32-35.
33) Universität Ulm, Tonutti-Archiv, Sitzung des Gründungsausschusses am 16.2.1966.
34) Theodor M. Fliedner, privat.
35) SDZ, 29.7.1966; ulm. Schwörrede, 1966.
36) Universität Ulm, Tonutti-Archiv, Sitzung des Gründungsausschusses am 11.3.1966.
37) ulm. Schwörrede, 1966.
38) SDZ, 17.11.1966.
39) Ulmer Universitätsreden, 1, Gründungsfeier am 25.2.1967, Ansprachen.
40) UF, 1, 1967, S. 58 und S. 7.

Jedem Anfang wohnt ein Zauber inne.
Hermann Hesse

1) Allgemein: Dynamische Zeiten. Die 60er Jahre in den beiden deutschen Gesellschaften. Hrsgb. Axel Schildt, Detlef Siegfried, Karl-Christian Lammers, in: Hamburger Beiträge zur Sozial- und Zeitgeschichte, 37, Hamburg, 2000; Detlef Siegfried, Time is on my side; Konsum und Politik in der westdeutschen Jugendkultur der 60er Jahre, in: Hamburger Beiträge zur Sozial- und Zeitgeschichte, 41, Hamburg, 2006; Edgar Wolfrum, Die geglückte Demokratie. Geschichte der Bundesrepublik von ihren Anfänge bis zur Gegenwart, Stuttgart, 2006; Handbuch der deutschen Bildungsgeschichte, Bd VI, 1945 bis zur Gegenwart. Erster Teilband. Bundesrepublik Deutschland. Hrsgb. Christoph Führ und Carl Ludwig Furck, München, 1998; Informationen zur Raumentwicklung, 5, 1983.
2) Herbert Birkenfeld / Wolf-D. Hepach, Bewegte Jahre, Gesellschaftlicher Wandel im Alb-Donau-Kreis seit 1945, in: Alb und Donau Kunst und Kultur, 33, 2002, S. 121.
3) Jürgen Ölkers, Pädagogische Reform und Wandel der Erziehungswissenschaft, in: Handbuch, S. 252.
4) Alfons Kenkmann, Von der deutschen „Bildungsmisere" zur Bildungsreform in den 60er Jahren, in: Dynamische Zeiten, S. 415-417.
5) Universität Ulm, Sitzungen des Kleinen Senats am 8.10. und 3.12.1968.
6) Zu den Grundstücksverhandlungen: KA Alb-Donau-Kreis, LK Ulm, Nr. 129; Bau- und Umlandplanung 6/611; SDZ, 26.7.1968; Albert Mack, Universität Ulm, Grunderwerb und Wohnraumbeschaffung. Masch. Schriftl. Manuskript, o. J.; Gespräch mit Albert Mack und ehemaligen Mitarbeitern des Staatlichen Liegenschaftsamts, sowie Ulrich Soldner, Abteilung Liegenschaften und Wirtschaftsförderung der Stadt Ulm, am 12.5.2006.
7) StA Ulm, Gemeinderatsprotokoll, 16.12.1966.
8) Frdl. Mitteilung von Albert Mack.

9) Gespräche mit Ilse Schulz am 5.5.2006 und Hermann Heimpel am 30.11.2006; Informationsbroschüre, Medizinische Fakultät der Universität Ulm. Universitätsklinikum Ulm, 2007, S. 85.
10) Universität Ulm, Jahresbericht des Rektors 1967/68; uui, 277, 2005, S. 14.
11) Pressedienst der Universität Ulm, 29.3.1971.
12) Ilse Schulz, Krankenpflege im Wandel. Hrsgb: Stadtarchiv Ulm, Kleine Reihe des Stadtarchivs, 4, Ulm, 2006, bes. S. 43f und S. 84 f.
13) Universität Ulm, Sitzung des Kleinen Senats am 9.9.1969.
14) Zur Rektorwahl: UF, 3, 1970; SWP, 17.2.1970; SZ, 18.4.1970.
15) UF, 11, 1969; SZ, 15.7.1969.
16) SWP, 15.4.1969.
17) Universitätsbauamt Ulm, Planungsberichte 1967 und 1972; Joachim Semmler, Universität unter einem Dach. Die Universität Ulm 1967 bis 2020, in: Infobau 1/2005, Hrsgb: Finanzministerium Baden-Württemberg; Gespräche mit Joachim Semmler am 9.5.2006, und Karl Foos am 16.10.2006.
18) So Christian Graf von Krockow, zit. bei Kenkmann, in: Dynamische Zeiten, S. 4/7.
19) Frdl. Mitteilung von Detlef Bückmann.
20) Die Grundordnung entsteht beim Streit der Professoren 1968/69; in: Die Universität Stuttgart nach 1945. Hrsgb: Norbert Becker, Franz Quarthal, Stuttgart, 2000, S. 60-69.
21) SZ, 28.4.1989; SWP, 24.3.1994; uui, 22, 1972, S. 8; SZ, 6.5.1972.
22) Detlef Bückmann, Das Ulmer Konzept. Entwicklung und Bilanz einer Universitätsgründung, in: Konstanzer Blätter für Hochschulfragen, 1983, S. 46; Gespräche mit Theodor M. Fliedner am 11.7.2006, und Hanns-Georg Kilian am 12.1.2007.
23) uui, 25.-30. November, S. 2ff.
24) UF, 25, 1973, S. 2ff.
25) Tradition und Wagnis. Hrsgb: Hans-Eugen Specker, in: Forschungen zur Geschichte der Stadt Ulm, Bd. 12, 1974.
26) Dies äußerte er auch im kleinen Gesprächskreis. Frdl. Mitteilung von Hermann Eiselen.

Bewegte Jahre

1) uui, 5, Sonderausgabe am 5.4.1971.
2) uui, 27.1.1974; SWP 27.2.1976; Gespräch mit Hermann Heimpel am 30.11.2006.
3) Ulm. Schwörrede, 1975.
4) ulm. Schwörrede, 1970. In einer Sonderausgabe von uni ulm intern informierte Baitsch über den Stand der bundesweiten Diskussion.
5) Abschlussbericht der Regionalkommission Ostwürttemberg, 1971; Haug, fh Ulm, S. 55/56.
6) Universitätsbauamt Ulm. Planungsbericht 1972.
7) Zitat in: Hans Pietsch, Erzieherisches Wirken an der Ganztagesschule, in: 10 Jahre Gymnasium 2. Ulmer Modell, 1970 - 1980.
8) Ebd.
9) Schulz, S. 74-79.
10) Universität Ulm, Rechenschaftsbericht des Rektors, 1972/73.
11) Rechenschaftsberichte des Rektors 1972 bis 1974/75; dazu: uui, Sonderausgabe 17.12.1974; SWP 10.12.1974; SZ, 11.12.1974.

12) UF, 33, 1975, S. 28; uui, 4, 1971; SZ, 11.12.1974; Unter dem Titel, Die Krise, wurden im Ulmer Forum die Ergebnisse einer breit angelegten Befragung veröffentlicht. UF, 33, 1975, S. 17ff.
13) uui, 4, 10.3.1971.
14) SWP, 15.2.1975.
15) StA Ulm, Gemeinderatsprotokoll, 29.1.1975.
16) Universität Ulm. Denkschrift zur Entwicklung des Klinikums der Universität Ulm, 1975-1985.
17) Die Universität braucht das Klinikum, in: uui, Dezember 1975.
18) Perspektivplan für den Ausbau der klinischen Einrichtungen, 1975; Ausbau der Klinischen Einrichtungen der Universität Ulm, uui, 1975.
19) Dazu: Detlef Bückmann, Das Ulmer Konzept-Entwicklung und Bilanz einer Universitätsneugründung, S. 42/43.
20) Süddeutsche Zeitung, 4./5.3.2006.
21) Universität Ulm, Senatssitzung am 24. Juni 1981.
22) Gespräch mit Ulrich Stadtmüller am 11.10.2006.
23) SWP, 13.11.2006; uui, 282, 2006, S. 22/23.
24) Dazu und zum Folgenden. SZ, 2.5.1981; Zahnärzteblatt B-W, 12, 1982, S.381/82; Zahnärztliche Praxis, 11, 1984; SWP, 1.12.1987; Gespräch mit Reinhold Mayer am 13.6.2006.
25) 10 Jahre Universität Ulm, 1977, Hrsgb: Pressestelle der Universität Ulm; uui, Sonderheft 1977; UF, 41, 1972, S. 63ff.
26) SZ, 11.2.1972.

Konsolidierung in unruhigen Zeiten

1) uui, 37, 1974, S. 8.
2) uui, 23, 1972, S. 18 ; Universität Ulm, Rechenschaftsbericht des Rektors, 1973.
3) Detlef Bückmann, Neue Strukturen und Grundordnung gefordert, in: uui, 273, 2005, S. 26-29.
4) Bericht des Gründungsausschusses, 1965, S. 21.
5) Universität Ulm, Grundordnung, 30.1.1979.
6) Universität Ulm, Beilage zum Sitzungsprotokoll des Kleinen Senats vom 21.6.1979; Universitätsverwaltung Ulm, Entwürfe und Briefwechsel 1979 bis 1982; Bericht an das Ministerium für Wissenschaft und Forschung, 20.5.1996; Sitzungen des Kleinen Senats am 18.12.1978; 19.4. und 12.7.1979.
7) Gespräche mit Dietrich Eberhardt am 29.5.2006 und Detlef Bückmann am 9.11.2006.
8) Stallmann, Euphorie, S. 120.
9) Mack, Grunderwerb.
10) UF, 28, 1973, S. 17ff.
11) UF, 26, 1975/76, S. 12ff.
12) UF, 26, 1973, S. 43ff.
13) StA Ulm, Gemeinderatsprotokoll, 29.1.1975.
14) ulm. Schwörrede, 1976.
15) StA Ulm, Gemeinderatsprotokoll, 15.7.1981.
16) Universität Ulm, Senatssitzung am 9.12.1981.
17) Dietrich Eberhardt, Die Bildung eines Universitätsklinikums Ulm durch die Übernahme der Städtischen Krankenanstalten Ulm in die Trägerschaft des Landes, in: uui, 89, 1981, S. 5ff.; Schulz, S. 95ff.
18) Ernst-Friedrich Pfeiffer, in: UF, 34, 1975, S. 26/27.
19) UF, 51, 1979, S. 11.
20) Informationen zur Raumentwicklung, 5, 1983, S. 291.
21) Universität Ulm, Rechenschaftsbericht des Rektors, 1979.
22) uui, 156, 1990, S. 7.
23) Gespräch mit Hanns-Georg Kilian am 12.1.2007.
24) Zur Wahl: SWP, 28.6.1979.
25) Bericht Mondry im Kleinen Senat am 23.4.1968.
26) SWP, 24.6.1971.
27) uui, 4, 10.3.1971; Gespräch mit Christoph Kupferschmid am 5.10.2006.
28) Sabine Hanslovsky, Von Trockenkartoffeln und Kellerasseln. Geschichten zur Geschichte des Stadtjugendrings, Ulm, 1999, S. 54ff.
29) Stuttgarter Zeitung, 29.11.1971.
30) StA Ulm, G VI, Universität, Studenten.
31) Detlev Siegfried, Time is on my side, S. 258ff.
32) magma. Juso Zeitschrift, 1, 1993, 20 Jahre Juso AG; ulmer uni spatz 1977- 1983; Einführungsschrift des neuen AStA der Uni Ulm, 1980.
33) StA Ulm, G VI, Universität, Studenten, Aufrufe zu Aktionsbündnissen; SZ, 18.6.1973.
34) uui, Sonderausgabe, Februar 1975; SZ, 7.2. und 16.4.1975; Rechenschaftsbericht des AStA, 10.2.1975.
35) Gespräche mit Peter Neef am 4.5.2006, mit Michael Lang und Herbert Schreiber am 25.5.2006.
36) SZ, 12.6.1979.
37) Universität Ulm, Wahllisten, AStA Büro; Einführungsschrift der neuen AStA an der Uni Ulm, 1980, S. 40, ulmer uni spatz, 1982/83, S. 69/70.
38) SWP, 15.6.1979.
39) ulmer uni spatz 1979/80, S. 37 ; SZ, 10.7.1979 ; SWP, 10.7.1979.
40) magma, 1, 1993; Gespräch mit Bernhard Witt am 23.11.2006.
41) SWP, 29.10.1977.
42) SWP, 28.6. und 4.9.1974.
43) Die Zeit, 26.9.1980.
44) uui, 85, 1981, S. 3ff; Homepage Bader.
45) uui, 118, 1985, S. 6.
46) Detlef Bückmann, Die Universität und die Hochschulpolitik, in: Ulmensien, 6, 1993, S. 16; Universität Ulm, Sitzung des Senats am 21.5.1987, Bericht Spremann.
47) Universität Ulm, Sitzung des Senats am 21.5.1987.
48) Gespräch mit Ulrich Zürn am 29.11.2006.
49) uui, 79, 1980, S. 4f;
50) Forschungskommission Baden-Württemberg, Stuttgart 1983, S. 5; Abschlussbericht der Kommission.
51) uui, 104, 1983, S.5.

Auf dem Weg zur Wissenschaftsstadt

1) uui, 113, 1984, S. 3ff.
2) ulm. Schwörrede, 1975.
3) uui, 103, 1983, S. 11ff ; Die Hightech-Strategie für Deutschland, Anzeigenveröffentlichung am 31.12.2.006.
4) ulm. Schwörrede, 1984.
5) Universität Ulm. Sitzung des Kleinen Senats am 2.11.1978.
6) uui, 104, 1983, S. 2/3.
7) uui, 194, 1984, S. 6.
8) Universität Ulm, Jahresbericht des Rektors, 1983/84 ; SWP, 14.12.1984.
9) Frdl. Mitteilung von Willi E. Adam.
10) SWP, 19.7.2006.
11) Gespräch mit Theodor M. Fliedner und Wolfgang Witschel am 18.4.2006; uui, 127, 1986, S.4f.
12) Entwicklungsperspektiven der Universität Ulm bis zum Jahr 2000. Denkschrift des Senats der Universität Ulm, 1986.
13) Bericht von Rektor Fliedner in der Senatssitzung am 12.12.1986.
14) NUZ, 10.4.1986.
15) StA Ulm, Gemeinderatsprotokoll, 1.10.1986.
16) Frdl. Mitteilung von Hans-Jörg Pfleiderer.
17) Abschlussbericht der Lenkungskommission.
18) Sitzungsprotokoll des Landtags von Baden-Württemberg, 17.9.1987.
19) Ausbau der Wissenschaftsstadt Ulm. Exposé der Industrie- und Handelskammern IHK Bodensee-Oberschwaben, IHK Ost-Württemberg, IHK Ulm, Ulm, 1987.
20) uui, 150, 1989; Hans-Joachim Queisser, Wissen, Kooperation und Handeln, Kooperation in Forschung und Lehre am Beispiel der Wissenschaftsstadt Ulm, in: Wissen schafft Zukunft, Kongress 20./21. September 2006.
21) Spiegel, 44, 1988; uui, 147, 1989, S. 36; Queisser, Wissen, S. 60.
22) uui, 150, 1989, S. 15/16.

Die Wissenschaftsstadt

1) uui, 194, 1984, S. 6.
2) Gespräch mit Rudolf Steiner am 21.3.2006; uni, 117, 1985, S. 3ff; uui, 128, 1985, S. 2ff; Wissen schafft Zukunft, 20 Jahre Wissenschaftsstadt Ulm, 2006, S.108/109.
3) Vier Jahre FAW, Ulm, 1991.
4) Ebd.
5) FAW. Zum Übergang in die nächste Arbeitsphase, Ulm, 1998.
6) FAW, 1998; SWP, 6.2.2006; Gespräch mit Jürgen Dangel am 25.9.2006.
7) Gespräch mit Wolfgang Witschel am 28.4.2006; Persönliche Unterlagen Witschel.
8) Wissenschaft Kunst Natur, Das Institut für Unfallchirurgische Forschung und Biomechanik, Universität Ulm; Caius Burri, Lutz Claes, Institut für Unfallchirurgische Forschung und Biomechanik, 1990-1997, Ulm, 1997; Wissen schafft Zukunft, S. 98/99.
9) Ebd., S. 104 u. 122/123.
10) Theodor Pfeiffer, Stefan Maslowski, Günter Meyer-Brötz, Thomas Ricker, Sternstunden der Telefunkenforschung, in: Telefunken nach 100 Jahren, Hrsgb: Erdmann Thiele, Berlin, 2003, S. 369ff; Queisser, S. 61.

11) SWP, 9.11.2006.
12) Wissen schafft Zukunft, Begleitband zur Ausstellung.
13) SZ, 24.2.1989.
14) SZ, 8.7.1991.
15) SZ, 14.4.1989
16) SZ, 4.12.1996 und 8.11.2002; SWP, 24.11.2006; uui, 281, 2006, S. 40ff
17) Hans-Peter Richter, Vergangenheit, Gegenwart und Zukunft der Neurochirurgischen Klinik der Universität Ulm am Bezirkskrankenhaus Günzburg, 2006; SWP, 27.1.2007.
18) Hans Helmut Kornhuber, Der große Steuermann, in: Universitätsgeschichte in Anekdoten, S. 31/32; ders, Der Anfang der Logopädieschule an der Universität Ulm, ebd. S. 61.
19) DRK Blutspendezentrale, uui, 207, 1996, S. 18/19; Wissen schafft Zukunft, S. 100f.
20) Friedrich Ahnefeld, Das Bundeswehrkrankenhaus Ulm.
21) SZ, 19.11.1972; uui, 119, uui, 26, 1972, S.7.
22) BWK Homepage, 2007.
23) Gespräche mit Walter Ohm am 31.5.2006 und Gerhard Stuber am 8.4.2006.
24) Stuttgarter Zeitung, 29.11.1975; SWP, 29.11.1975.
25) uui, 115, 1984, S. 7/8.

Begegnungen. Philosophie, Kunst Kultur

1) uui, 103, 1983, S. 6ff.
2) uui, 127, 1986, S. 6.
3) uui, 213, 1997, S. 27ff.
4) uui, 151, 1989, S. 12.
5) uui, 49, 1979, S. 24-27 und uui, 103, 1984, S. 18.
6) SWP, 15.2.1986.
7) Memorandum zur Gründung eines Humboldt-Studienzentrums, 1986.; Das Zentrum für Sprachen und Philologie an der Universität Ulm, Ein Erfahrungs- und Sachstandsbericht, Ulm 1995.
8) NUZ, 4.2.1994.
9) Gespräch mit Renate Breuninger am 12.6.2006.
10) Denkschrift zur Gründung eines Musischen Zentrums, 1988.
11) Ebd.
12) SZ, 29.6.1992.
13) Stuttgarter Zeitung, 10.9.2002.
14) Caius Burri, Karl-Heinz Reisert (Hrsgb), Kunstpfad Ulm, 1991.

Anspannung und Aufbruch zu neuen Ufern

1) Stand und Perspektiven der Universität Ulm. Denkschrift des Senats, 1991; Sachstandsbericht, Universität Ulm, 1995; Statusbericht und Zukunftsorientierung. Struktur- und Entwicklungsplan, 2002-2006. (unveröffentlicht)
2) Universitätsverwaltung, VBO 10.10.1990; 17.12.1998; SZ, 10.5.1989; SWP, 6.6.1989; NUZ, 1.7.1992.
3) SWP, 7.5.1991.
4) Entwicklung und Perspektiven der Universitäten in den 90er Jahren, Stuttgart 1991, S. 2-6.; Pressemitteilung 2.2.1992.
5) Universität Ulm, Rektoramt, 12.5.1992.
6) Kommission Forschung Baden-Württemberg 2000, Abschlussbericht, Hrsgb: Ministerium für Wissenschaft und Kunst, Stuttgart, 1989, bes: S. 47/61 und 112.
7) Dies Academicus, 1995, Vorträge; SZ, 7.7. und 8.7.1995.
8) SWP, 7.5.1991.
9) SWP, 17.6.1992.
10) SWP, 21.9.1994 und 11.12.1995.
11) Universität Ulm, Senatssitzung am 10.12.1986.
12) Universitätsverwaltung Ulm, Schreiben an das Ministerium für Wissenschaft und Forschung, 28.10.1994.
13) Auswirkungen der Wissenschaftsstadt Ulm. Hrsgb: Wirtschaftsministerium Baden-Württemberg, Bayerisches Staatsministerium für Landesentwicklung und Umweltfragen, 1994.
14) SWP, 12.10.1996; SZ, 24.10.1995; Herbert Birkenfeld, Innovationsoffensive Ulm 2000, in: geographie heute, 163, 1998, S.18-23; SWP, 5.9.1994.
15) SWP, 19.7.2006.
16) Wissen schafft Zukunft, Symposion, 2006.
17) uui, 154, 1990, S. 2.
18) Süddeutsche Zeitung, 17.11.2006.
19) Medizinische Fakultät der Universität Ulm, Universitätsklinikum Ulm, 2007, S. 70-72.
20) Dietrich Eberhardt, Einheit oder Zweiheit? Zur geplanten Neuordnung der Organisationsstruktur des Universitätsklinikums, in: uui, 121, 1985, S.5ff, auch: uui, 121, 1985, S.4/5 und S.14ff.
21) Detlev Bückmann, Die Universitätsstruktur erhalten, in: uui, 212, 1997, S. 8ff; auch: uui, 214, 1997, S. 2ff. Gespräch mit Reinhard Marre am 14.2.2007.
22) Spiegel, 44, 1995.
23) Universität Ulm, Rechenschaftsberichte des Rektors, 1992/93 und 1993/94.
24) Universität Ulm, Struktur- und Entwicklungsplan, 2004, S. 11.
25) Universitätsverwaltung Ulm. Protokoll des Gesprächs der Rektoren mit den Ministern Mayer-Vorfelder und von Trotha, 23.10.1996; Solidarpakt, 1996.
26) Universitätsverwaltung Ulm, Kürzungsplan; Bericht der Arbeitsgruppe, 2001; Festlegung am 4.4.2001.
27) Gespräch mit Dietrich Eberhardt am 26.1.2007; Universitätsverwaltung Ulm, Schreiben an das Ministerium für Wissenschaft und Forschung, 8.3. und 22.7.1998.
28) Universitätsverwaltung Ulm, Schriftverkehr mit der Hochschulstrukturkommission, September 1997 bis Februar 1998.
29) Abschlussbericht der Hochschulstrukturkommission, Hrsgb: Ministerium für Wissenschaft, Forschung und Kunst, Stuttgart, 1998, S. 206-211.
30) SWP, 3.7.1997; Sonderbeilage der SWP, 27.6.1997.
31) So Ernst Friedrich Pfeiffer, UF, 34, 1975, S. 26/27.
32) SWP, 11.5.1999.
33) SWP, 7.7.1992.
34) 25 Jahre Universität Ulm 1967-1992, Universitätsgeschichte in Anekdoten von Universitätsmitgliedern, Ulm, 1993.
35) SWP, 3.7.1997.
36) Universität Ulm, Redemanuskripte.
37) Sonderbeilage der SWP, 27.7.1997.
38) Wilhelm von Wolff, Universitätsbau in Ulm, Fakten-Akten-Anekdoten, in: Ulmensien, IV, 1995, S. 119-134; Joachim Semmler, Entwicklung der Universität im Zuge des Ausbaus der Wissenschaftsstadt in den letzten 20 Jahren, in: Wissen schafft Zukunft, Ulm, 2006.
39) uui, 151, 1989, S. 34/35; Zur Kooperation insgesamt: Gespräch mit Adolf Grünert am 14.2.2007. Sonderbeilage der SWP, Wirtschaft regional, 17.5.2006; Universität Ulm, Jahresbericht des Rektors, 15.2.2007.
40) SWP, 2.4.1982; Gespräch mit Hans Wolff am 10.10.2006; SWP, 21.6.2000; Universität Ulm, Jahresbericht des Rektors, 15.2.2007, Gespräch mit Hans-Peter Grossmann am 9.3.2007; Freundliche Mitteilung von Wolfgang Pechhold.
41) uui, 106, 1983, S. 9; SWP, 7.7.1989; NUZ, 25.4.2005; SWP, 21.10.2005; DHU Donauhochschule Ulm, Kooperation mit Hochschulen an der Donau auf dem Gebiet nachhaltiger Energiesysteme, Informationsbroschüre, Ulm, 2006.

Universität 2007

1) Universitätsgesetz, 6.12.1999; uui, 238, 2000, S. 2ff; 241, S 2ff.
2) Internet, Homepage LAM.
3) Universität Ulm, Grundordnung, 10.7.2006.
4) Ebd.; auch: Universität Ulm, Strukturplan, 2004.
5) Verteilungskampf umgekehrt. Hermann Heimpel in: Universitätsgeschichte, 1992, S. 24/25; Universität Ulm, Sitzung des Kleinen Senats am 22.4.1969.
6) Hochschulmagazin, Mai 1972; UF, 50, 1979, S. 45/46.
7) Gespräche mit Dietrich Eberhardt am 29.5.2005 und Gerhard Stuber am 31.5.2006.
8) SWP, 6.12.2000; Universitätsverwaltung Ulm, Rundschreiben 03 und 15/2002.
9) 3. Sitzung des Gründungsausschusses im Juli 1964.
10) Universität Ulm, Protokolle des Bibliotheksausschusses, 1965.; Richard Polacsek, Zur Gründung einer medizinischen Hochschulbibliothek, Denkschrift, Ulm, 1964. ders., Ziffern, Lettern, Elektronen …., in: UF, 8, 1968, S. 56-60.
11) Gespräch mit Siegfried Franke am 6.4.2006.
12) Ulmer Universitätsreden, 11, 1984: 20 Jahre Universitätsbibliothek, Gespräch mit Hans-Peter Grossmann am 7.3.2007.
13) SWP, 13.1.1986.
14) Joachim Semmler, Universitätsentwicklung im Rahmen der Wissenschaftsstadt aus Sicht der Bauverwaltung Baden-Württemberg, in: Wissen schafft Zukunft, Kongress, S. 47ff.
15) Stuttgarter Zeitung, 10.09.2002.

16) Pressemitteilung des Wissenschaftsrats 02, 25.1.2007; Süddeutsche Zeitung, 27.1.2007, Stuttgarter Zeitung, 2.2.2007.
17) SWP, 15.10.2004.
18) Gespräch mit Bernhard Witt am 26.11.2006. Erstsemester Handbuch des RCDS, 2006; Gerüchteküche, Sonderausgabe zur Erstsemestereinführung, Stuve Ulm, 2006; Der kleine Einstein, Erstsemesterzeitung der Fachschaft Physik und Wirtschaftsphysik, 2005.
19) Sozialerhebung, SWP, 25.1.2005; uui, 277, 2005, S. 4/5.
20) Gespräch mit Matthias Freyberger am 8.11.2006.
21) Ausführliche Informationen im Internet und in den Vorlesungsverzeichnissen.
22) Universität Ulm. Sitzungen des Kleinen Senats am 26.11.1986 und am 3.3.1987.
23) Gespräch mit Carmen Stadelhofer am 19.7.2006; Forschendes Lernen als Beitrag zu einer neuen Lernkultur im Seniorenstudium, Hrsgb: Carmen Stadelhofer, Neu-Ulm, 2006.
24) uui, 273, 2005, S. 12ff.
25) 20 Jahreszeitakademien – 20 mal Wissen ohne Grenzen, Jubiläumsbroschüre ZAWIW, 1992-2001, S. 25.
26) So Ilse Hesse nach vier Jahren; NUZ, 11.2.1993.
27) SZ, 26.11.1994.
28) Barbara Unteutsch, Professorinnen- die unbekannten Wesen. Zur Geschichte von Frauen- und Gleichstellungspolitik an der Universität Stuttgart, in: Die Universität Stuttgart nach 1945, 2004, S. 70-84.
29) Leitfaden für die Frauenbeauftragte, Ulm, 2006; Gespräch mit Ulrike Gerischer und Renate Ullemeyer am 21.12.2006.
30) Gespräch mit Hermann Eiselen am 26.7.2006.
31) UF, 33, 1975, S. 28.
32) Forschungsberichte der Universität Ulm, 1972ff; hier: Ulmer Universitätsforschung, Bericht 1987-1989, Ulm 1990; Medizinische Fakultät der Universität Ulm. Universitätsklinikum Ulm, 2007; Universität Ulm, 2006.
33) Raymond K. Appleyard, Ausblicke auf die biologischen Wissenschaften in Europa in: Ulmer Universitätsreden, 1, Gründungsfeier 25.2.1965.

Neue Horizonte

1) uui, 265, 2003, S. 5-7.
2) Bericht des Gründungsausschusses, 1965, S. 61.
3) Universität Ulm Struktur und Entwicklungsplan, 2004; Universität Ulm, Jahresbericht des Rektors, 2006.
4) Gespräch mit Ulrich Stadtmüller am 16.2.2007.
5) Neuerdings: Konrad Paul Liessmann, Theorie der Unbildung, Wien, 2006.
6) Landeshochschulgesetz Baden-Württemberg, 5.1.2005.
7) Christiane Konegen-Grenier, Reformbedürftige Hochschulen, in: Der Bürger im Staat, 4, 1997, S. 239-245.
8) Prognosatlas, 2004.
9) Universität Ulm, Strategieplan, 2004.
10) Universität Ulm, Perspektiven, 2006, dazu auch: Universität Ulm, Jahresbericht des Rektors, 2006.
11) Jochen Hörisch, Die ungeliebte Universität, München, 2006; Süddeutsche Zeitung, Nr. 232, 2006.

Bildnachweis

Die Fotos wurden von allen Stellen, vor allem vom Stadtarchiv Ulm, der Pressestelle der Universität Ulm und der Südwest-Presse Ulm, in dankenswerter Weise zur Verfügung gestellt.

Amt für Vermögen und Bau: 30, 40, 41, 42, 51, 55, 139, 140

Bethesda: 105

Büro Maus Ulm: 55, 139, 160, 168

BWK: 103

HFG Archhiv: 16, 17

Horn, Peter: 86

Institut für Elektronische Bauelemente und Schaltungen: 94

Institut für Optoelektronik: 157

KIZ: 36, 76, 148, 157, 158, 163

Könneke, Volkmar: 38, 56, 62, 79, 92, 97, 98, 112, 114, 115, 116, 121, 128, 132, 138, 139, 142, 143, 144, 145, 146, 147, 150, 154, 155, 156, 162, 164, 165, 166, 167, 176

Leser, Rupert: 79, 96, 99, 106, 120, 127

Pressestelle Universität Ulm: 28, 33, 52, 65, 74, 75, 79, 82, 87, 88, 93, 97, 100, 101, 108, 109, 110, 111, 113, 118, 124, 125, 126, 129, 130, 131, 135, 151, 153, 159, 161

Privat: 20, 37, 69, 137

RKU: 104, 105

Stadtarchiv Ulm: 12, 14, 15, 18, 20, 23, 35, 36, 39 (Adler), 41, 48 (Adler), 51, 52 (Ruess), 66, 134 (Adler), 102, 159

Südwest-Presse Ulm: 21 (Resch), 25 (Sander, Ruess), 26, 28, 32, 36 (Ruess), 43 (Resch), 44 (Müssig), 45 (Ruess), 46 (Resch), 58 (Resch), 62 (Müssig), 64 (Schlitz), 70 (von Neubeck), 71 (von Neubeck), 72, 73, 83, 84 (Resch), 91 (Resch), 135 (Resch), 148, 152 (Resch), 159

Universitätsgesellschaft: 153

Der Autor
Dr. Wolf-Dieter Hepach
geb. 1939
Studium der Geschichte und Anglistik an den Universitäten München und Bristol.
1973 Promotion im Fach Geschichte an der Universität Erlangen.
Von 1982 bis 2004 Leiter des Kepler-Gymnasiums Ulm.
Arbeiten und Veröffentlichungen im Bereich der Stadt- und Regionalgeschichte.

Impressum

Verlag
Süddeutsche Verlagsgesellschaft Ulm
im Jan Thorbecke Verlag

Gesamtherstellung
Süddeutsche Verlagsgesellschaft Ulm

Redaktion
Wolf-Dieter Hepach

Grafische Gestaltung
Büro Maus Ulm, Melanie Ritt

ISBN 978-3-7995-0187-3

Personenregister

Adam, Willi E. 79, 80
Adler, Guido 157, 159
Adler-Koerber, Margarete 110
Ahnefeld, Friedrich 102, 103, 122, 123
Aicher, Otl 15, 16, 17
Albrecht, Wilhelm 102
Andelfinger, Bernhard 49
Appleyard, Raymond K. 29, 157
Aschoff, Jürgen 119
Autenrieth, Heinz 24, 107
Ayer, Fred 112, 113
Bachmayer, Wolfgang 13
Bader, Hermann 79
Baitsch, Helmut 39, 43, 44, 47, 48, 50, 51, 59, 61, 70, 103, 111, 113, 123, 149, 152, 153, 155
Ballschmiter, Karlheinz 67
Bargmann, Wolfgang 25
Bartels, Hans 62
Bauer, Martin 110
Baruzzi, Arno 110
Baur, Willi 44
Beck, Gertrud 36
Beger, Hans-Günther 157
Behnisch, Günther 16, 20, 127
Bien, Günther 110
Bill, Max 16, 113, 127
Bleyer, Klaus 134
Böhmler, Rudolf 125
Borchmeyer, Dieter 165
Born, Max 15
Börner, Manfred 93
Botzenhart, Udo 74
Brandt, Willy 31, 68
Bredereck, Helmut 25
Buckel, Werner 25
Brunner, Richard 109, 110
Bubenzer, Achim 97
Bückmann, Detlef 45, 60, 65, 68, 75, 79, 131
Bühler, Wilhelm 21, 33
Burda, Änne 29
Burri, Caius 92, 111, 113, 115, 141
Cierpka, Manfred 70
Claes, Lutz 92
Dahrendorf, Ralf 20, 31, 32
Decker-Hauff, Hans-Martin 37
Descartes, René 14
Deutsch, Mirjam 73
Dietmayer, Klaus 95
Dietrich, Manfred 38
Dörfler, Herbert 99
Doerr, Wilhelm 25
Dürr, Heinz 82, 83
Dürre, Peter 161

Dürrenmatt, Friedrich 15
Ebeling, Karl-Joachim 119, 129, 148, 161
Eberhardt, Dietrich 60, 61, 110, 113, 122, 133, 135, 136, 149
Ebner, Carl 21
Eichhorn, Peter 122
Eigen, Manfred 119
Einstein, Albert 14, 15
Einstein, Hermann 14
Eiselen, Hermann 152
Eisenschink, Anna Maria 122
Engler, Helmut 52, 60, 65, 74, 82
Engmann, Dietrich 153
Erhard, Ludwig 41
Erlewein, Alwin 145
Eschenburg, Theodor 24
Eychmüller, Wolfgang 75, 134, 153, 161
Faulhaber, Johann 13
Fecker, Herbert 84, 129, 140
Filbinger, Hans 14, 17, 22, 29, 39, 40, 41, 50, 57, 73, 126
Fischer, Theodor 20
Fliedner, Theodor M.: 24, 25, 28, 38, 49, 57, 79, 80, 81, 82, 83, 87, 88, 89, 97, 107, 108, 109, 110, 111, 115, 118, 120, 122, 126, 144, 155
Foos, Karl 62
Franke, Erika 103
Franke, Siegfried 137
Frankenberg, Peter 165
Fried, Kurt 21
Fröhlich, Eugen 54
Furttenbach, Joseph 14
Garche, Jürgen 92
Gebert, Gerfried 50, 67, 135
Gerischer, Ulrike 151
Giel, Klaus 109, 110, 149
Glässel, Hermann 74
Gönner, Ivo 90, 91, 120, 126
Gottsberger, Gerhard 98
Götz, Lothar 17
Grossmann, Hans-Peter 139
Grünert, Adolf 129, 130
Gschneidner, Monika 99
Guardini, Romano 15
Gugelot, Hans 16
Haas, Richard 25, 136
Hahn, Otto 15
Hahn, Wilhelm 20, 25, 26, 31, 48, 49, 127, 161
Halder, Alois 110
Hannekum, Andreas 123
Hartung, Götz **153**
Hassel, Kai-Uwe von 102
Haupt, Albrecht 111, 148
Hauser, Alfred 21
Hauser, Erich 115
Hauser, Helmut 20, 152
Hautmann, Richard 88, 159
Hegelin, Leonhart 14

Heilmeyer, Ludwig 17, 21, 22, 24, 25, 26, 27, 28, 29, 33, 34, 36, 37, 39, 41, 59, 79, 102, 107, 108, 135, 137, 153
Heimpel, Hermann 36, 123, 155, 165
Heisenberg, Werner 15
Hellwig, Klaus 74
Helmle, Bruno 22
Hengartner, Hans 153
Hengartner, Josef 20, 21, 152
Henrich, Hans Walter 33, 36, 40, 62, 108, 127, 139, 140
Henrich, Ilse 108
Hermann, Martin 51, 78, 123
Herriger, Felix 152, 153
Herrmann, Friedhelm 123
Hess, Gerhard 23, 24, 26, 50
Hesse, Ilse 151
Hirbst, Raimund 89
Hochhuth, Rolf 109
Hofer, Eberhard 94, 119
Hohage, Roderich 59
Holder, Erich 25
Hombach, Vinzenz 126, 157
Hörisch, Jochen 165
Hörnig, Rudolf 83
Horst, Gregor 13
Hösle, Vittorio 111
Jaspers, Karl 165
Jauss, Felix 61
Jens, Walter 15, 45
Jungraithmaier, Alfred 22
Jurkat, Wolfgang 54
Kächele, Horst 19
Kaiser, Gerhard 152
Kaufmann, Dieter 135, 136, 153
Kepler, Johannes 13
Kesselring, Thomas 110
Kienmoser, Emil 21
Kienle, Alwin 89
Kiesinger, Kurt Georg 19, 20, 21, 22, 23, 25, 26, 29, 39, 68, 73, 83, 102
Kilian, Hanns-Georg 37, 78
Kleihauer, Enno 155
Klett, Arnulf 27
Klotz, Günther 129, 130
Kluge, Alexander 16
Knizia, Reiner 54
Knörr, Karl 28, 34, 45
Kohn, Erhard 95
Köhle, Karl 38
Kornhuber, Hans Helmut 28, 100, 105, 109
Kratz, Werner 117
Kreidler, Joachim 54, 56
Kress, Werner 75
Krieger, Gustav 64
Kröner Harald 153
Kuhnle, Heinz 83
Kupferschmid, Christoph 69

Landsteiner, Karl 101
Lang, Hermann 107
Lang, Michael 71
Lempp, Heiner 70
Leypoldt, Walter 33
Linde, Horst 36, 40, 107, 140
Lorenser, Hans 19, 20, 21, 27, 33, 34, 45, 48, 50, 63, 64, 65, 74, 78, 80, 104, 105
Ludolph, Albert 105
Ludwig, Ernst 21, 22, 53, 64, 6674, 78, 80, 81, 82, 83, 90, 91, 113, 120, 152, 153
Ludwig, Peter 54, 56
Machleidt, Michael 45, 47, 61, 133, 135
Mack, Albert 33, 61
Maldonado, Tomas 16, 18
Mangold, Klaus 152
Marcuse, Herbert 68
Marquard, Odo 109
Marre, Reinhard 122
Marti, Otmar 150
Maslowski, Stefan 75, 82, 119
Mayer, Reinhold 54, 56
Mayer-Vorfelder, Gerhard 124
Meier, Richard 78, 87, 93, 94
Mendler, Rudolf 36
Merckle, Adolf 77
Merk, Bruno 107
Messerschmid, Felix 31
Mittelstraß, Jürgen 119
Mondry, Berthold 32, 134, 135
Müller, Hermann 25, 26
Müller-Nübling, Klaus 110, 111
Niedner, Franz 14, 20, 21, 104
Niefer, Walter 93
Novak, Peter 110, 111
Obermeier, Otto-Peter 110
Ohm, Walter 104
Ohnesorg, Benno 68
Oster, Manfred 153
Pauschinger, Peter 20, 109, 110
Pechhold, Wolfgang 93, 119, 118, 124, 125, 130, 149
Peyerimhoff, Alexander 54
Pfeiffer, Ernst-Friedrich 28, 47, 51, 52, 54, 57, 61, 66, 67, 68, 73, 75, 93, 121, 122, 130, 135, 155
Pfeiffer, Rüdiger 70
Pfizer, Theodor 14, 21, 22, 23, 24, 26, 27, 29, 34, 36, 39, 45, 48, 49, 50, 78, 135, 152, 153
Pfleiderer, Hans-Jörg 95
Pflugfelder, Otto 25
Pichts, Georg 31
Pietschmann, Peter 43
Polaczek, Richard 38, 136, 137, 138, 139
Queisser, Hans-Joachim 83, 84, 85
Rabeler, Gerhard 21
Radermacher, Franz-Josef 89, 90, 91

Rehm, Margret 137
Reichel, Heiko 105
Reisert, Karl-Heinz 40, 113, 115, 141
Reitz, Edgar 16
Reuter, Edzard 93
Richert, Hans-Georg 50
Richter, Hans Werner 15, 16
Richter, Hans-Peter 100
Rietzsch, Alfred 21, 152
Roemer, Hans 25
Roller, Hugo 22
Rothe, Hans-Werner 22
Rüdel, Reinhardt 150
Runge, Wilhelm 93
Sawodny, Oliver 95
Sälzle, Otto 153
Schaal, Wolfgang 33
Schaber, Helmut 52
Schad, Franz 24, 25
Schäfer, Barbara 151
Schäuffelen, Barbara 21
Schelsky, Helmut 31, 32
Schira, Albert 100, 122
Schleich, Wolfgang 159
Schmidt, Alfred 100
Schneider, Friedrich 24, 107
Schneider, Norbert 78
Scholl, Hans 16
Scholl, Inge 14, 16
Scholl, Sophie 16
Schreiner, Axel 117
Schrezenmeier, Hubert 101
Schulz, Ilse 38
Schumacher, Hermann 124, 129
Schweizer, Max 34
Schweizer, Ulrich 40
Schwenk, Carl 33
Scultetus d.J., Johannes 13
Scultetus, Johannes 13
Semmler, Joachim 141
Simnacher, Georg 80, 107, 108
Skrezba, Günter 148
Späth, Lothar 53, 66, 74, 75, 77, 78, 80, 81, 82, 83, 84, 85, 88, 89, 91, 92, 94, 108, 113, 120, 121, 125, 129
Spiertz, Peter 90
Spitzer, Manfred 141
Sponholz, Gabriele 113
Sponholz, Gerlinde 123
Spremann, Klaus 74, 109
Stadelhofer, Carmen 149
Stadtmüller, Ulrich 161
Staudinger, Hermann 25
Steidle, Otto 111, 117, 127, 129, 137, 139
Steiner, Rudolf 87, 88, 89
Steinhövel, Heinrich 13

Stenbock-Fermar, Graf 39
Storz, Karl 34
Strauß, Franz-Josef 102
Streicher, Agathe 13
Stuber, Gerhard 63, 65, 74, 104, 105, 136
Teufel, Erwin 118, 121, 122, 125, 131
Thauer, Rudolf 25
Thomä, Helmut 122
Thuma, Robert 33
Tillmetz, Werner 92
Tomaschko, Karl-Heinz 39
Tonutti, Emil 25, 27, 28, 39, 44, 57
Trotha, Klaus von 118, 124, 127, 145
Überla, Karl 38, 139
Uexküll, Thure von 24, 25, 28, 53, 57, 122, 156
Unger, Hans-Georg 84
Urban, Karsten 165
Vernau, Katrin 135, 136
Voeller, Joachim 74, 117
Vollmar, Jörg 122
Volz, Herbert 113, 115
Vordemberge-Gildewart, Friedrich 16
Wagner, Helga 150
Weberling, Focko 99
Weishaupt, Siegfried 120
Weng, Gerhard 47, 52
Weule, Hartmut 94
Wiedemeier, Franz 22
Wieder, Karl 21
Wild, Albert 21
Wirth, Thomas 159
Witschel, Wolfgang 79, 80, 82, 84, 87, 88, 91, 92, 124
Witt, Bernhard 145
Wolf, Burkhard 110, 148
Wolff, Hans
Wolff, Wilhelm von 111, 113, 141, 162
Wunderle, Renate 73
Xander, Karl 83, 91, 97
Zeil, Werner 28, 37
Ziegler, Albert 118
Zuckmayer, Carl 15